EDITORSHIP
エディターシップ
Vol.1 時代を画した編集者

目次

日本編集者学会設立にあたって

今日、出版界はその根底を揺るがす事態に直面している。高度資本主義の渦のなかに翻弄され、産業としての出版が自ら危機的状況を招いたことはすでに明らかな様相であったが、さらに急激な技術革新による電子化は、〈本〉そのものの存在の永続性を脅かすところとなった。

〈本〉がテキスト（作品）の容器であることはいうまでもない。しかし、作品は書かれたままの状態では作品ではない。編集という作用を得てはじめてテキストとなるのだ。書物は実用性を備えた事物ではあるが、写本時代以来のそれ自体のもつ遺伝子が制作者に美的洗練を要求するといえる。作品も、〈本〉も、編集者のヴィジョンのなかに誕生するのである。

変革期の現在、もっとも危惧されるのは、編集という目に見えないはたらきの創造性、そしてその自立性が失われることである。エディターシップ、また造本感覚といった機能は、じつは余りに人間臭く個性に即したものであると同時に、それはいつでも無名性の闇に身を隠してしまうほどに繊細なものであるのを知るからだ。

いま、われわれは自らを問う。

編集者とは何であったか、編集者はどうあるべきか、を。編集にかかわるさまざまな仕事について、その過去と現在とを検証する。このきわめて精神的な営為の記憶を、来るべき未来へと繋ぐために。

日本編集者学会会長　長谷川郁夫

EDITORSHIP

エディターシップ

Vol.1 時代を画した編集者

この年から次の年にかけての、私の全編集者生活の上位を占めると自ら思う収穫は、長編評論の二作、すなわち江藤淳「成熟と喪失―〝母〟の崩壊について―」と、吉本隆明「共同幻想論」の連載が始まったことである。

――寺田 博

吉行さんは、とくに短篇では非常に感性の鋭い、言葉一つひとつの表現に魅力ある作家ですが、ひとりで初めて原稿を依頼し、原稿を取ってきたとき、やっぱり「編集者っていいなあ」と思いました。それが「鳥獣虫魚」という作品です。

――徳島高義

「イメージ・リーディング叢書」というタイトルは私がつけました。歴史的な美術作品をアートから解放し、イメージを自由に読み解くことがテーマです。八〇年代的ですね。現代表象論の先駆けかもしれません。

――石塚純一

デジタル文化との付き合いかたで、私がいま本当にまずいなと思っているのは、出版社の人たちが、「黒船来襲」に浮き足立っていることと、それと裏腹の関係なのですが、ネット文化を低く見ていることです。

――河野通和

日本編集者学会　定期セミナー「名編集者に聞く」第一回

私の出会った作家たち

吉行淳之介、村上春樹のことなど

徳島高義

聞き手・佐藤美奈子

講談社に入社以来、長く文芸誌「群像」や文芸書の編集に携わってこられた徳島高義さんが、二〇一〇年二月『ささやかな証言――忘れえぬ作家たち』（紅書房）を上梓した。文芸に賭ける情熱と作家への愛情がにじみ出る本書は、雑誌「群像」から書き下ろし文芸書、翻訳書、文芸書出版まで、三十九年にわたる編集者生活の回想記である。徳島さんの講談社入社は六〇年安保二年前の昭和三十三年。〝戦後は終わった〟と声高に宣言されるようになったものの、社会的にはまだ不安定な時代である。昭和二十一年創刊の「群像」は、最大規模の出版社である講談社が文芸出版に進出した第一歩だった。戦前からの主要文芸誌「新潮」「文學界」「文藝」のなかでは後発、しかし新取の気風が大いに漲っていた。

編集には、麻薬のような魅力がある

――『ささやかな証言』で徳島さんは、後輩の方によく「編集者は一に体力、二に気力、三、四がなくて五に知力」とおっしゃったと書かれています。「一に体力」がくる理由を聞かせていただけますか？

徳島　これはなにも文芸雑誌に限ったことではありません。今日は会場に若い方もいらっしゃいますから、なかには今後出版界に身を投じてみよう、と思う方もいるかもしれません。僕のいた時代といまの時代は違います。第一僕はパソコンができないし、携帯電話も持っていません。「前世紀の遺物だ」と、みんなからひやかされているのですが、しかしそういう時代と関係なく、編集者の仕事というのは、体力を必要とするものだと思います。

文芸編集者の場合でいえば、作家や評論家という相手がいて、彼らの原稿を取らなければ、自分の雑誌に掲載することはできません。で

は原稿を取るためにどうするか、というところでまず体力が必要となります。ただ電話をかけて「締切が近づきましたから、よろしくお願いします」といって済ませられれば簡単ですが、なかなかそうはいかないですね。

たとえばAという作家がいて、そのA氏に私、「群像」の徳島は一対一で対しています。しかしA氏には「群像」だけでなく、「新潮」もあれば「文藝」もあり「文學界」もある。あるいは新聞の連載などもある。いろいろな媒体があって、「群像」はそのうちの一つです。複数のうちの一つである「群像」の徳島は、いかにして原稿を取るのか。取るだけでなく、いかに納得できるいい原稿にするか。いいものにしてもらうためにどうしたらいいか、ということがまた、問題になってくるわけです。

「原稿を取りに行け」と先輩から簡単にいわれても、実際どうやって取りに行けばいいのか、先輩は教えてくれません。だからどうやって行って、どういうふうに対応し、どうやって帰ってくるか、ということを自分で繰り返し体験していかなければなりません。

基本的にはまず、作家のところへ通うことですね。通うといっても、ただ機械的に通うだけではいけませんが、何度も何度も通います。会社に戻ってからも、原稿の整理やら編集会議やら何やら、いろんなことがあります。編集会議で何が大切かといえば、企画です。その企画で自分はどういうことがやりたいか、についても考えなくてはいけません。これには知力が必要ですが、考えて仮にその企画が通ったとしたら、それを実現するためには、また作家の許へ通ったりして体力が必要になってくる。

そういうことで、「編集者は一に体力」と申し上げた次第です。とにかく体力がないと、編集者生活はなかなか過ごせないのではないかな、と思っています。もし会場のなかで編集者になりたい人がいましたら、とりあえず体を鍛えてください。最初はだいたい、胃にくると思いますがね。

一方で、だんだん作家に馴染んできますと、そこから抜けられないような魅力が編集という仕事にはあるものです。この本にも書きましたが、表現は悪いながら麻薬みたいなところがあって、その世界に浸ってしまうと、抜けきれなくなるんです。ただ僕は「群像」という雑誌に十五年いて、雑誌編集では文芸雑誌の経験しかありません。講談社は総合出版社といわれておりまして、女性誌もあれば漫画誌もあり、大人モノも週刊誌も、いろんな雑誌があります。文芸部門はそのなかの一つです。

ですから文芸雑誌に限った話になりますが、自分で取ってきた原稿が、自分にとって納得のいくすごくいい作品になることで麻薬に浸ることもあるし、文芸時評やら書評やらで評判が上がっていく作品があったとして、第一番目にそれに関わることができた喜びで魅力にはまりこむこともあります。そういう気持ちが味わえ、昂じていくと、麻薬のようになって抜けきれなくなるんです。いまはもう出版界の状況がずいぶん変わってしまい、大変だといわれておりますが、それでも基本的にはそういう楽しさ・面白さ・魅力というのが、十分あるのではないかと思います。

――確かに「文芸編集者は麻薬みたいなものだ。一度そこにはまったら抜けられない魅力がある」と書かれていますが、そういった実感を持たれる、具体的なきっかけはあったのですか？

徳島　僕が編集者をやって、最初に「よかったなあ」と思ったのは、吉行淳之介さんとの仕事でした。吉行さんは、とくに短篇では非常に感性の鋭い、言葉一つひとつの表現に魅力ある作家ですが、ひとりで初めて原稿を依頼し、原稿を取ってきたとき、やっぱり「編集者っていいなあ」と思いました。それが「鳥獣虫魚」という作品です。なにしろ編集者は世界で最初の読者なんですからね。もちろん読者としての喜びは多くの人と分かち合えますが、最初にその原稿を受け取り、最初に「いいなあ」と思える。そのことはやはり、注射がよく効いて、麻痺していった最初の経験かもしれません。

――「鳥獣虫魚」は昭和三十四年（一九五九）「群像」三月号に掲載の作品ですから、編集部に入られて一年も経たないうちに、そのような高揚感を味わわれたことになりますね。

徳島　僕は昭和三十三年の四月に「群像」編集部に配属されたのですが、雑誌でいいますとちょうど六月号にとりかかっているときでした。大江健三郎さんの「芽むしり　仔撃ち」という、大江さんの故郷・四国の山中の少年たちの戦争末期とその直後の話を書いた、三〇〇枚の作品があります。そこで「お前、担当をしろ」といわれまして先輩からひきついで大江さんと会ったのが、最初です。この作品が「いちばんいい」というと大江さんに失礼ですが、大江さんの初期の作品のなかでは言葉も非常に明晰で、優れていると思っています。そのときも、非常に高揚しました。しかしあまりにも入社したばかりで、そのときは麻薬の注射……というわけにはいきませんでしたが。それでも高揚感ということでは最初です。ですから本当にハッピーで、「群像」に入ったとたんに、いい作品にめぐりあえたのです。

現代文学を切り開くのだ

――脇道にそれた質問になりますが、講談社社友会発行の書物に書かれた「文芸部門三十九年」を拝読しますと、「群像」は第三志望だったということです……。第一志望はどの部署でいらしたのですか？

徳島　僕が入社したときは、大学卒の社員が九名でした。そのうち写真部が二名で、あとの七名は営業とか編集とか関係なく、採用されました。志望調査というのがあって、第一から第三志望まで書かされます。この「文芸部門三十九年」は、講談社が創業一〇〇周年にあたった去年（二〇〇九）、書いたものです。

僕はいわゆる〝文学青年〟ではありませんでした。だいたい文芸雑誌を志望する人は、とにかく小説が好きで好きで仕方がないとか、自分も書きたいという思いを秘めながら希望する人が多くてね……。僕は、岩波文庫の赤帯はけっこう読みましたが、系統立てて読んでいたわけではありません。日本文学も、漱石や芥川といった皆さんが読まれるものは読んだけれど、それ以上は読んでいないという普通の青年でした。おまけに千葉大学という地方大学出身で、入社が決まって大学に報告しましたら「嘘だろ?」といって信じてもらえません。「でも講談社が何日に会社に出てこい、といっています」というと、ようやく信じてもらえたくらいだったんです。周りは早稲田出身者がいちばん多くて、次が慶應だったかな。そういうなかで私が「群像」を第一志望にするというのは、とてもおこがましくてですね。また実は、就職を志望するときに初めて「群像」という雑誌が講談社から出ていると知ったくらいに、どうしようもなく遅れた青年だったんです。

これは差別になるかもしれませんが、女性や子どもの雑誌だったら何とかできるかもしれない、と思ってしまったんです。それで第一志望は、当時いちばん売れていた主婦向けの「婦人倶楽部」、第二志望は「女の子」向けならと思って「なかよし」という雑誌名を書きました。そして第三志望に、恐る恐る「群像」と書いたんです。そうしたら、決まっちゃった。

――むしろ畏敬といいますか、恐る恐るの気持ちがあるからこその、第三志望だったわけですね。

徳島　解釈はさまざまですが、おそらくそうだったと思います。とに

かく決まりました。入社翌年の昭和三十四年、講談社は創業五〇周年で、「少年マガジン」と「週刊現代」を創刊しました。それもあって、三回に分けて社員を募集しました。私の年は九名だったのに、翌年は一挙に一〇〇名くらい採用したんです。こんな差別はないですよね。ですから昭和三十四年以降は、講談社は規模として格段に大きくなりましたし、その後東京オリンピック開催などで日本の経済状況が非常に上昇した時期、いわゆる高度経済成長の時代に突入していきました。

出版界自体も、それに応じてとても大きくなったのです。そのなかで「群像」は、会社では非常に細々とした人数でしたが、ただ、思い、志は高くてね。自分にその能力があるかどうかは別にして、自分たちがやはり現代文学を切り開いていく最先端にいるのだという気概を、確かに編集長以下五名の編集部員は持っていました。

私が「群像」編集部に配属されたときの編集長は大久保房男さんといって、文壇——文壇といってもおわかりになるかどうかわかりませんが、小説を書く雑誌、あるいはそういうものを出版する文学世界に共通する雰囲気のある場があって、それを文壇といっていました——では、「純文学の鬼」「鬼の大久保」として通じる愛称、畏名を持っていました。

私が作家のところへまいりますと「あっ、あの大久保君の下にいるのか」ということで、なんとなく「お前、たいへんだな」と思われるほど、大久保さんの威力と毒舌は轟いておりました。おかげで私も後では「鬼の大久保、小鬼の徳島」と自分でもなかばオドけていったりしました。大久保さんがいると、「小」の字は外せないんですね。それから逆にさいわいなことに、「鬼の大久保、仏の徳島」といわれて仕事をすることもできました。日々圧力は感じておりましたが、上に大きな存在があって実によかったな、と思っております。

僕が「群像」にはいったときの大久保さんの年齢を後で調べたら、なんと三十七歳だったんです。三十七歳で「鬼」なんてすごいですよね。大久保さんは紀州尾鷲《おわせ》の船主の倅さんですが、慶應大学で民俗学を学んで折口信夫さんの直弟子でした。講談社で初めて文芸雑誌を出すので、わざわざ志望した人で、僕とは意識がまったく違って高いところにある人です。心情の奥の奥は優しいと思うのですが、表に現れてくるときはまさに「鬼」でした。実家の屋号が、江戸時代から「オニヤ」といわれていたそうです。ですからやはり、大久保さんが「鬼」といわれてもこれは仕方がないな、と。もっと優しい「オニヤ」だったらよかったんだけど……（笑）。

何しろ辛辣な人で、いま八十八歳でご健在です。「三田文学」に「戦前の文士と戦後の文士」を連載されています。それをご覧になれば、大久保さんがなぜ「鬼」かということがちゃんとわかるように書かれていまして、「さすがだな」と敬服しております。

作家への注文の難しさ

——吉行淳之介さんとのお付き合いの頃から、麻薬のような編集者の魅力に引き込まれたということですが、それ以降の十五年間「群像」に在籍されるわけですね。さまざまな作家との交流のなかで、ときには言いにくくても伝えなければいけないこと、作家に注文をつけないといけない機会もあったと思います。そういうときは、どうされていたのですか？

徳島 武田泰淳という作家がいます。第一次戦後派といいまして、戦争体験を経て主に戦後すぐに、小説を書き始める作家たちのことです。野間宏や椎名麟三、武田泰淳、もう少し下ると大岡昇平、梅崎春生といった人たちがいます。武田さんは、東大で中国文学を専攻した方です。人肉を食べる短篇小説「ひかりごけ」などの傑作もありますが、長い小説の書き出しがともかく非常に上手な方なんです。書き出しに本当に魅せられて、第一回目の連載を読み終えると「次はどうなるんだろう」と大きな期待を持たせられる作家です。

たとえば、代表的な長篇小説に二・二六事件を背景にした『貴族の階段』という作品がありますが、それなども本当に素晴らしい。とにかく「これは第一、二回目の面白さのまま最後まで続いたら、戦後文学だけでなく近代文学のなかにおいても傑作ではないか」と思えるものなんです。ただ残念なことに構成力というのか、構造を持続する力というのかな、後半になると、尻すぼみというとちょっと大袈裟ですが、力が弱くなってしまう。

そこで武田さんに新しく「群像」で掲載をしていただく場合、担当編集者としては、その問題をどうしたらいいかと考えます。しかし直接、面と向かって「武田さんの小説は、初めはいいですが終わりはダメですね」とはいえませんね。これはすごく難しい技術というか、思いというのかな。どんなふうに作品を終わらせたらいいか、よその作家のことを話したりして、こちらは間接的に伝えようともするんですが、武田さんは非常に明敏な方ですからね。酒飲みですし……、関係ないか。つまり酒を飲まなければ、自分の明敏な気持ちを持続できないのかもしれません。酒でダッシュし、さらにエネルギーを増して書いていく作家なのかもしれません。

ともかく武田さんは、私が伝えようとしたことを「わかった」とはもちろんいいません。いいませんが、そういうことを望んでいるんだな、ということはどこかでわかってくれるのだと思います。武田さんは「書いてください」「書いてください」と繰り返しいってもなかなか書けないし、書かない作家なんですが、ある日突然、百何十枚かの原稿が届きました。奥さんの百合子さんから「原稿ができましたので」と連絡をもらって、本当にびっくりしました。

脱線しますが、武田さんが亡くなられる前後に随筆家になった奥さんの百合子さんに『富士日記』という、富士の麓に山荘を持って、そこでの生活を中心に描いた日記があります。これは素晴らしい作品です。武田さんとのことがもちろん中心ですが、それに対応する百合子さんの感性が、いわゆる作り上げた文章ではなく、彼女の内側からほとばしり出る文章になっていて、とても愉しい。

そのときの原稿は、最後が非常にスマートに終わっていました。しかし僕としては、今度は中篇小説の余韻というものをもっと出してくれればよかったなあ、と感じました。もちろん雑誌には喜んで掲載しましたが、難しいものですね。編集者が作家に注文、というか希望を出して、それを作家のほうで、どこかで頭に入れながら書いてくれた。

しかしそれが実現したときには、スーッと終わってしまった感じがしてね。残念というか……。
そのときの作品が「わが子キリスト」（「群像」一九六八年八月号）ですね。お付き合いを重ねられるなかで、言葉以外の部分でしか伝えられないこと、徳島さんの体全体、存在全体で交流されたことがとてもよくわかるお話ですね。

雑誌と書籍の違い

――さて一九七三（昭和四十八）年に「群像」から翻訳出版部に移られます。いろいろな変化がおありだったと思いますが、雑誌と書籍、あるいは文芸書と翻訳書の端的な違いはどういうものでしょうか？

徳島　「群像」にいた十五年というのは、けっこういい年数なんです。二十歳の人だったら三十五歳、青年がおっちゃんになります。私の場合はそのあいだ、文芸雑誌だけでの経験です。作家との仕事、付き合いはもちろんずいぶん深まりました。どういう人の担当をしてどういう作品があるかということは、お配りした「文芸部門三十九年」をご覧いただければと思います。

ほかの雑誌は、先ほどの「週刊現代」でもいいですが、三〇～四〇人ぐらいでやっています。さらにフリーの人がいたりして大所帯ですが、「群像」は五、六人の小人数でした。その経験でいうことになりますが、雑誌はチームプレイが非常に大切だということです。「群像」は月刊誌ですから、毎月締切があり、毎月発行していきます。終わったと思ったら、すぐ翌月の仕事がある。連載は何カ月前、あるいは何年前に依頼しておかなければ、といういろいろなことがあります。

そうしたなかでも、いわゆるその月の締切から雑誌の形にするまでの時間は、月末の十日間ぐらいです。このときのチームワークは非常に大切で、原稿はもちろん一人で取ってきますが（時間がなくて別の人に取ってきてもらう場合もあるものの、原則としては一人です）、それから後の作業はいろいろ、みんなで行います。校了――雑誌を最終的な形にするためのゲラ読み――の際は直接の担当と関わりなく、編集部全員が一冊をまるまる読みます。それが終わってから「出来がよかったかどうか」とか感想を言い合います。つまりそういうことをふくめて、どうしてもチームワークが必要なのです。

一方、出版部へ行きますと、書籍を作ります。そのときにはチームワークというより、その人個人の仕事、ということになってくると思います。雑誌の場合は「誰に書いてもらおうか」「どういうふうにしようか」というときには編集会議でいろいろ細かいところまで討議しますが、書籍の場合（もちろん、いざ本にするときには会議がありますが）実際に仕事をするのは一人です。一人でするということと、チームワークを必要とするということ、それが書籍と雑誌のいちばんの違いではないでしょうか。

――とはいえデザイナーに装幀を依頼したりするなど、印刷所とやり取りをしたり、書籍独特の人とのつながりもあるのではないですか？

徳島　もちろん、そうです。一人で本を作るといっても、書き下ろし作品以外は、「群像」や他の雑誌や新聞連載の原稿を印刷所に送って作業をしてもらうわけです。印刷所へ送るときも、講談社の場合は製作部というのがあって、どこの印刷所にしようとか細かいことも相談しながら決めていきます。いつまでに仕上げたらいいかということも打合せます。原稿が組み上がってゲラになってきたときには、校正をしてもらわないといけませんから、校閲部とのつながりも当然あります。一冊の本を作るには、ものすごいプロセスがあって、その作業は大変です。ただそれでも、本作りは基本的にやはりチームというより一人、個人だと思います。

編集者はどんな工夫をするか

僕は十五年間、いわば活字だけ、文字だけが相手の生活をしていました。それはもちろん文芸関係のどの部署でも基本的には同じですが、もうちょっとこう楽しみながら、活字だけではない見る楽しみというのかな。翻訳出版部へ移ってからは、そういうことも楽しみたいという気持ちがありました。

今日何冊か持ってきた本のうち、これは（会場にも回してください）、皆さんはご存じないと思いますが、長篇小説『緑の館』で有名なウィリアム・ヘンリー・ハドスンという、アルゼンチン生まれのイギリス人で博物学者・作家がいます。その人の『鳥たちをめぐる冒険』（黒田晶子訳。原著は一九一三年刊）という本で、鳥と、そこに住んでいる人たちとの交流を書いた作品です。

ここに出てくる鳥はどんな鳥なのか。カラスといったって、いろんな種類があります。活字だけだと、このカラスがどんなカラスなのかわかりません。本を読みながら、そういうことを知りたいと思う人もいるだろうし、自分も知りたい。調べたら、木版画で鳥の生態を彫った（描いた）トマス・ビュウィックという十九世紀のイギリスの絵描きさんがいることを知りました。

日本には山階《やましな》鳥類研究所がありますが、そこに元の本があることがわかり、ヘンリー・ハドスンの原著に実際に出てくる鳥をピックアップし、カメラマンと一緒に研究所へ行ってたくさん写真を撮り、それを本に載せました。自分にとってもこれは楽しくて、ことによると読む人にとってもそういうことに共感してもらえるんじゃないかな、と思いました。

ほかに今日持ってきたなかに、『鉄道大バザール』という本があります。これはロンドンに住むアメリカの作家ポール・セルーが若い頃、ロンドンからユーラシア大陸の果てまでずっと汽車を乗り継いで、シベリア鉄道での帰りがけに日本にも寄って帰るというノンフィクションです。非常に面白かったんです。といっても僕は英語が読めないので、下読みを頼んだのですが。

外国の作品を刊行する際、版権（出版する権利）というのがあって（日本の作品にもありますが）、仲介するエージェントを通して日本の出版社は特別契約の折衝をします。この本は世界的にベストセラーになった作品でしたから、印税率《ロイヤリティー》も前渡し金《アドヴァンス》もけっこう高いものでした。翻訳は〝汽車ポッポ〟が大好きな阿川弘之さんに頼みました。阿川さんはその後文化勲章をもらって、つい先日も電話で「もう俺はダメだよ。ヘロヘロだよ」なんていいながら、いまも九十歳で「文藝春秋」の巻頭に随筆を載せています（いまは終わっています――追記）が、本書刊行までの経緯は『ささやかな証言』に書きましたので、興味があったら読んでください。

『鉄道大バザール』でも、原書にはない写真がカラーで四頁、モノクロで四頁付いています。その写真は私が、原著者ポール・セルーに頼んで送ってもらいました。見返しには、セルーが実際に通った地図があります。それから本文のなかに、各章ごとにここからここまで移動したという路線図を載せたりして、ページ数が8ポ二段組で360頁の大著になりました。読み応えのあるものになったのですが、そうやって原書にはない写真や地図を入れたりしたのは、おこがましい言い方ですが、少しでも読者に馴染んでもらえたらなあ、こうなったらいいなあと自分が思う形をやってみた結果です。

――自分がそれを読む場合、どういうことがもっと必要かを考えての工夫だったのですね。まさに編集者がいなければ、実現していませんね。訳者の阿川弘之さんも何度も講談社に足を運ばれ、非常に多くの打合せをされたそうですが、そういうところからも一冊にかける時間と手間を感じます。さらに売り上げも好調で、十刷までいったとあります。すごいですね。

徳島　そうですね。非常に厚くて読み応えがある。ただ、読みにくはないんです。それは阿川弘之という小説家の翻訳が、いかに優れた日本語になっているかということだと思います。

僕が翻訳出版部へ行って切実に感じたのは、原語を忠実に訳しているかもしれないけれど、「著者は本当は何をいいたかったのだろう」と思うような翻訳の日本語にぶつかることがままあることでした。それは翻訳専門の方に失礼な言い方なのですが、もうちょっとすいすいと頭にはいる表現にならないものかな、と。

翻訳出版部というのは、アメリカにしてもイギリスにしてもフランスにしても、その国の現代文学を刊行するのが主要な部署ですから、ある意味では私が作った本は〝道楽〟かもしれないんです。そうかもしれないけれど、やはり言葉がいちばん大切で、そのことが、僕が「群像」で勉強した最大のものかもしれません。日本語の表現ということに、作家がいかに精力を注いでいるかを目の当たりにしてきたものですから。日本語として〝読める〟本を作りたい、と。もちろん外国文学が専門の方の翻訳が全部駄目だなんて、毛頭思いもしませんが。

キングズレー・エイミスというイギリスの作家がいます。先ほど申し上げた吉行淳之介さんと、独協大学の林節雄さんという先生の共訳で、『酒について』という翻訳書を出しました。かなりハイブラウな作品というか、非常に凝ったといいますか……。これもご覧になっていただければわかるのですが、版面の下のほうに吉行さんの註、共訳者・林さんの註、そして何も名前がないのが私の註という形で付けました。またカバーのイラスト――非常にユーモラスで面白いと思いますが――を佐々木侃司《かんじ》さんという、サントリーに勤めていたデザイナーの方に描いてもらいました。本文にも佐々木さんのカットが入っています。そのような工夫をしてみました。

それから今日は持ってこなかったのですが、小川国夫という作家がいます。小川国夫さんとアメリカ文学の青山南さんのお二人で、ピーター・マシーセン——アメリカのナチュラリストで全米図書賞をもらった作家——の長篇『遙かな海亀の島』（原題：FAR TORTUGA）を出しました。吉行さんや阿川さんの本はよく売れたのですが、小川さんには労を尽くしていただいたのに本当に申し訳ないのですが、売れ行きがあまりよくなくて……。せっかく自分でいいと思って出したのに、日本の読者も見る目がないなあ、とひがんで残念がったのですが。

どこかの古本屋で——僕はパソコンを持っていないのですが、今はパソコンで探せるんですよね——そういうので探して、もしあって安かったら、手に取って見てください。先ほどの『鉄道大バザール』と違って、言葉が非常に少ない作品です。即物的な短い表現のほかは波の絵があったり、日が昇ったり日が落ちたり、そしてまた波の絵が……というように、海亀を捕りに行く漁師が最後に難破して死んでしまう話ですが、説明もいっさい無し。会話とト書きのような描写だけで成り立っている、実に簡潔なスタイルで物語を作っていくという作品です。売れる本も出しましたが、こういう売れなかった本も出しました。

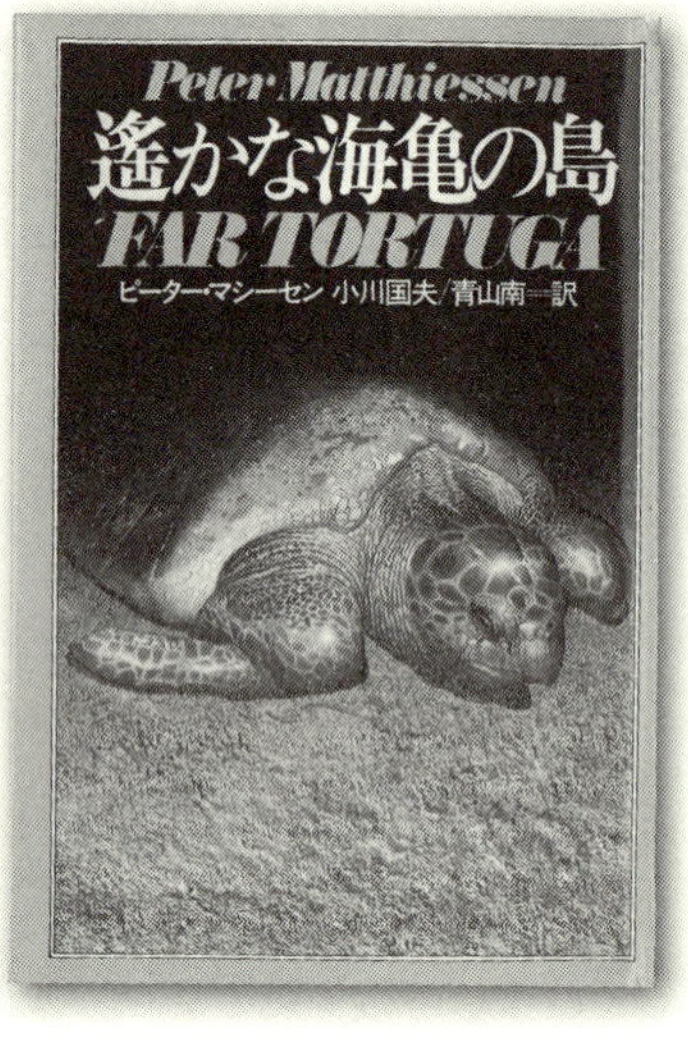

『酒について』と『酔っ払い読本』

——『ささやかな証言』によりますと、本作りにおいて吉行淳之介さんは、体裁、レイアウト、ノンブルをどうするか、などについてこだわりながら、時間をかけて徳島さんとの打合せを重ねられたとあります。エイミスの本の凝った造りも、そうしたお手本のようなものだと思います。作家自身による言葉以外へのこだわり、造本へのこだわりで、印象に残っている作品はありますか？

徳島　吉行さんは昔、編集者をやっていらしたんです。それも終戦直後、昭和二十年代の前半です。東大を中退して、生活がたいへんだったので、ある雑誌の編集を、それはもう全部一人でやっておられました。漫画なら漫画も全部自分で持ってきて、依頼した本文の原稿以外は、すべて自分で書くくらい仕事をした。それは生活やお金を得るためだけでなく、そんな中でも編集作業を楽しむということもあったと思うんです。

『酒について』でも、ノンブル——ページのことです——の数字の型や、本文の組み方をどうするかということも、すべて相談しながらやっていきました。売れたらいいなとは思っていましたが、この本は吉行さんと私が思っていた以上に、読者が読んでみようという気分になった作品ですね。さっきの小川さんと青山さんの共訳は、想定外といいますか、残念な結果でしたが、この本は確か十三刷にまでなりました。

吉行さんはもともと酒好き、私もこの本を作ってゆく途中から酒好きになって、ワインやら何やらの知識も増えていったのですが、註の付け方、あるいは専門的な言葉の選び方で、刊行直後に、ワインについては〝何でもござれ〟という弁護士の方から、訂正を求める丁重なお手紙をいただきました。恥ずかしいのですが二十箇所ぐらいありました。

それで吉行さんのところへ行って、「実はこういう人から、こういう手紙をもらったんですが」と告げました。吉行さんはそういうところも非常にバランスというかセンスのいい方で、読んですぐに「君、会ったほうがいいよ。ただ『ありがとうございました』という返事だけでなく、どういう人かもわかるから、会ってもう一度聞いてごらん」といわれて、会ったんです。そうしましたら、その弁護士の方が、いかにワインについての造詣が深く、そういった分野に関心を持っている方かもわかって、すぐに手直ししました。

その件はそれで終わったのですが、内容でまだ納得のいかないところがあり、吉行さんと相談しながら十刷になるまで、毎回、ほんの少し、赤を入れました。出版にかかわる人はおわかりかと思いますが、そういうことにはいかにお金がかかるか、ということですね。直しが入らない形の重版であれば、それをどんどん印刷すれば利益も上がります。しかし活版活字の時代ですから、いまのようにコンピューターでデータを再入力して終わりではありません。直す場合はその箇所の活字を入れ替えたり、文字数が違ったらその数を合わせるためにどうしたらいいか、などすべて手間がかかります。

さすがに十刷が終わったとき「もういいだろう。これからは赤字を入れるのをやめようよ」ということになりました。その記念に、帯の色を黄色から銀色にしました。ですから銀色の帯のものがありましたら、それはよく直っている本です（笑）。

そうこうしていたある日、上記の弁護士の方から、そのころは馴染みになり、山本博さんという労働法の権威だったのですが、『酒について』はいい本だけれど、もっと面白い本もあるよ」といわれて、『ブーズブック（The Booze Book）』という大きな本をお借りすることになりました。虎ノ門に法律事務所があり、ご自宅は横浜ですが、平日にそういう遊びのことでお訪ねするのも気が引けて、日曜日にご自宅まで行ってその本を借りてきました。吉行さんに「こういう本があると教えられたんですが」というと、「おもしろいかもしれない」ということでした。

それで先ほど話に出た日本での版権を得るために、交渉することになったのですが、その本は非常に厄介な問題があることがわかりました。酒についての面白い話を集めたアンソロジーの本ですが、そのまま出版するのが版権上厄介だとわかると、編集者出身の吉行さんは「原書にある話をバラして、新しい本を作ったらどう？」と提案されたんです。

出版界は「柳の下に泥鰌が三匹いる」といわれています。二匹だけでなく、同じような企画でも、三匹目も趣向を変えて刊行すれば当たるかもしれない、という言い伝えです。ことによればうまくいくかもしれない、と思って作業を始めました。それが今日持ってきた『酔っぱらい読本』です。これは原書にある話も少し使いましたが、それ以外は酒にまつわる話を新たに集め、吉行さんと相談しながら、まとめたものです。初めは三冊ぐらいでといっていたのが、とにかく評判が良くて、七冊までいっちゃったんです。

七冊というと、全集みたいです。講談社というところは格式ばったところがありまして、いわゆる書籍会議ではなく全体会議という、もっとお偉方が集まって「本を出すか出さないか」の検討をして刊行の可否が決まる会議があります。定価のすごく高い本や全集などは、この会議を経なければいけません。この本は七冊になってしまったので「こういう本は、ちゃんと全体会議を通さないとダメな企画だよ」と、ある役員から嫌味をいわれました。

なにしろ、一巻よりも二巻、二巻よりは三巻と、初版部数が増えて、確か二～三万部から刷れたのではないかと憶えています。この本もすごく手間がかかりまして、各文章の後ろに著者の略歴を付けるのは当たり前ですが、落語を入れたらいいのでは、とミステリー作家で『志ん生一代』などの著書もある結城昌治さんが教えてくれました。大の酒好きの古今亭志ん生などの落語を、各巻に入れました。演者と演目の選定と解説まで、結城さんにやってもらいました。

落語を入れるなら講談も、ということになって、最後のほうの巻で入れました。最初は版権のことなどで大変でしたが、アンソロジーに入れる作品を一つひとつ探すのは楽しい作業となりました。そんなふうに編者・編集者がともに楽しみながら作った本で、世の中にもうまく受け入れられた、幸福で珍しいケースかもしれません。

読者が感心してくれた

——同じ時期でしょうか？『埴谷雄高ドストエフスキイ全論集』も素晴らしい造本ですね。黒、ということと角背《かくぜ》にこだわられた、と『ささやかな証言』にありますが。

徳島 埴谷雄高さんという方は、あまりご存じないかもしれませんが、一部では非常に高い評価を得ている作家です。その人が、ドストエフスキイに関しては生涯ずっと関心を持たれて、いろいろ書きました。「群像」から翻訳出版部に移ったあと、それまで読めないでいた『影絵の世界』と『影絵の時代』の自伝を読みました。そこで、埴谷さんのドストエフスキイに対する並々ならぬ関心をあらためて感じました。

埴谷さんは『死霊《しれい》』という長篇をずっと書き続けていたんです。それはドストエフスキイと関係がまったくない、とはいえない作品です。『死霊』を書くうえでの助走になってくれればいい、とも思ったんです。僕は「群像」で育ったものですから、何がいちばん大切か、と問われたら、基本的に「日本の小説だ」とどうしても答えてしまう。ですから埴谷さんのドストエフスキイも大切ですが、僕にとって本当は『死霊』のほうが大切だ、という気持ちがあります。『死霊』を書くためのバネになってくれたらいいなあと思って、企画しました。

埴谷さんからは「そんなことを考えて、お前は本当にヘンテコだな」といわれましたが、そういわれると、何かこう燃えるようなものがあるのではないでしょうか？「是非やりたい」といいましたところ、「自分は原則を持っていて、本を作るときには必ず角背でないとダメだ」というんです。「角背」とは、この本のように背中が真っ平らになっている造りのことです。いま会場に回しますので、ご覧になってください。本にはもうひとつ「丸背」というのがありますが、埴谷さんはすべて角背、それから自分の好みとして、黒が基調だ、ということでした。

色を黒にするのは、まあたいしたことではないんです。しかし社内でも、千三百数十ページになって重さが二・一キログラムもあるこの本を、角背にするのは難しいのではないか、といわれました。今日も持ってくるのがすごく重かったんです（笑）。会社に業務部と製作部というのがあって、そこに仕事に燃える青年が二人おりまして、「やりましょうよ」といって積極的に研究してくれたんです。結果として、この本ができました。

かなり贅沢な本で、ここ（本を立てた場合、上に見えるページの切り口）を「天」といいますが、「天金」といってこの部分を金色にする本がありますが、この本は「天黒」です。ここも黒で統一しました。さらに特別書き下ろしということで、「ドストエフスキイと埴谷雄高と私と」と題したエッセイを、大江健三郎・辻邦生・桶谷秀昭・井上光晴・五木寛之・小川国夫・加賀乙彦・江川卓・日野啓三・秋山駿・三田誠広という十一人の方に書いてもらって、挿み込みにしました。

司修《つかさおさむ》さんの装幀で、貼函《はりばこ》にはドストエフスキイの顔を浮かび上がらせたり、横のタイトルにはどういうインクを使うかとか、すごく研究しました。どうしてこういうことをしたかというと、やはり若い人に読んでもらいたい、読むことが苦労だったら、〝いつか読むかもしれない〟ということで持つだけは持ってもらいたい、と思ったからです。〝いつか読むかもしれない〟という本の価値というのでしょうか。

そういう価値が感じられるような本作りがしたい、という気持ちでした。

『ささやかな証言』にも書きましたが、千何百ページで、なおかつこういう造りの本にすると、値段が八千円から一万円ぐらいになるのではないか、と当初いわれました。それじゃ高すぎるといっているうちに、限定版を作ったらどうか、という人が社内におりました。一部の蔵書家と著者の自己満足のように感じられるところがあって、僕はどちらかというと限定版はあまり好きではなかったんです。しかし背に腹はかえられずで、この本を安くするために、別に限定版を作りました。今日も、それを持ってきたといわれたのですが、ちょっとギックリ腰気味なのでね（笑）。むしろ埴谷さんの考え方がよくわかるという意味で、この角背の普及版のほうがいいのではないかなと思って、持ってきました。

それから限定版というのは多くても三〇〇部といわれますが、ハニヤさんは八《は》二《に》八《や》と語呂合わせで、これは八二八冊作っちゃったんです。本の発行日も八月二十八日にして、全部ハニヤ（八二八）づくめでやりました。残念ですが、限定版は完売にはいたらず、若干残りました。しかしおかげさまで、普及版（といっても決定版のようなものですが）は、確か六〇〇〇部の初版で、三〇〇〇部重版になり、黒字となりました（笑）。そういうことのできる時代でもありました。埴谷雄高とドストエフスキイは欠かせない関係である、そして『死霊』を書き続けている。埴谷さんに大きな関心を寄せる、そういうことがわかる一万人近いの読者がいたんですね。

横道にそれますが、「死霊」の第五章を「群像」で一挙掲載したことがあります。これは即完売になり、異例の増刷をしました。僕の知る限り「群像」の増刷は、大庭みな子さんが群像新人賞と芥川賞を一緒にとった「三匹の蟹」のときぐらいです。まあ大庭さんの作品は短いし、何というのでしょうか、社会的反響ということがありましたが、埴谷さんの作品はそういうものではない。そういうものでなくても、雑誌を増刷するほど読者がいたということは、すごく嬉しかったですね。

ともかく面白がって作って、それから自分にとっても〝いいものができたなあ〟と思うときには、読者がある程度感応してくれるんじゃないかな、という気持ちはあります。いまはどうか知りません。かつてはありました、というのが正確かもしれません。

編集者とサラリーマン

――「群像」の大久保房男編集長に「サラリーマン編集者になるな。常に自分ならどうするかと考えて事に処せ」という言葉がおありだそうですね。三十九年間の編集者生活で、徳島さんはこの言葉をどのように受け止めてお仕事をされてきたのか、ぜひお聞きしたいと思っていました。しかしここまでのお話がすでに、徳島さんのお答えだと感じています。とはいえ最後に、このサラリーマンと編集者との関係についてのお考えを、お聞きかせいただけますか？

徳島　非常に微妙な問題です。私は一九五八年に講談社に入って、一九九七年に退職しました。昭和と平成のあいだを、講談社という一つの会社で過ごすことができた、幸運な編集者だったと思います。

サラリーマンは普通、出勤時間も退社時間も、それから部署の仕事も決まっています。その代わりに休みもあるし、会社の七面倒くさい規則もあります。もちろん、講談社も組織から考えると同じように普通の会社です。ただ、僕が会社を去ってよかったなと思うのは、パソコンを使わなくて済んだことです。いまの社員は全員一人ずつパソコンが机の上に置かれていて、会社の規則や指令など、連絡事項が全部そこに流される。書類は、以前は紙に書いていましたが、いまはすべてパソコンに打ち込むそうです。これをしなくてよくて、本当に助かったな、と思います。

一方、いままで話してきた仕事は、会社にとってマイナスになった、とは僕は思いません。やはりその部署でやっていた仕事で、ことによると少し範囲が逸脱したかもしれないけれど、大きく見ればよかったのではないか、と思うところがあるんです。翻訳出版部で出した埴谷さんの本も、翻訳書ではありません。瀬戸内寂聴さんに『ブッダと女の物語』という本がありますが、これはほかの出版社の女性雑誌に連載していたものを講談社から出した本です。中村元さんという仏教学の大権威がおられまして、その先生のところへ行って「誤りがあれば直してください」とお願いしたところ、若い研究者を紹介され、その人に見てもらってから刊行しました。その本も部署でいえば、違った部署から出さないといけない本です。でもブッダ（インド）もドストエフスキイ（ロシア）もカタカナでしょう？　外国のことに関わる内容だからいいんじゃないかと思って、出してしまいました。会社からは何のお咎めもありませんでした。

ですから講談社は、わりあい幅の広いところもあった会社かな、と思います。サラリーマンとしてということで考えると、私は少しは逸脱したかもしれないけれど、編集者としてやりたいことはやれたかな、と思うんです。

小さな、一人から数人でやっているような出版社と違って、千人ぐらいの組織の会社で「サラリーマンになるな」というのは、難しい問題だなあと思います。だけど、会社のいいなりだけでなく自分がやりたいことを通せば、身分はサラリーマンであってもサラリーマン的でないこともやれるな、というふうに私は思っています。

――いまもなお徳島さんにとって編集とは、麻薬のような魅力を感じさせるお仕事ということですか？

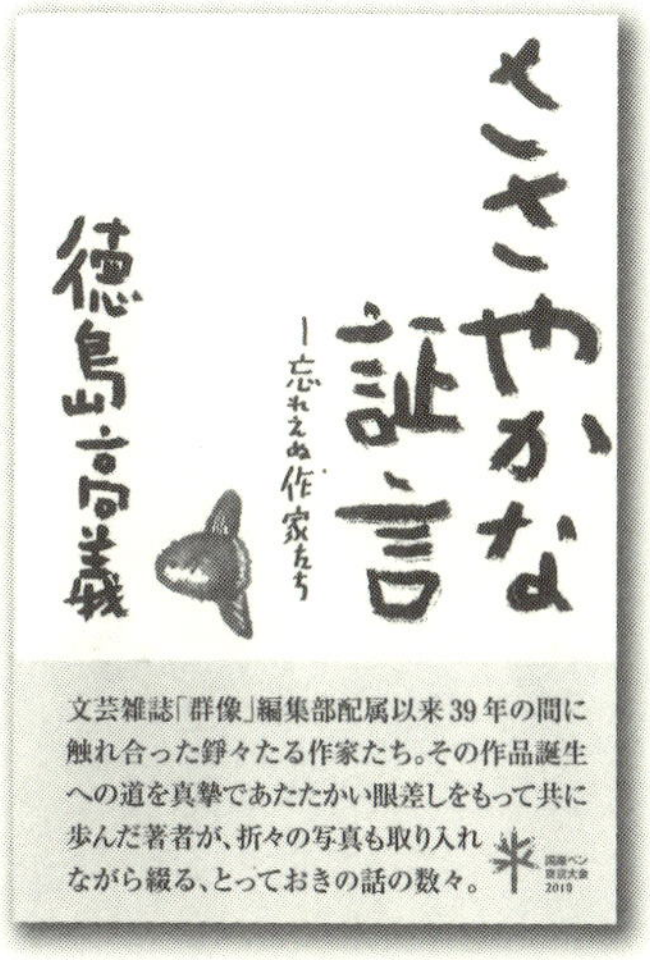

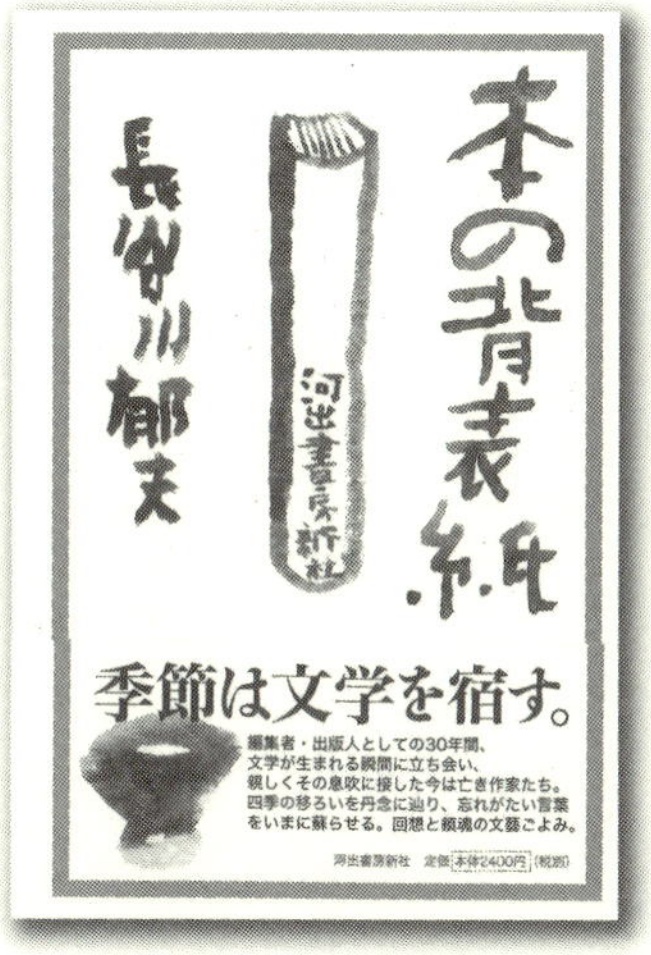

徳島　不幸にして、私は昨年十一月に後期高齢者になりました。そんな人間がいまの人に向かって、どうこういう資格はありませんし、とくに出版界というのは本当に難しい時代になっちゃったな、というのが実感です。ですから僕がこうしたらいい、ということは何もいえませんし、いう気もありません。

ただ再三いっているように、出版の仕事というのは文芸ジャンルだけでなく、いろんなジャンルで麻薬みたいな面白さとか楽しさがあるんじゃないかな、と思うんです。「そこに賭けて」というと大袈裟で、「そこに浸りこんで」というと今度は客観性がなくなるかもしれないので難しいのですが、やりたいことをやっぱりやろうという志があったら、やってみるだけの価値と魅力がいまでも十分あるのではないか、と思います。こういう言い方は何の解決にもならないのはわかっていますが。

――ありがとうございました。一つひとつが、編集の仕事を希望する者にとって糧となるお言葉です。最後に、徳島さんのほうから言い残されたお話があるということですので、お願いします。

〝文芸編集者回想三部作〟

徳島　実は今日、これだけは申し上げたかったことがありまして、今年三月に亡くなった文芸編集者で、寺田博さんという方がいらっしゃいます。ご存じかもしれません。寺田さんは、さっき話に出た「文藝」の編集長をされていて、その後河出書房を辞められ、最後は福武書店に行きました。そこで「海燕」という文芸誌の編集長になった方で、私よりも一つ年上の文芸編集者です。

その寺田さんが最初に書いた本が、ここにいる長谷川郁夫さんが社長だった小沢書店から出た『昼間の酒宴』（一九九七年）です。文芸編集四十年間の仕事の回顧で、中上健次の話がとくに面白いのですが、ほかにも吉田健一や福永武彦などの回想や、求めに応じて書いた書評、インタビューしたものなどを集めた本で、素晴らしい内容です。

たとえば、一つの章に「文芸誌――先輩編集長の薫陶」という文章があります。これはいま読んでも、文芸雑誌とはどういうもので、先輩と後輩はどういう間柄で、「ああ、こんなふうに面白い世界なのか」がわかります。「生《なま》原稿について」「新人発掘ということ」「雑誌編集の現場から」という章もありますが、文芸編集を希望する方で目を通す機会があったら、この「文芸誌――先輩編集長の薫陶」だけでも、お読みになるといいのではないでしょうか。

それから、その本の装幀は司修さんです。書き文字で縦にタイトルと著者名があって、真ん中にカットが入るというデザインです。河出書房新社から出た長谷川郁夫さんの『本の背表紙』(二〇〇七年)という本も司さんの装幀で、同じように縦にタイトルと著者名、真ん中にカットが入っています。それに感心しまして、私ももし本を出すなら装幀は司さん、と思ったんです。でき上がってから私は勝手に、その三冊を〝文芸編集者回想三部作〟だと称しています。

最後に、これは新書館から出た『時代を創った編集者101』という本があります。寺田博さんの編集で、近代日本の出版に関わった昭和六年生まれ以前の代表的な編集者101人について、ゆかりの編集者や研究者が解説を書いたものです。冒頭に、寺田さんと評論家の三浦雅士さんとの対談「いま、編集者とは何か」があります。一九八〇年代以降について――僕が今日話したのはもっと前、一九六〇～七〇年代、せいぜい八〇年代初頭ぐらいです――の出版あるいは編集者のあり方がいかに大変か、ということを話しています。ここでのお話は、アクチュアリティに満ちています。機会があったら、目を通されるといいのではないかと思います。以上です。

会場からの質問

質問者A　来年から小さな出版社で働くので、胃薬の用意と体力づくりをし、徳島さんがおっしゃる三部作を読ませていただきたいと思います。編集が持つ麻薬を、誰がどのようにしたら享受できるのか、ということをうかがいたく思います。というのは、僕は出身が岐阜なのですが、そもそも田舎で本を読んでいた頃、編集者という存在がいることも知らなかったし、講談社とか集英社とかは印刷会社だと思っていたんです。本がどうやってできているのか、まったくわからないし、こういう場があることは（探していることもあって）最近わかってきたものの、普通の人、一般の人が編集ということについて感じたり、面白さを受け取ることができるのかな、と思いまして。

徳島　一般の人が、編集の面白さがわかることがあるか、ということですか？

質問者A　そうです。

徳島　ええとね。それはわからなくてもいいと思うんです。だって、読者って編集者がいるとかいないとか、関係ないでしょう？　あなたも講談社や集英社が印刷会社だと思っていたくらいだから、読者の立場からすれば、そこに物があって、それが自分にとって必要なのか面白いのかを判断すればいいことであって、だから編集者がいるとかいないとか、編集が面白い仕事かどうかも関係ない、と僕自身は思います。

ただ、たまたま僕はそういう場所で長く生きちゃったから、こんな話をしていますが。それはそういう人もいるんだな、ということぐらいはわかってもらえるかもしれないけれど、だってこれ（本を指して）、モノが勝負でしょう。小さな出版社に勤められるということですが、そのことは本当に大切だと思います。大きな出版社というのは、キチンと組織ができていますから、逆にそのなかで流されるということもあるわけです。給料は小さな出版社よりはいいかもしれない、厚生施設もあるかもしれない、けれども仕事自体はどこでも変わりません。これはちょっと言い方が難しいのですが、小さなところは恐らく給料が低いと思うんです。しかし自分でそれを覚悟してそこに入るわけでしょう？　だからとにかくやってみて、自分がやりたいというものを見つけて、そこから更に進んでいかれるといいんじゃないかな、と思います。

質問者B　お話をどうもありがとうございました。僕はいまインディペンデント、自主制作で若者のための文芸誌のようなものを作っていまして、おかげさまで4号まで出ています。恐縮ながら、商業媒体で活躍されている作家からも創作原稿をいただいているところです。徳島さんのお若い時代にも、大作家に原稿を依頼されたと思うのですが、自分より一回りも二回りも年上の作家に創作を依頼されるとき、こちらから注文を付けるときのコツや注意すべきことというのがありましたらお聞きしたいのですが。

徳島　幻冬舎という出版社がありますね。社長は見城徹さんですが、角川書店に勤めていた方です。あの人が自分で出版社を起こすときに「元角川の見城です」といっても、通らないと思うんです。やっぱり「新しく作った幻冬舎の見城です」といわないと。じゃあそのときに、どういうふうにお願いしたいか、ということが大切ですよね。

原稿料がものすごく高ければ「では書くか」ということもあるかもしれませんが、なかなかそうはいきません。ですからやっぱり、その人にどうしても頼みたいと思ったら、「なぜ頼みたいか」「その人の作品のどこがいいか」ということを、自分の言葉で熱心に伝えることが大切だと思います。それしかないんじゃないかしら。4号まで続いているのってすごく大変なことだと思います。頑張ってください。

質問者C　今日のサブタイトルにある村上春樹さんについて、お聞きしたいのですが。ごく最初期のお付き合いの頃、どのように思っておられましたか？　季刊「考える人」の最新号（33号、新潮社）でも村上さんのロングインタビューがとても面白かったので……。

徳島　村上春樹さんが「風の歌を聴け」で「群像」新人賞をとったときには、僕はもう「群像」ではなく、翻訳出版部にいましたので、脇からずっと「あぁこういう新人が出てきたんだな」と思って見ていました。ちょっと別のことで関係はありましたが、作家として関わって来たというのではないんです。

翻訳出版部から、文芸第一出版部という日本文学を出版する部署に移ってから、関わりができました。担当の木下陽子が（春樹さんのエッセイの愛読者でしたら、名前がよく出てくるのでご存じかもしれませんが）、春樹さんが新人賞をとったときからずっと関わりのある編集者でした。（社内では、三年前に同じ「群像」新人賞を「限りなく透明に近いブルー」で受賞した村上龍さんと区別するため、龍さん、春樹さんといっていました――追記）春樹さんが谷崎賞を受賞されて、その後講談社で書き下ろしをやりたいという話になりました。それが『ノルウェイの森』です。いま質問された方からお話が出ました「考える人」という新潮社から出ている雑誌のインタビューをお読みになればわかりますように、春樹さんは、担当者を信頼するんですね。ですからあの人の性格として、いちばん身近で、親身になって自分のことを理解してくれると思われるような担当者がもっとも大切であって、それ以外はまあそこにいるな、という――もちろんそれだけではない

徳島高義（とくしま・たかよし）**氏プロフィール**

一九三四（昭和九）年　千葉県銚子市生まれ。
一九五八（昭和三十三）年　講談社に入社、「群像」に配属される。
以下の部署・役職名はすべて講談社内のもの。
一九七一（昭和四十六）年　「群像」編集長になる。
一九七三（昭和四十八）年　翻訳出版部へ。
一九八一（昭和五十六）年　文芸第一出版部へ。
一九八八（昭和六十三）年　文芸局長に就任。取締役も兼任。
一九九三（平成五）年　常務取締役に就任。
一九九七（平成九）年　退任。

「群像」時代に担当した長篇は、丹羽文雄『一路』、佐多稲子『樹影』、円地文子『小町変相』、野間宏『わが塔はそこに立つ』、椎名麟三『長い谷間』、大岡昇平『萌野《もや》』、梅崎春生『狂ひ凧』、三島由紀夫『絹と明察』、庄野潤三『静物』、安岡章太郎『海辺の光景』、小島信夫『抱擁家族』、吉行淳之介『暗室』、大江健三郎『万延元年のフットボール』、深沢七郎『甲州子守唄』、小川国夫『彼の故郷』等々、また佐藤春夫、瀧井孝作、武田泰淳、藤枝静男、島尾敏雄、丸谷才一、阿部昭諸氏の中短篇がある。

でしょうが――、しかし大袈裟にいえばそう考える人なんだと思います。もちろん春樹さんに会っていろいろ打合せをしたり、食事をしたりもしましたが。

『ささやかな証言』にも書きましたが、『ノルウェイの森』を外国で執筆することになった春樹さんが、すごく可愛がっている二匹の猫のうち一匹の引き取り手が決まらず、探している、ということでした。それで、我が家で引き取ったんです。以前うちで猫を飼っていたことがあって、家族で猫好きだったので「よろこんでお預かりしましょう」ということになりました。猫の名はミューズというのですが、春樹さんと奥さんが、わざわざ自宅まで会いにきたりしたこともあったんです。

初めは四〇〇枚ぐらいといっていた記憶がありますが、最終的には九〇〇枚で上下二冊の『ノルウェイの森』という作品になりました。すごくよく売れまして、今年の秋か暮れには、ベトナム人でフランスに住むトラン・アン・ユン監督による映画『ノルウェイの森』が公開されるようです。春樹さんは神経質な人ですから、映画化には拒否反応というか、ものすごく慎重だったはずです。確か『風の歌を聴け』は映画化されましたが、それ以降はなかったと思います。『ノルウェイの森』は、とくに最近の春樹さんの作品の傾向とは違い、ある意味でわかりやすいリアリズムで若い男と女の喪失感を描いた小説で、ベストセラーになったし、映画化の希望はずいぶんあったと聞いています。でも全部断っていたなか、カンヌ国際映画祭新人賞をとった『青いパパイヤの香り』の監督が映画化すれば、いいものになるんじゃないか、と期待したんだと思います。僕も二年前ぐらいにその映画を見ましたが、なかなかしっとりしたいい作品でした。

（二〇一〇年七月三十一日、於法政大学ボアソナード・タワー）

恐竜は氷河期をどう生き抜くか

河野通和

伝統ある出版社からベンチャーへ

本日は「日本編集者学会」に講師としてお招きいただき、どうもありがとうございます。「編集者」とひと口に言いましても、手がけているジャンルはさまざまです。私の場合は雑誌、それも総合雑誌と言われるものをながらく扱ってまいりました。『中央公論』、『婦人公論』という、いずれもうんと古くからある雑誌です。『中央公論』は創刊が一八八七（明治二〇）年ですから、今年（二〇一〇）で百二十三年目になります。『婦人公論』は一九一六（大正五）年創刊なので、九十四年目を迎えています。

そういう歴史のある雑誌の編集に携わっていた後に、昨年からインターネットを使ってメディア事業を手がける日本ビジネスプレスという新しいベンチャー企業に関わり始めました。そこでは英国の『フィナンシャルタイムズ』や『エコノミスト』といった有力メディアと提携しながらJBpressという自前のニュース解説サイトを運営しているほか、出版社や新聞社など本格的なウェブ媒体を作ろうとしている会社に、そのために必要な基盤システムを提供したり、収益化支援の人的サービスやビジネスモデル構築のためのコンサルティング業務などを行っています。「メディアを元気に！ 日本を元気に！」を標榜する会社ですが、それまで三十年間働いてきた前職とは打って変わった世界に飛び込んだ格好です。きわめて伝統的な、というか、意地悪い人からは「古色蒼然とした」と揶揄されていた仕事から、いきなり未来志向の、これも皮肉な人に言わせれば「正体不明の怪しい世界」に首を突っ込んだ感じです。そういう風変わりな転身をした人間として、いま思うところを少し話してみろ、というのが本日お呼びいただいたおおよその趣旨であります。

もっとも、内実を申し上げますと、きょうはピンチヒッターとして、急遽ここへ参ったというのが真相であります。本来お話しになるはずの方が、どうにもやむを得ぬ事情で来られなくなってしまった。そこで、ひとつ代役を務めてくれないか、ということでありました。

たまたまスケジュールが空いていたのが運の尽きなのですが、一方でこういう突然の求めに応じて、ともかくその場で可能な答をひねり出す、というのは雑誌編集者の宿命というか、性《さが》でありま

こうの・みちかず
一九五三年生まれ。東京大学文学部卒業。七八年、（株）中央公論社（現・中央公論新社）に入社し、主として雑誌編集畑を歩む。九七年七月から二〇〇〇年十二月まで『婦人公論』編集長。九八年三月、『婦人公論』を大判化し、月二回刊とする初の本格的リニューアルを手がける。二〇〇一年一月から〇四年四月まで『中央公論』編集長を務める。〇八年六月、取締役雑誌編集局長兼広告統括部長を最後に、同社を退社。〇九年一月から（株）日本ビジネスプレス特別編集顧問に就任。本講演が行われた後、一〇年六月、（株）新潮社に入社し、役員待遇、出版部『考える人』編集長として、現在にいたる。

す。「日本編集者学会」のメンバーは、多くが書籍編集をなさってこられたプロ中のプロの方たちですが、私は自分が実際に関わった仕事としては、雑誌しか知りません。雑誌の「雑」にはいろいろな意味がこめられていると思うのですが、ともかく定期刊行物として発売日が決まっておりますから、どんなに辛くても、その時点で最善と思われる素材をできるだけ集めて、それを一冊の小宇宙にまとめ上げるのが仕事です。時間や経費、マンパワーの制約、ツキのあるなしなどで、いつも満足の行くものが作れるわけではありません。書籍に比べれば、完成度という点では「雑」であることは運命的に避けられません。また今度の号は「実によくできた」と得意になっていても、発売日の直前になって客観情勢が一変してしまったり、競合誌がとんでもないスクープ記事を掲載したために惨敗を喫する、という場合もないではありません。

　いろいろな意味で、書籍とは企画の立て方も作り方も、勝負の仕方も違う。編集者としての習性や発想も異なります。職業欄には同じように「編集者」と書かれていても、まったく違う人種だと思えるケースもあります。ですから、きょうお話しすることがどこまで皆さんのお求めに応えられるのかは分かりませんが、まずは自分がどういう意識で雑誌編集者となり、何をめざしてきたかというあたりをお話しすることで、「編集者学」というものに対して、なんらかの素材を提供できればと考えております。

9・11の年に編集長になる

先ほどツキのあるなし、というようなことを言いましたが、私が『中央公論』編集長に就任した二〇〇一年一月というのは、森喜朗内閣の最後の頃でした。その前に手がけた『婦人公論』のリニューアルがうまい具合に成功して、その後も順調に推移していたところでの異動でしたから、よりによってこんなにも政治が面白くない時期に『中央公論』をやるのはかわいそうだね、とあちこちで言われました。たしかに永田町は閉塞感が漂っていましたし、バブル崩壊後の日本経済もなかなか回復の道すじを見出せない時期でした。

造本・判型を変え月２回となった
『婦人公論』リニューアル創刊号

　ところが、ほどなく小泉政権が誕生しました。誰も予想しなかった〝変人〟宰相の登板です。これで俄然、動きが出てきました。そして、秋には米国で9・11同時多発テロが起き、翌年には突然の小泉訪朝、さらにその翌年にはイラク戦争勃発と続いていくわけですから、気の毒がられていたのが、いつの間にか「編集長としてこれほどやりがいのある時期はないでしょう」などと言われ始めました。まったく、雑誌編集というのは外部環境に大きく左右されてしまいます。

　さて、本日の表題は「恐竜は氷河期をどう生き抜くか」といたしました。この場合、「恐竜」というのは雑誌編集者をイメージしています。その中でも特に、私のような総合雑誌の編集者。これは多種多様な雑誌編集者の中でも、トキのような絶滅危惧種ではないかと思っています。「雑誌の危機」はいまや時候の挨拶のようになっていますが、朝日新聞社の『論座』、講談社の『現代』、文藝春秋の『諸君！』といった言論誌の休刊があいついだこともあって、「論壇」と呼ばれる世界を支えてきた総合雑誌、あるいは言論誌のジャンルは、地方都市のシャッター通りのようなありさまになっています。

　「氷河期」というのは、まさにいまの出版界のことです。ご承知のように、ウィンドウズ95が発売された翌年の九六年以来、出版業界全体の売上は右肩下がりを続けています。売上総額はついに二兆円を割り込みました。そんな衰弱したところにもってきて、いわゆる「黒船」の来襲です。グーグル、アマゾン、アップルといった米国巨大資本の攻勢を前に、さすがに慌て始めたのが日本の出版界です。何度目かの「電子書籍元年」という言葉が、さすがに今度ばかりは「待ったなし」だといった雰囲気で語られ始めています。

ただ、私見ではありますが、こと書籍に関する限り、日本の場合は電子書籍が市場を席捲するという事態は当面あり得ないだろうと考えています。ジャンルによっては淘汰を免れない書籍もあるでしょうが、電子書籍が普及するためにクリアしなければならないハードルがいくつもありますし、当分の間この国ではダラダラとした過渡期が続くのだろうと思います。そして将来的にも、パッケージとしての本の魅力が見失われることはないと思います。

実際、本というのはよくできた代物です。電源も要らないし、モバイルだし、書き込んだり折り曲げたり、手軽な可塑性もふんだんにあります。ですから、良質な内容（コンテンツという言葉をあえて避けますが）を備えた書籍はまず生き残ることでしょう。逆に、本当に絶滅の危機にさらされているのは、フロー系のメディア、つまり雑誌です。こちらの行く末はきわめて悲観的だといわざるを得ません。

雑誌が世の中を動かしたころ

さて、私がこの業界に足を踏み入れたのは一九七八年です。この時代は雑誌ジャーナリズムの隆盛期でした。大学生だった七四年一〇月に発売された『文藝春秋』一一月号に、立花隆さんの「田中角栄研究～その金脈と人脈」が掲載されました。これは新聞、テレビといった大手マスメディアが依拠してきた記者クラブ制度から排除されていた雑誌が、その枠外から放った一大スクープでした。「文春に出てくる話は、派閥担当記者なら誰でも知っていた。あえて記事にしなかっただけだ」などと後からいろいろな話が聞こえてきましたが、要は雑誌という周辺メディアが独自の取材を徹底的に行い、それを長大なレポートにまとめて世に問うという奇襲攻撃を仕掛けたわけです。そしてその記事が内外に大きな反響を巻き起こしたことで、時の政権の存立基盤が根本から揺さぶられました。これは画期的な事件でした。

記者クラブ制度に関しては、近年とみに批判が高まっていて、政府の記者会見などでも現にこれまでの規制を撤廃する動きが現れていますが、「田中角栄研究」が出た時ほど雑誌ジャーナリズムの存在意義や力を感じたことはありませんでした。権力を監視するのが「第四の権力」であるメディアの使命だと言われていますが、新聞、テレビというエスタブリッシュされた巨大メディアをチェックする機能として、雑誌の役割がここでクローズアップされたのだと思います。また、「客観報道」という建て前やパターン化された記事のスタイルに飽き足らなさを感じていた（さらに言えば、何が本当の問題で、いま何が起きているのか、新聞の政治面ではさっぱり分からないと思っていた）一般読者の好奇心に直截的に訴えかけてくる雑誌のアプローチは、非常に魅力的で新鮮に映りました。

その立花隆さんや、人物ルポに新風を吹き込んだ沢木耕太郎さん、巨大事故などの真相究明に新境地を切り拓いた柳田邦男さんが、当時「御三家」と呼ばれていました。あるいは新聞記者出身の本田靖春さんや上前淳一郎さんといった人たちなどが、従来のルポルタージュとは異なるタッチの作品で、雑誌の目次を賑わすようになります。やがて「事実の時代」「ノンフィクションの時代」という言い方がされるようになり、こうした筆者群が雑誌ジャーナリズムの新しい可能性の担い手と見なされるようになります。また「ニュージャーナリズム」という言葉が紹介され、沢木耕太郎さんはその旗手と言われました。

ニュージャーナリズムとは、六〇年代後半のアメリカで生まれたひとつのジャーナリズムの潮流です。トルーマン・カポーティの『冷血』が大きな影響を与えたとされますが、作家のトム・ウルフがそうした新たなスタイルの作品を集めて『ニュージャーナリズム』（七三年）という書籍を編んだことで注目を集めるようになります。当時、海外文学の紹介に熱心だった中央公論社の文芸誌『海』が、そのトム・ウルフの「ニュージャーナリズム論」をいち早く翻訳掲載したのを、私もすぐに読んだ思い出があります。アメリカでも日本でも、これからは堰を切ったように、そうした斬新なノンフィクション作品が現れてくるのではないか、という期待が高まりました。

　それと同時並行的ですが、米国では七一年に『ニューヨーク・タイムズ』が、いわゆる「ペンタゴン・ペーパーズ」（ベトナム戦争に関する米政府の政策決定過程を分析した国防総省の最高機密文書）のスクープを放ち、その後「政府対新聞」の熾烈な戦いが繰り広げられたことは周知の通りです。また『大統領の陰謀』という本にも映画にもなりましたが、『ワシントン・ポスト』の若手記者二人が切り開いたウォーターゲート事件報道と、それによるニクソン大統領の退陣というジャーナリズム史を画するドラマも生まれました。

　さらにはD・ハルバースタムの『ベスト・アンド・ブライテスト』やゲイ・タリーズの『汝の父を敬え』といった傑作ノンフィクションの翻訳が次々と出版されました。いずれも取材対象に肉迫しながら、それを濃密に描き切った作品です。雑誌と直結する出来事ではありませんが、そうした新たなジャーナリズムをめぐる動きに、敏感に呼応する変化が日本の雑誌の中にも生まれ始めました。立花隆さんが雑誌『諸君！』に連載した記事をもとに、ハルバースタムや『ワシントン・ポスト』の編集主幹ベン・ブラッドリーらと語り合った『ジャーナリズムを考える旅』を著したのもその時期です。

　そうしたジャーナリズム系とはまた別に、その頃、雑誌のニューウェーブとして元気だったのは、『現代思想』、『エピステーメー』、『ユリイカ』、『現代詩手帖』といった思想や詩の雑誌で、これらも時代認識の羅針盤として気になる存在でした。全共闘運動から七〇年安保の激動を経て、時間の流れが少し弛緩したような〝凪《なぎ》〟の状態ではありましたが、三島由紀夫の割腹自殺の衝撃もまだ生々しくて、今後の国の針路や日本人の生き方に対する問い直しが迫られているという思いがかなり共有されていたと思います。その中で雑誌の果たす役割も大きいと感じられていました。

　また、その頃は文芸評論家の発言も活発で、江藤淳、吉本隆明、山崎正和、磯田光一、桶谷秀昭、秋山駿、柄谷行人といった人たちが積極的に執筆していました。小林秀雄や河上徹太郎、福田恆存のような大御所も健在でしたし、広い視野に立つ大岡昇平のような作家も現役でした。高坂正堯、永井陽之助、村上泰亮といったアカデミックな言論人、司馬遼太郎、山本七平といった在野の論客、五木寛之、井上ひさし、野坂昭如らの人気作家たち、あるいは文化人類学の山口昌男といったパワフルな存在が、雑誌の目次に入れ替わり立ち代り名を連ねていました。彼らの新しい作品や論考を待ちかねながら、時代精神に触れたいというのが、学生時代の雑誌体験でした。

　ただ、出版社の入社試験を受けながら気づいたことなのですが、こうした雑誌との付き合いを語ったり、ニュージャーナリズムの可能性について話しても、面接官である各社の重役たちからは、あまりこれといった反応がありませんでした。それどころか、「ああいう調査ルポは人手とカネがかかるんでね」と聞かされたり、「どこも文芸誌は大赤字でね」と言われたり、なんだかガッカリさせられたものです。

なぜ中央公論社に惹かれたか

　それはさておき、中央公論社という名前を初めて意識したのは、庄司薫の『赤頭巾ちゃん気をつけて』が『中央公論』六九年五月号に一挙掲載され、それがすぐに芥川賞を受賞した時だったと思います。庄司さんはそれからしばらくして、『狼なんかこわくない』という自伝風エッセイを書きます。そしてその中で、自分の作家デビューは実は学生時代に第三回中央公論新人賞を受賞した時にさかのぼる、という話を披露します。私が関心を持ったのは、なぜ中央公論新人賞を選んで応募したのかという理由として、「まずその第一回の受賞作である深沢七郎氏の傑作『楢山節考』に、ぼくが猛烈なショックを受けていた」こと、次に「伊藤整・武田泰淳・三島由紀夫という三人の審査委員の組合せに、ぼくが大きな信頼感を抱い」ていたことを挙げたことです。そこで思ったのは、文学賞は何か「客観的」な基準があって決まっていくものではなく、選考委員が誰になるかでその賞の性格や質がずいぶん変わるということ。つまり、どのような新人を世に送り出していくかで出版社の姿勢や実力、また文学賞のプレステージが決まってくるのだ、ということでした。初めて出版社の仕事が具体的に感じられたきっかけでした。

　ちょうどその頃、中央公論社から赤い瀟洒な箱に入ったチェーホフ全集が出ていました。実際のチェーホフがどういう作家であるかを知る以前に、その洒落た装丁によって、最初のチェーホフ像ができあがりました。これも編集の力技だと後々気づかされました。

　私は中央公論社の大ベストセラーである『日本の歴史』や『世界の歴史』などはほとんど素通りでしたが、学生時代に出た『大岡昇平全集』や『金子光晴全集』などには親近感を抱いていました。また七三年六月に中公文庫がスタートするのですが、その初期のラインナップは、毎回私の関心をいたく刺激するものでした。江戸・東京ものや「食」

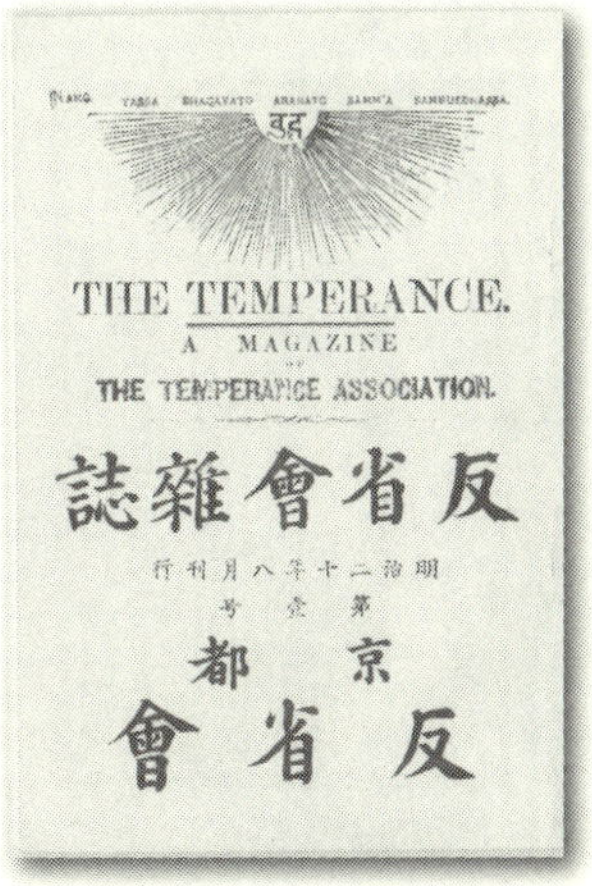

『反省会雑誌』創刊号

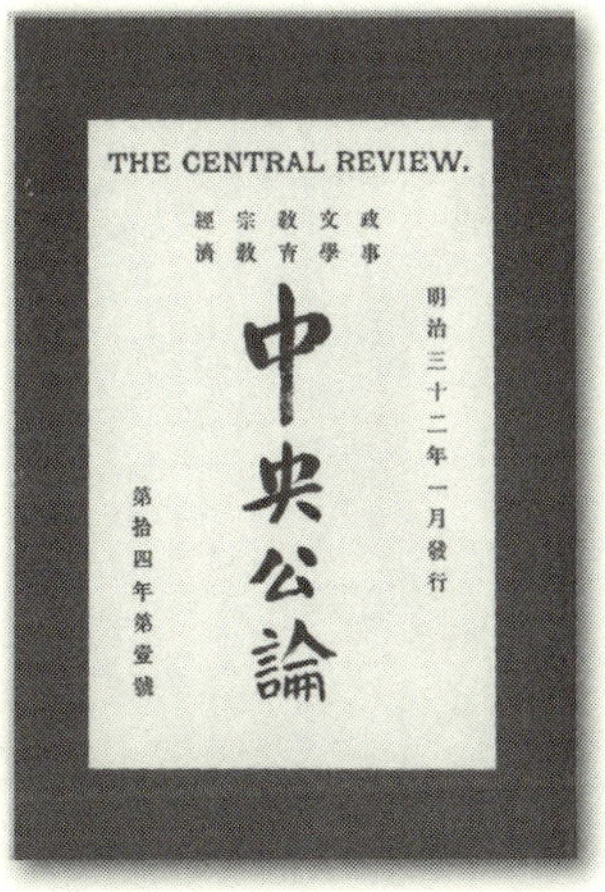

『中央公論』明治32年1月号

に関する文人のエッセイ、伝記や自伝もの、歴史小説では子母澤寛、長谷川伸といった渋好みの本が多く入っていて、毎月かなりの点数を買うようになりました。そんなこともあってこの会社の入社試験を受けてみようと考えました。

　ただ実際に入社してみると、外から見ていたイメージと、会社の中に入って感じることとは、相当隔たりがあるものだと思いました。おそらくどの出版社でもそうなのだろうとは思いますが……。

　入社初日に『中央公論社八〇年史』という本を渡されましたが、これを読むことに始まり、次第に会社の歴史についていろいろ勉強するようになりました。創業の翌年、一八八七年に、『中央公論』の前身である『反省会雑誌』が京都の西本願寺普通教校内で創刊されるのですが、当時の様子からは、新しい時代を迎えようとする若者の覇気や知的パフォーマンスの高さを感じさせられます。これからの日本および日本人の採るべき針路を、自分たちの知力を振り絞って考え出そうという真摯さと、海外のよきものに対する闊達なオープンマインドとが同居しているような、いかにも明治の黎明期にふさわしい息吹がみなぎっています。そういう中にあって、雑誌がまずひとつの運動体として創刊されます。そしてそれがその後どのように受け継がれ、いかなる発展を遂げていくのか、という経緯は、日本の近代史の流れとかかわって非常に興味深いものがあります。

　きょうは詳しくお話しする時間がないので先を急ぎますが、やがてこの雑誌は徐々に洗練を加えながら、大正期にいわゆる総合雑誌の基本的体裁を整えていきます。その時期に滝《たき》田《た》樗陰《ちょいん》という、おそらく日本で最初の職業的な編集者が現れて、次々に有力な作家、著述家を誌面に登場させていきます。まことしやかに言われているエピソードとしては、彼の人力車がその家の前に停まれば、「書き手として一人前」のお墨付きが得られた証拠だとか、いろいろな逸話を残した人です。

彼が作った総合雑誌の基本的な構成は、文芸作品を扱う「創作」欄と、時局を論じる「説苑《ぜいえん》」欄とが、目次をほぼ二分する形で置かれています。前者には夏目漱石、芥川龍之介といった作家が力作を寄せ、後者のスター的な存在は大正デモクラシーの旗手とされた吉野作造です。彼はいくつも著名な論文を発表していますが、同時に「明治新聞雑誌文庫」というものを作って（いまも東京大学に保管されていますが）、幕末から明治期の歴史研究を始めます。開国史研究においては、江戸時代の儒学思想の中に、西洋の自然法思想や国際法を受容する基盤があったと指摘し、明治維新については、薩長中心、尊王論偏重の見方に異を唱えようとします。これも詳しいことは省きますが、そのように「現代」という時代を歴史的、思想的な文脈でどのように捉えるかは、総合雑誌が担ってきた重要な役割のひとつです。同時代を生きる人間の感性にどのような表現を与えるかが「創作」欄の使命だとすれば、世の中の通説、俗説を検証しながら、同時代人に向けてできるだけ正しい方向感覚を指し示すのが「説苑」欄の役割と言っていいかと思います。総合雑誌のダイナミズムはこの両輪から生まれていました。

学生のころ鮎川信夫に教えられた

話が少し前後しますが、「総合」ということについては、学生時代から少し考えていたことがありました。吉行淳之介さんの『私の文学放浪』という作品を読むと、戦後間もない時期に、『世代』という同人雑誌が発刊され、吉行さんは「その創刊から廃刊までの七年間、終始関係をもって」いたという話が出てきます。戦争をくぐりぬけた青年たちが、文学のみならず芸術、社会、経済から自然科学まで、あらゆる事象にわたる関心を示し、いわばルネサンス的な総合をめざした雑誌として、『世代』は知る人ぞ知る存在でした（たしか後に復刻版が出たように記憶しています）。

同人には、吉行さんのような文士肌の人もいれば、文学者や経済学者の卵もいる、いいだもも氏のような先鋭な評論家もいる、といった多彩な顔ぶれで、吉行さんは自分とタイプの異なる「頭脳明晰で才能豊かな」青年たちとの付き合いが魅力的だったので、自分は最後まで『世代』を去らなかったと語っています。このように主義も主張も個性もまちまちな面々が、ある思いを共有しながらひとつの雑誌に集うというのは、実に魅力的な風景と思えました。

ひるがえって周囲を見回せば、七〇年代半ばの大学キャンパスには暴力が荒れ狂っていました。セクト間の対立抗争が激しく、日中突然に内ゲバが始まり、人が傷つけられる（殺される）という場面を目撃するような時代でした。「総合」を志向し、意見は対立しようとも相互の立場、主張を尊重するリベラルな議論の場が自分たちにも作れないものか。そんなことをボンヤリ考えていたものです。

そしてまったく偶然なのですが、『中央公論』編集長だった粕谷一希さん（彼のコラムを愛読していたことも中央公論社を志望する大きな理由でした）が、この『世代』の初代編集長であった遠藤麟一郎という人物と、彼を取り巻く人間群像をテーマにした『二十歳にして心朽ちたり』という作品をその後お書きになります。粕谷さんは『世代』には間に合っていないのですが、この神話的存在の雑誌に憧れを抱き、「向こうが『世代』なら、こっちは『時代』でいこう」と言って、『時代』という同人雑誌の編集長をやっていました。余談ながら、雑誌作りがあまりに面白くて、それにのめりこんで一年落第することになったそうです。

私も同人雑誌のまねごとはいくつかやりました。大学紛争の影響で文科系のサークルはほとんどが休眠状態でしたが、それを復活したり、独自に仲間を集めて雑誌を作りました。そして、その時の仲間の縁で詩人の鮎川信夫さんとしばしば接する機会を持つようになったのは、大変ラッキーな出来事でした。鮎川さんとの縁は、彼が八六年に亡くなるまで続きました。言うまでもなく、鮎川さんは戦後すぐに『荒地』という伝説的な雑誌を田村隆一さんらと創刊して、戦後の詩と思想を牽引した人物です。彼からは近現代詩やさまざまな詩人についての批評や解説を聞くこともありましたが、むしろとりとめのない雑談の中で、雑誌を基盤にした人の交流の面白さをそれとなく教えられたことが忘れられません。彼の「詩的青春の遺したもの」という自伝的エッセイを読んでいると、雑誌の力――さまざまな個性が出会うことによって生まれる〝化学反応〟を語っていた、鮎川さんの「醒めた熱狂」のようなまなざしが蘇ってきます。

　とまあ、職業的編集者になるまでの話を長々としてしまいましたが、その延長線で会社に入り、入社一日目から編集現場に配属されて、以来、『中央公論』や『婦人公論』という雑誌作りをもっぱら手がけたというわけです。ただ、その後はともかく時間に追われる日々でした。途中、休職してアメリカに行っていた時期もありますが、ともかく押し寄せる日常の業務をこなしているうちに(何だかバタバタしているうちに)、気がついたらずいぶん年数が経っていたな(その割にたいした仕事はできていないな)というのが、残念ながら正直な感想です。

何が「雑誌」を殺したか

　さて、中央公論社は読売新聞社に経営権を譲渡し、一九九九年二月に中央公論新社として新たな出発をいたしました。ウィキペディアで「出版不況」を検索すると、その年表の二行目に「中央公論社、読売新聞社に買収される」というのが出てきます。まるで「出版不況」史の生き証人になったかのような思いがいたします。

　その中央公論新社が誕生してちょうど十年目に入った二〇〇八年六月に(入社してから満三十年が経過したところで)、私は会社を去りました。ちょうどサザンオールスターズが結成三〇周年を機に解散するというニュースが流れた時期でした。全然そういう素振りを見せていなかったので、社内外、周囲を大変驚かせてしまいました。親会社である読売新聞社との関係で相当苦労したのではないか、とおっしゃる方がたくさんおられましたが(もちろんそれもひとつの要素ではありますが)、そんなに単純な話ではありません。

　深刻な経営危機にあえいでいた中央公論社が、オーナー社長の死を乗り越えて、独立した出版社として存続できたのか、となると、おそらくは遠からず経営破綻に陥っていたことでしょう。それでは、なぜ経営難に陥ったのか、ということですが、これについて私なりに思うことはありますが、まだ客観的に語るだけの用意がありません。ともかく冷厳な事実として、事業は中央公論新社に継続され、「中央公論」という四文字は残されましたが、明治一九年から百十三年間営々と築いた歴史は、ここで一大転機を迎えたというわけです。

　その直後になりますが、佐野眞一さんが『誰が「本」を殺すのか』を著します。記憶の中ではもっと昔の本だったような気もするのですが、二〇〇一年に出版されています。そこではいろいろな「死」が紹介されました。版元の死、編集者の死、書店の死、著者の死、蔵書の死、読者の死、そして雑誌の死。

　私は、雑誌に勢いが感じられた時期に出版界に入り、ひたすら雑誌編集の仕事に関わってきましたけれども、ある時期から読書空間に変化を感じるようになりました。特に著しかったのは八〇年代以降です。

　おそらくエズラ・ヴォーゲルの『ジャパン・アズ・ナンバーワン』の翻訳が出たあたりからでしょうか。それまでは、このままで日本は大丈夫か、これからどういう国をめざすべきか、といった議論がまだ真剣味を帯びていました。ところが、その頃から次第に、時代は日本肯定論の流れに変わり始めました。オイルショックを見事に跳ねのけて、日本が経済大国として存在感をあらわし始めたのに合わせて、日本の肯定的な自画像を打ち出す論調が主流となりました。時代に対して懐疑的な見方をするのはネクラだと見なされ、徐々に敬遠されるようになりました。

　雑誌の編集について言えば、総合雑誌よりもビジネス、ライフスタイル雑誌の時代に移ります。また活字主体の雑誌は明らかに退潮となり、ビジュアル志向が一気に加速します。一方で、販売部数重視よりも、いわゆる「広告モデル」型の雑誌に目が向き始めます。編集者の関心は、読者が面白いと思う読み物を用意するよりも、どうすれば広告の取りやすい誌面を工夫できるか、どうやれば広告とうまく連動した収益性の高い誌面を作ることができるか、に向かっていきます。バブル経済はまさにそういう雑誌をこそ花形の地位に押し上げました。すべてがそれ一色に染まったとは言いませんが、トレンドとしては明らかに、広告シフトに発想を切り替えた編集者が、時代の風を切って歩いている観がありました。私のような総合雑誌編集者は、生きる化石か、すでにしてマンモスのような存在と見られ始めました。

　中央公論社でも、その時期には短期的ながら経営者の交代などもあり、『中央公論』のような守旧派の活版雑誌は、ビジュアル雑誌強化の方針の下に人員を削減され、編集長を含め部員が三人という「冬の時代」を迎えたこともありました。私は三人の中堅でしたから、毎月ざっと一五〇頁以上を一人で担当していました。必然的に、仕事はそれこそ「雑」にならざるを得ません。投げ出すわけにもいかず、不本意ながら〝タコ部屋生活〟に耐えておりました。

　それでも、まだ出版社そのものに体力が残っていたおかげで、いまのように総合雑誌、言論誌が次々と店じまいをするような状況ではありませんでした。どこもそれなりの気概と、出版社としてのプライドを背に、やせ我慢をしながら頑張っていました。

　それがいまや、一昨年秋のリーマンショック以降、広告収入もガタ減りという中で、言論誌、総合雑誌の休刊が相次いでいます。各社内では存続か休刊かをめぐって真剣な議論が戦わされたと信じたいのですが、意外にあっさりと、さしたる抵抗もないままに音を上げたケースもあると聞いて、いささか驚きを禁じえません。

　そんななかで、自分にできることは何なのか、と考えます。明確な答えをすでに持っているわけではありませんが、この世界に入って、雑誌編集者として自分なりにやり遂げたいと考えてきたこと（ミッション）、そこで思い描いた自分なりのヴィジョン、その実現に近づきたいと願うパッション（これを私はＭＶＰと呼んでいますが）は、消えたわけではありません。困難な現実が現れた時に、どういう知恵を絞り、持久戦、長期戦も覚悟しながら、これを存命させるか。継続のための戦術を練ることが大切だと思っています。

ウェブで何をするか

　中央公論新社を辞めた後、新しいネットメディアの会社に関わっていることはお話しした通りですが、この会社の事業を簡単にご説明しておきます。

　まず第一に、メディア企業のウェブサイト運営を「収益事業」に変えるためのインフラを提供しています。またそれ（isMediaと呼ぶ高機能プラットフォームなのですが）を活用するためのビジネス・コンサルティングを行っています。これまで「ウェブ媒体を始めたいが、何をすればいいのかよく分からない」「ウェブ媒体を始めたけれども、いつまでたっても収益ラインに乗らない」という悩みを抱えた多くの会社の話を聞いてきましたが、その問題解決のお手伝いです。

　まだ二十名ばかりの小さな会社ですが、元々は日経ＢＰ社で早くからウェブ事業の構築や運営を手がけてきたユニットが、会社の庇護を離れて独立したベンチャー企業です。何年もの試行錯誤を重ねながらようやく成功の方程式を見出したところで、今度はそのノウハウをメディア界全体に提供しながら、さまざまな企業や媒体とともにビジネスをやろうとしている若い連中です。彼らはいわゆるＩＴ系のシステム屋さんたちと違って、コンテンツを作る会社にいて、編集者の喜びも哀しみも一緒に見てきました。したがって、コンテンツを作ることの大変さもその価値もよく理解しています。それだけに、自分たちが構築してきたノウハウを使って、各社が現在のウェブ環境の中で、できるだけ安価に、安定的に、安心してウェブ媒体を運営するお手伝いをする。そして、少なくともウェブ媒体が〝金食い虫〟〝お荷物事業〟となって、各社の体力を奪うような事態は、自分たちの

メディアを元気に！
日本を元気に！
Japan Business Press
JBPRESS
海外と日本の地方にフォーカスした本格派web経済メディアJBpress
英エコノミスト誌、フィナンシャル・タイムズ紙と提携、経済動向に対する海外メディアの視点を報道
地方の優れた中小企業、地域振興をはじめ、日本再生への多彩な提言コラムや金融系コンテンツを掲載
複数のwebメディアが連携し、PVやユニークユーザー数の拡大を実現する共同タイアップ商品
Media League（メディアリーグ）
企業マネジメント層・ビジネスパーソン・高額所得者層に効率的にリーチできる、良質のコンテンツ型広告を提案
良質なコンテンツを持つメディアのネット化・収益化を支援する新しいビジネスモデル
isMedia（イズメディア）
10年余にわたる高収益ネット媒体開発・運営のノウハウに基づいたシステムインフラとコンサルティングを提供

努力で回避させたいと考えています。その決め手となるのが、メディア・サイトのために最適設計された、先ほどの高機能プラットフォームというわけです。

　出版社はほぼ各社とも、すでにいろいろなサイトを立ち上げて運営していますが、ほとんどが販促サイトの域を出ません。「必要に迫られ〝とりあえず〟運営はしているが、利益の出る気配がない」。それどころか、収益を上げる機能がそのシステムに実装されていないので、慢性的に赤字だというのが実態です。さらに本格的なサイト運営に一歩踏み出した会社も、グーグルやヤフーに比べると圧倒的にＰＶ（ページ・ビュー）が少なくて広告枠としての魅力はありません。それにもかかわらず、純広告の販売以外に収益を上げるモデルがなかったり、他のマネタイズの方法をまったく用意できていないのが大半です。

　ウェブ媒体でお金を稼ぐためには、それなりの本格的なシステムが必要です。しかし、そのためにいまからわざわざ人材をリクルートしたり、システム開発に少なからぬ投資をするよりは、クラウド・コンピューティング時代の特性を活かして、すでにあるシステムを使ってみてはどうか。それというのも、自分たちのメディア（最初にお話ししたJBpressというニュース解説サイト）を運営するために、すでにそういうシステムを自分たちは持っていって、いつでもそれを他の人たちに活用してもらえる（提供できる）状態にしてあるから、というわけです。これを最大限に利用して、一方で経費削減を図りながら、他方で収益化をめざし、いち早く黒字化を実現しませんか、というのがメッセージです。さらにいえば、そこで生れた資金や人材の余裕を本来のコンテンツ強化に回すことができれば、いまの出版界の地盤沈下を少しは食い止めることもできるのではないか、という考えです。

　私はこれを、少しおこがましくも、「出版界の海援隊をめざそう」と話しています。

「出版界の海援隊」は実際になんの役に立つか

　さて、いまお話ししたシステムの上にはすでに実際例として、いくつかのサイトが立ち上がっています。まずは自前のJBpressがあります。詳しい内容は省きますが、イギリスの『エコノミスト』、『フィナンシャルタイムズ』といった有力メディアと提携し、毎日その最新記事を正確で読みやすい日本語にして届けています。あるいは、編集部で書いたり、外部の筆者に依頼して独自のコメンタリーも配信しています。「ネットメディアはいいかげんだ」という先入観がありますので、ここは専門の校閲者を置き、記者は全員、他のメディアでキャリアを積んできたベテランを揃えています。幸い、月ごとにＰＶが増え続けていますし、コンテンツが溜まれば溜まるほどに過去記事が新たな資産となってＰＶを稼いでくれるという、ウエブ・メディアならではの醍醐味を、私も少しずつ実感しているのが現状です。

　さてそのJBpressと並ぶ形で、isMedia上にはＪＲ東海の子会社ウエッジ社が出している『WEDGE Infinity』が最初に加入してくれました。続いて昨夏に光文社の『美ＳＴＯＲＹ』、この一月からは講談社の「現代ビジネス」が加わりました。これは『週刊現代』、『フライデー』、『セオリー』という三誌が参加する形を取っていて、サイトの開設とともにかなりの勢いでPVを上げてきています。

先ほどシステム利用のお話をしましたが、仮に「現代ビジネス」がゼロから自前でやろうとした場合、システム構築は外のシステム・ベンダーに依頼することになったと思います。ところがそうすると、双方が共通のイメージや認識を持てないままにサイトをデザインする危険性が高いのが実情です。結果として、非常に使い勝手の悪いものができて、それを少しずつ改良するために補修や機能の追加が施されていきます。こうしてどんどん出費はかさむ、できたシステムは田舎の温泉旅館みたいに入り組んだ構造になるとか、遠回りをした挙句、エネルギーとお金をロスする結果になります。それに比べるとisMediaというシステムはメディアに特化したものとして最初から設計されているので、たいていのメディア・サイトがやりたいと考えることは初めから実装されています。さらに、それぞれのメディア特性に応じてカスタマイズすることも簡単です。収益の黒字化、ユーザーのデータベース管理、またコンテンツの構造化を通して、将来的にいろいろなデジタルデバイスが登場した際にも、たちどころに移管することが可能になります。

間もなく文藝春秋の「Number web」、ダイヤモンド社の「ダイヤモンドオンライン」がわれわれのところに引っ越してきます。実績としてすでに多くのユーザーを獲得している有力サイトではあるのですが、収益化達成のためにはそれを可能にするシステムに引っ越したほうがいいという決断です。引っ越しのコストは当然かかりますが、短期間で回収可能な額です。このまま続けても黒字化の見通しが立たないのであれば、初期投資もさほどではないし、年間のコストは大幅に削減されるうえに収益も出る、加えてウェブ上での広告獲得のためのさまざまなノウハウも共有できる場に移ろう、というわけです。

これ以上、PRを続けても仕方がないので打ち切りますが、デジタル文化との付き合い方で、私がいま本当にまずいなと思っているのは、出版社の人たちが、「黒船襲来」に浮き足立っていることと、それと裏腹の関係なのですが、ネット文化を低く見ていることです。そこには硬直した思考からくる、恐怖心と知的な驕りがあるように思えます。

たしかにネット上には低俗で悪質なものも多いのですが、いまはスマートフォンなどでいろいろなコンテンツを並列的に見比べることができます。そこでは雑誌記事もその中のひとつとして読むことができます。実際に読み比べてみてください。名だたる雑誌の記事が意外に面白くないとか、役にも立たないという例が多々あります。これまでは紙の束としてセパレートされて、雑誌記事は別格の立場を享受していました。雑誌はプロの編集者が関与しているから正確で内容が濃い、と見なされていました。ところが、いまやネット上には雑誌以外の競争相手が山のようにいて、実は雑誌記事がさほど優位でない（王様は裸だ）ということに、ユーザーはすでに気づきつつあります。

もう一つ、出版社のネット・リテラシーが低いことも心配です。苦手意識は仕方ないのですが、それが外部への〝丸投げ〟になったり、中途半端なおカネの使い方になったり、デジタル文化への対応の誤りが悪循環を生んでいるような気がします。

氷河期の生き抜き方

最初の設問に戻ります。「恐竜はこの氷河期をどう生き抜くか」——ですね。

①穴を掘って寒さに耐える。
②まわりの気温を三度上げる。
③何もしないが、厚着をする。

方法はいろいろあると思います。ところが、現状は何もしないで裸で騒いでいるだけ、と言ったら語弊があるでしょうか。

そうした場合の最悪のシナリオというのは、寒さに震えてマッチ売りに頼ろうとすることです。

一本のマッチでは、暖を取ろうにもすぐに燃え尽きてしまいます。明らかにサステイナブル（持続可能）なビジネスモデルではありません。

私が「出版界の海援隊をめざそう」というのは、少なくともこの事業を通して、困っている出版社や既存のメディアに、洞窟を提供するか、あるいはダウンジャケットくらいの効果をもたらしたい、というレベルを想定しています。それでもマッチとは大きな違いです。

時間も尽きましたので、細かい説明は割愛しますが、同じシステム上にメディアサイトが並立するという状態は、ひと言でいえば、メディア間の合従連衡を可能にすると考えていただければいいと思います。これまで雑誌はそれぞれが独立していましたが、これからは、同じシステム上に乗り合わせることによって、ある時はお互いに融通し合ったり、ある時は相互に刺激し合ったりして、サイト同士をユーザーが還流するような仕組みが構築できます。

たとえばエネルギー政策に関心のある人がAというサイトで記事を見た時、その記事の末尾に、同じテーマを扱っているBというサイトの関連記事がレコメンドされていれば、それまではまったく訪ねたこともなかったBというサイトに飛んでみるかもしれません。するとそこで初めてBというメディアの価値を発見する可能性が生まれます。いまのはほんの一例に過ぎませんが、同じシステム上に乗れば、そういう連携が自動的に行えます。広告についても同じような仕掛けが使えます。

そうやって合従連衡型の提携をして身を寄せ合えば、体温はそんなに下がらないのではないか。知恵を出して集まれば、グーグルやヤフーといった強大な相手が控えていても、なんとか共存して生きながらえていけるのではないか。そういったことをひとつのソリューションとしてイメージしています。

私自身はウェブに詳しいわけでも、ましてや自分がシステムを作れるわけでもありません。門前の小僧以下だと自認しています。そういう人間ですが、ともかく新しい現場に飛び込んで、そこで何が起こっているのか、野次馬的に自ら人体実験をしているのが現状です。ここにどういう可能性があり、どういう新しい動きが生まれようとしているのか、それを至近距離で見たいと思うのも、実は雑誌編集者の習性なのかもしれません。

とかく出版にとって、デジタル文化は天敵のように思われがちですが、この〝黒船〟に日本刀で切りかかっていくのか、あるいは明治人たちのような闊達なオープンマインドで臨んでいくのか。いまはその岐路なのではないでしょうか。

とりとめのない話になってしまいましたが、私は中央公論社という、かつて明治の初めに「総合雑誌」というニュー・メディアに挑んだ会社に入って、いままたデジタル時代の新しい潮流の目撃者になろうとしています。この偶然を雑誌編集者らしく、大いに面白がりたいと考えていることを、最後に申し上げて終わりたいと思います。

〈追記〉この講演をしたのが二〇一〇年二月二〇日だったのですが、その後まったく思いがけない成り行きで、六月一日に私は新潮社に入社し、出版部で雑誌『考える人』の編集長を務めることになりました。デジタルの世界からまた紙の世界に舞い戻ったような感じですが、私の中では「海援隊」という周辺的存在から、雑誌編集の現役プレイヤーにカムバックしたといった変化で、本質的な意味での出版に対する自分の思いはずっとつながっているという気がしています。

『考える人』2011年夏号

＊本編は二〇一〇年二月二〇日に開催された第一回日本編集者学会大会の記念講演原稿に大幅な加筆修正を施して成ったものです。

人文書の編集者
――「イメージ・リーディング叢書」(平凡社)のころ

石塚純一

いしづか・じゅんいち
一九四八年東京生まれ、早稲田大学政治経済学部卒業。七一年、株式会社平凡社入社。「世界大百科事典」編集部を経て、「イメージ・リーディング叢書」などの人文書籍の編集に携わる。九七年、平凡社を退社。現在、札幌大学文化学部教授。著書に『金尾文淵堂をめぐる人びと』、論文に「本屋と薬屋」他がある。

ほんの四半世紀前

みなさんこんにちは。元平凡社編集部の石塚と申します。十三年前(一九九七年)に出版社をやめまして、現在は札幌で教員をしております。

今日与えられたテーマは、人文書の編集者についてというものです。この学会の仲間である中嶋さんに「イメージ・リーディング叢書」のころの話をせよと言われました。並み居る出版関係の方々、編集者の方々を前にして、すでに出版社をやめた私のような人間が編集の仕事について話すのは心苦しいのです。今まで、「明治の出版社」とか調べたことについて話す機会はありましたが、自分自身の経験を語ることは一度もありませんでした。また人文書の編集について一般論を展開するのは私には無理です。

逡巡していたのですが、中嶋さんから思い出話でいいからと言われて、はたと考えました。「イメージ・リーディング」というシリーズをもう知らない人が大半だと思いますけれど、叢書を立ち上げた頃のことを思い出すと、一九八六年に刊行が始まったのですが、それ以前から準備をしていましたから、なんともう二十五年以上前のことになります。私にとってはついこの間のように思えるのですが、二十五年か、自分も古老の域に入ったかなという感じがいたしまして、お話しする気になりました。

しかし、お引き受けしてから今日まで時間的な余裕がなかったため、資料を当たり当時の他社の状況などを調べたりすることはしませんでした。記憶をたどって、思い出したことをメモしながら、一九九四年版の平凡社出版図書目録などを参考にお話しさせていただく次第です。

企画と発想の源泉

まず「イメージ・リーディング」という叢書を軸に、人文書の編集者は企画とどう出会い、形にしていくか、著者との関係性、編集部の様子などを中心にお話しします。この叢書は一九八六年にスタートして、九〇年代半ばになんとなく終わった企画です。最初から月に何冊刊行という縛りや、きっちりとしたラインナップがあったわけではありません。新しい試みだったので、出来るところまで続けようと始めました。名称どおり「イメージを読む」という内容ですが、このタイトルは私がつけました。イメージを読み解くことがテーマです。八〇年代的ですね。現代表象論の先駆けかもしれません。

今となっては別に新しさもないと思いますが、当時は、伝統的な絵画・彫刻・建築、それらは「美術・芸術」の領域にあるものと思われていたのです。京都や奈良の寺社や博物館に所蔵されるお宝だったわけですから、研究する人は美術史や建築史の専門家でした。このシリーズでは作品をアートではなく、イメージと捉えて、アートから解放しよう、自由にそのものを見て、絵から何かを発見しようと考えました。中世の絵巻物とか近世の屏風とかは、その時代には現在のようにアートとして存在していたわけではかならずしもありません。生活や信仰や趣味の世界と密接していて、主題から離れた部分にはいろんな要素や情報が盛り込まれています。文化の記憶がそこに集積しているはずです。しかし現代ではもはや、それらをどう理解したらいいかわからなくなっている。ただ美術史的に解説されても納得しがたいと、生意気なことを私なりに考えたのです。

『姿としぐさの中世史』（黒田日出男　中・近世史家）など、絵とかビジュアルな素材に関心を持っている美術関係以外の様々な領域の専門家に、原稿を依頼して進めていきました。もう図書館に行かないと見られないと思いますので、今日は三冊を持って来ました。いくつかの本は、平凡社ライブラリーなどで文庫化されておりまして、形も変わってしまいました。装丁についてはあとでお話ししましょう。

最初に出したのが、黒田日出男さんの『姿としぐさの中世史』と、複数の筆者による『絵画の発見』です。日本の伝統絵画や絵巻を見ていると、非常に面白いんですね。犬は走り回っているが、なぜ猫は柱につながれているのか、もうひとつよくわからないのです。いったいこれは何を描いているのだろう、と。絵巻物はたくさん残っていますし、複製もありますからいくらでも見られます。主題のストーリー（内容）は、詞書《ことばがき》や解説などを読めば理解できるわけですけれども、主題だけではなく、周辺には様々な脇役の人物、持ち物や乗り物、建物や道具、動物や草花までやたらと描き込まれているわけです。画家が意識しないで描いているものが特に興味深く思われます。

『一遍聖絵《いっぺんひじりえ》』というのがあります。十三世紀末に作られた遊行上人《ゆぎょうしょうにん》一遍の遍歴の跡を描いたものです。この絵巻には多くの乞食《こつじき》が登場するのですが、何か重要な意味があるはずではないか？　どういう場面に特に多いのか？　というような疑問をだれか解いてくれないか。美術史の解説ではこういう問いに対してなかなか満足を得られません。絵はすごく面白いのに解説はつまらない。そういう実感から、これを読み解いてくれる人を探しはじめたのです。執筆の舞台は、『月刊百科』という平凡社のPR誌を使いました。

菊地信義の造本と装丁

「イメージ・リーディング」の装丁は菊地信義さんにお願いしました。平凡社の本で菊地さんに装丁を依頼するのはこれが初めてでした。詳しく企画の趣旨をお話しして、黒田日出男さんのゲラをお見せして、一カ月くらい考えていただき、本文レイアウトを含む造本の設計が提案されました。本文見開きを四分割するレイアウトの基本スタイルです。このシリーズは絵を読み解くわけですから、本文と絵とが常に一体となって展開していかなくてはいけない。どこにでも図版が入れられるように、従来の本づくりの原則を破っていく必要があった。それを菊地さんが考えてくれました。

図が小さくて見えにくいとの指摘も受けましたが、上下にマージン（余白、アキ）があってキャプションとか注が入ります。図版や写真の大きさも、マージンやケイを破って段抜きで大きくしたり小さく扱ったり、一ページ全部を図版にすることもできる。編集者には便利な方式でした。自分で本文を読みながら、適切な箇所に図版をレイアウトできますから。

表紙はソフトカバーにしました。このカバー絵（下段右図）は「地獄絵」の部分ですね。人が逆さになって地獄の炎の中に落ちていくシーンが『地獄草紙』の中にあります。これを表紙絵に使うために、フィルムからいったん紙焼き写真を作り、それを菊地さんが折り曲げたりして加工し、もう一度写真撮影しました。ある部分に焦点を当て、まわりをぼかしてクローズアップする。この本は何か変わったことをやろうとしている、と主張する装丁です。今時のデジタル加工なら簡単でしょうが……。

第三弾の網野善彦さんの『異形の王権』という本の場合、異様なひげをはやした、派手な服を着たきらびやかな男と牛飼いの童に焦点が当たっていて、まわりをぼかしている。それによって絵のどこに注目してほしいのか訴えています。こういうふうに絵画に手を加えることを、美術史の先生たちは嫌がります。トリミングすらあまりお好きではないですから。でもイメージを読み解く新しい企画ですから、あえてやってしまいました。

このシリーズは一九八六年に六点出すことができました。初刷りは五千部か四千部でした。そして比較的短期間のうちに、最初の六冊はすべて増

「イメージ・リーディング叢書」の第一弾

網野善彦の代表作の一つとなった『異形の王権』

刷になりました。特に『姿としぐさの中世史』と『異形の王権』は増刷を重ね、十刷近くいったと思います。内容的には高度な研究に基づくものでしたが、多くの読者を得たのは、領域を跨いで（美術と歴史と文学それぞれの読者に関心をもたれた）魅力を発揮したからだと思います。

中には最初から話題性を意識したものもあります。今谷明さんの『京都・一五四七年——描かれた中世都市』と、京都大学の建築史の高橋康夫さんの『洛中洛外』です。二冊同時に刊行したのですが、両者ともに「洛中洛外図」をテーマにしながら、描かれた京都の町の細部の事象を史料に照らして分析し絵の制作年代を推論するのですが、結論はまったく異なるのでした。織田信長が上杉謙信に贈ったといわれてきた上杉本「洛中洛外図」についての論争を意識した企画でした。今考えると、こんなに先端的な研究がよく多くの読者の心をつかんだものだと思います。

編集者の役割

人文書というのは著者＝研究者の仕事の質が第一で、編集者の役割は相対的に小さいといわれます。しかし無名に近い研究者のすぐれた仕事に早くから注目し、論文をフォローして筆者にコミットし、最もふさわしい形とタイミングで世の中に送り出す、これは長期にわたる準備が必要で、編

集者の役割は小さくないと思います。日本では大学出版よりも商業出版が人文学術書の編集を牽引してきた歴史があります。先に挙げた今谷さんと高橋さんの「洛中洛外図」をめぐる本を同時に出すに際しては、二人の仕事をできる限り理解し（研究会に参加したりして）、相反する説を同時に出すことを互いに了解してもらいました。かなり話題にもなりました。企画のミソは、やはり美術作品をアートから解放し、社会学、歴史学、文学、民俗学などの文脈から見直すという試みにありました。それが本好きの好奇心を揺さぶったのではないかと思っています。

　実際にはこのシリーズが成立するまでにずいぶん時間がかかりました（百科事典の編集が間に挟まったせいもある）。企画のきっかけとなった本は二つありました。一つは一九七八年から八一年にかけて、みすず書房から刊行された「アート・イン・コンテクスト」というシリーズ。この本の主題は、スペインの画家ゴヤの「一八〇八年五月三日」という絵でした。反政府活動をした市民が、壁の前で銃殺される場面を描いた有名な絵です。この絵のコンテクストを分析する著者は、美術史の専門家ですけれどもすごく面白くて、こういうのを日本の絵画でできないかな、と思ったのがたぶん最初ではないかと思います。

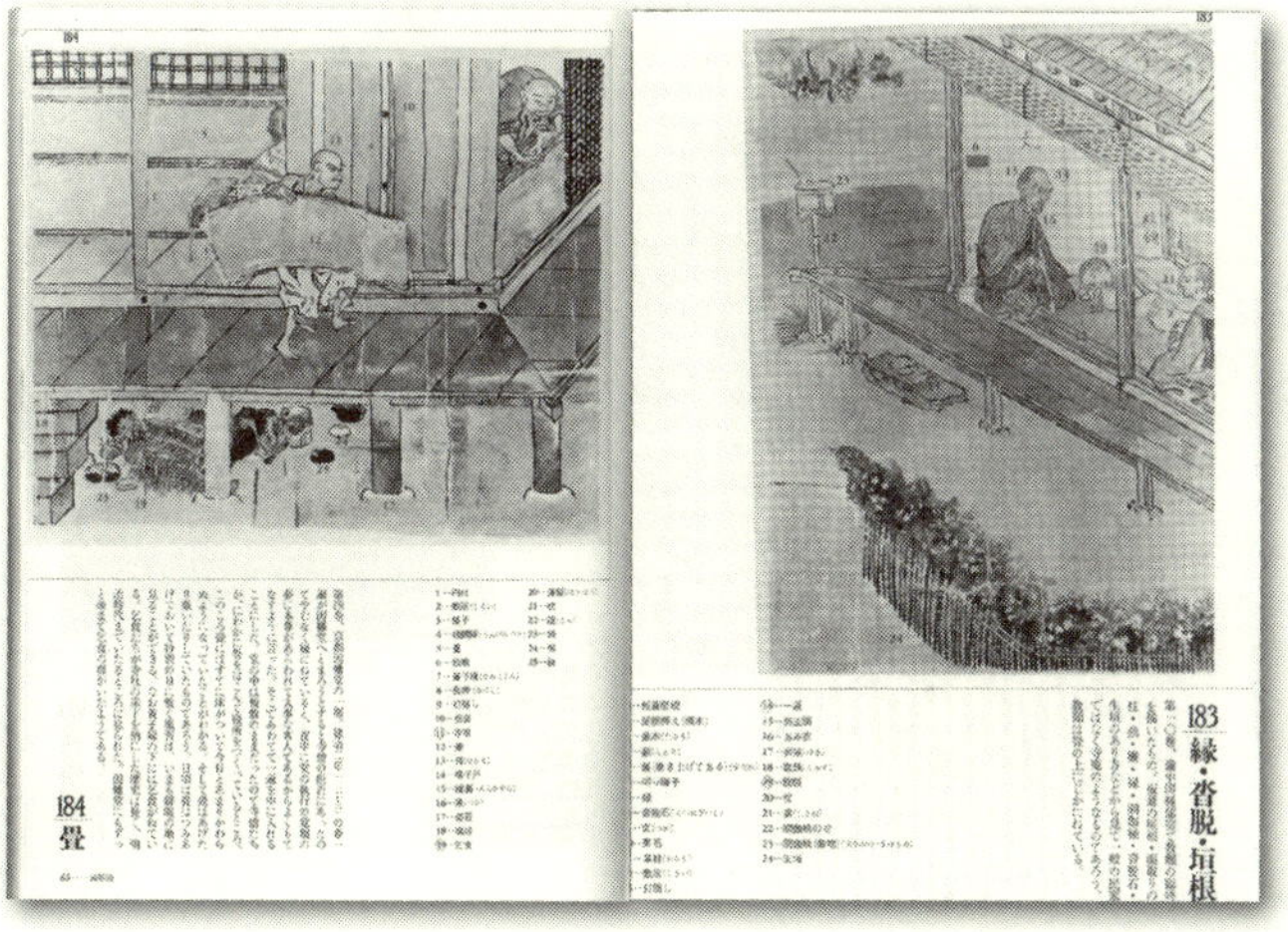

新版『絵巻物による日本常民生活絵引』第２巻より（見開き頁）

新版『絵巻物による日本常民生活絵引』

『絵引き』の新訂作業

もう一つは、『絵巻物による日本常民生活絵引』という本です。これは渋沢敬三と日本常民文化研究所編で、実際に本文を執筆したのは民俗学者の宮本常一さんなのですが、一九六四年に角川書店から全五冊で刊行されました。とにかく面白い本で、どうしてこの本に出会ったかというと、私は二十代の半ば、『国民百科事典』の編集部で図版担当をやっており、本文項目にふさわしいカラー図版を探して入稿する仕事の中でです。画家の項目にその作品を当てるなどは簡単ですが、厄介だったのは例えば足駄とか、足半《あしなか》とか、博物館でも手に入りにくいようなものの図版を揃えることでした。そういう時にこの『絵引』が非常に役立った。『絵引』という発想自体がユニークですね、絵巻物に描かれた事物の名称や習俗を解説してくれるので助かります。中世の庶民の生活とともに、下駄の類を紹介できるわけです。面白いからついつい読んでしまう、感心していたんです。

　その後『世界大百科事典』の新版を作る編集部に異動し、こんどは本文原稿の担当になって学者たちと接触することになりました。ちょうどその頃、日本中世史の網野善彦先生が名古屋大学から、神奈川大学に移ろうとしていました。民間で細々と続けてきた日本常民文化研究所（ご自身が若いころ所属していた）を、大学の中にきちんと移管しようと努力されていました。平凡社では網野善彦さんの著述に早くから注目し、『無縁・公界・楽——日本中世の自由と平和』という主著を出していました（一九七八年）。そして新『世界大百科事典』の構想段階で、編集委員として大きな力を発揮していただいていました。その常民文化研究所が網野先生とともに神奈川大学に移ってくると聞き、うまくいけば『絵巻物による日本常民生活絵引』を復刊する仕事ができるかもしれないと思ったのです。そして案の定成功しました。

『絵引』の新訂編集作業をやるうちに、「イメージ・リーディング」企画についての確信が持てるようになりました。『絵引』がどんな編集作業だったかをちょっとご紹介しましょう。古い角川書店版を一ページずつ読み合わせしながら校訂していきました。毎月一回、網野さん、河岡武春先生という常民文化研究所を一人で守って来られた民俗学者、それから平凡社の同僚の内山直三と私の、基本は四名で（私以外すべて故人）、ときに新しい常民文化研究所の初代所長山口徹先生やスタッフも加わって研究会のようでした。

この作業は楽しかったですね。宮本常一さんが書いた本文と、絵の細部につけられたモノの名付けも全部読み上げていき、気がついた誤りや校正ミスを正していく。絵を見ながら脱線して、歴史や民俗の話に広がっていくわけです。本文についての疑問も指摘されましたが、これは宮本常一さんの仕事ですから、直さないようにしようと決めました。絵の入稿は常民文化研究所に残されていた模写の絵を使いました。渋沢敬三の時代に、絵巻物から必要個所を全部和紙に模写したものが残されていたのです。ですから新訂版といっても、絵も原稿も新たに入稿し直したわけです。作業を通じて改めて、この企画を実現した渋沢敬三の発想と、解説を成し遂げた宮本常一の情熱、二人の学識に本当に頭が下がりました。

編集部の私たちは、現実には本務である『百科事典』編集の余技として、夜の時間だけを使ってやったのでたいへんでした。昼は百科事典の仕事、夜は『絵引』と三年がかりで、百科の完成の少し前、一九八四年に全五巻を刊行。セット価格で二四〇〇〇円（分売はしなかった）という、高い値段をつけたところが、これが売れました。初刷四千部でしたが、二年間で一万部まで増刷になりました。びっくりしましたね。角川書店の方に後に聞きましたが、六〇年代にこれが出たときは全く売れなかったそうです。何の反響もなかったと。『絵引』の成功が、「イメージ・リーディング」を始めるベースになりました。

越境する試み

もう一つ、PR誌の『月刊百科』も重要な役割を果たしました。六十四ページの薄い雑誌です。カラー広告を載せる四ページのうち、一ページだけ編集部が使えたのです。この欄に絵を載せて、イメージを読み解く試みを実験的に始めました。「絵は語る」と題して連載したわけです。小松和彦（文化人類学）、黒田日出男（日本史）、高木豊（日本宗教史）など、美術史の人も含めて絵に複合的な関心を寄せるいろいろな分野の専門家にお願いして書いてもらいました。忙しかったけれど面白かった。平凡社が経営ピンチをむかえたのもこの頃です……。

「イメージ・リーディング叢書」の意味というと、時代の空気が一瞬ですが領域横断的に動いたといえるかもしれません。他社の本も含めて人文書がちょっと輝いた。中世日本史をはじめとする大学の研究者たちも元気でした。意欲的な仕事が増えたと思います。その後また元に戻ってしまいますが、史料の解読という方法を伴った書物が広く受け入れられたと思います。文書だけではなく絵とか道具（モノ）とか音・風景まで「史料」として扱おうというような試みが、増えていったことは確かでしょう。

ジャンルを越える、学際性を言うのは簡単ですが、実行するのは難しい。いま大学にいて観察すると、研究者の頭の中や行動様式に学際的志向はほとんど見られませんね。口先で格好つける人は多いけど……実際にどのように取り組むか、対象と方法が具体的に示されなければ空論です。その点、絵を読むという行為は、越境的でなければ不可能なわけです。ことに前近代に作られた絵画は、通文化的な存在であることをそれ自体で主張しています。さまざまな知的な蓄積を駆使して文化の層を理解しなければできない。絵にはあらゆる文化が凝縮されていることを痛感しました。

一群の人文書籍の輝き

このシリーズは読書好きの間で話題にはなりましたが、たかだか三十点で何かが大きく変化したわけではありません。本をめぐる状況はむしろ悪くなって行く時期でした。このシリーズを含む八〇年代の一連の書物の動きになんらかの意味があったとすれば、その一つは編集者たちがある共通の意識を持って、自覚的な活動を展開したことにあるのではないでしょうか。このことについて最後にお話ししましょう。平凡社では一九八〇年代に「一群の書物」を生み出すことができた、そこに一定の意味があるといえるのではないかと思っています。「イメージ・リーディング」だけがぽつんと出てきたわけではありません。

一九八六年ころから数年間に、平凡社からどっと出始めたシリーズや単行本を思いつくままに拾ってみると、平凡社選書、社会史シリーズというのは以前からあるのですが、このころ再び元気になる。百科事典の編集が続く間は、百人くらいの編集者が百科に従事するので、単行本やシリーズものはほとんど出ていない。八四〜八五年にかけて百科事典が完結したあとに、様々なシリーズと単行本が登場してきます。八六年の「イメージ・リーディング叢書」と同時に「叢書　演劇と見世物の文化史」、続いて「法と言葉の中世史」、「よみがえる中世」シリーズ、「ヴァールブルク・コレクション」、「テオリア叢書」などです。百科事典の編集終了は重要なポイントだった。平凡社は百科事典の出版社です。

余談ですが、ウィキペディア全盛の現代に、紙の百科事典の存在と編纂の意味は考えなければいけないテーマですね、本当に。機能的な面だけで見れば、紙でつくるなんて時代錯誤もいいところです。しかし何巻にも及ぶ分厚い紙の束、その中に「世界」があるという物体（書物）とその精神、それに対し素人も玄人も匿名で誰もが筆者となり、いつでも修正可能、分量には際限がないネット百科、その違いについて機能論をこえて考える価値があろうと思います。

編集者同士の意識を耕す

この話はまた別の機会にして、平凡社ではかつて一つの大きな事典の仕事が終了すると、編集者はしばらく仕事がなくなり遊んでいる状態が続きました。しかし大リストラを経験した後ではさすがにそれは許されません。かといって百科事典編集から書籍の編集へとそう簡単に切り替われません。編集者は案外不器用です。明日から単行本を作れとはいきません。

当時新百科の社内編集長（全体の編集長は加藤周一）だった龍澤武はすぐれたリーダーでした。事典編集の終わりが見え始めた二年前くらいから、七、八人の編集者を集めて月に一回のペースで読書会を開き、今後どのような人文書籍の出版社へと脱皮していくかを実践的に検討しはじめたのです。編集者の意識を転換し、書籍編集の基本的な方向性を共有するために、フーコーとかバフチン、グーレヴィッチとか、文化に関する理論書や石母田正の「平家物語」などを読むことによって考えようという目論見です。龍澤氏から教わることは多々ありました。実際には百科事典の編集で出会った各分野の筆者の中から、特に優れた研究をしている人物（新百科の脱領域的な編集方針をよく理解してくれた研究者）に注目し、改めて新企画の相談などのアプローチをしました。読書会は編集者同士の意識を耕すことに役立ったと思います。古典から学ぶ技術を身につけていったのです。

新百科の編集が終了すると、競い合うように書籍シリーズを次々と立ち上げました。「ヴァールブルク・コレクション」はご承知の通り西洋美術史でいう図像学の流れですけれど、これは私のやっている「イメージ・リーディング叢書」とリンクするわけです。サイードの『オリエンタリズム』をふくむ文化理論的なシリーズの「テオリア叢書」、「エラノス叢書」など、また日本文化史関連で「よみがえる中世」「絵は語る」シリーズ、自然科学関係でも注目すべき本が刊行されました。

百科事典の編集をステップボードにして、単行本編集へと展開していった。それを担った編集者たち同士はそんなに仲が良かったわけではないけれど、横の連絡があったんですね。自分が得た情報を隣の人に流すわけです。お互いの企画をよく理解して、こんなことを考えている筆者がいるが君のシリーズでどうだろう？　といったサジェスチョンや、論文などの回し読みが普通に行われていた。いっしょに著者に会いに行くことも頻繁でした。著者から「平凡社には異なるタイプの編集者がいておもしろい」とよく言われました。「イメージ・リーディング叢書」も一人でやっていたわけではなく、お互いに越境しながらやっていたのです。

このように結構面白い仕事ができた時代なのですが、平凡社は一九八一年に第一次リストラで、社員が百人辞めて社屋を売却、八六年にも第二次減量で六十人が辞めるといった状況でした。一方、世の中はバブル経済の真っただ中、銀行の金利がすごく高かった。いくら収支ゼロを目指して、年間売り上げを確保しても……、今年こそ絶対に黒字だとがんばっても水面に届かない。これを十年間続けると中間管理職はかなり参ってくる。つらいですよ。仕事の環境は良かったが、会社の状況は良くなかった。九〇年代に入ると、人文書を読む知的な読者がパソコンに関心を移していく。本は売れなくなっていく。九七年に私は平凡社を辞めることになりました。

その後人文書の出版はますます困難になります。いまの状況を見て思うんですけれど、そもそも書物を読む人口は昔から多くはなかった。人文書を読む人の数を三千人だとすると、文学系を読む人は千五百人くらい、歴史好きは千人、その他宗教・芸術とかが五百人、そんなものです。まったくの専門書を出すならばそれぞれの数を目標にすればいい。しかし、ある専門の隣の領域の読者にも刺激的な内容の本だったら、千プラス五百の読者を得ることができる。このように領域が異なる良質な読者の小さな輪を想定し、そこにぶつけていくのが人文書編集者の腕ではないかという気がしています。読みが試されます。また編集者は研究者を刺激して仕事の質を高めなければ、人文書のすそ野は広がりません。小さな輪を少しずつ大きくしていく。人文書編集者が考える読者とは、そういう世界ではないかと感じております。

＊本編は二〇一〇年二月二〇日の第一回日本編集者学会大会における報告に、大幅な加筆修正を施したものです。

震災とメディア

——伝統メディアと新興メディアが果たした役割

山田健太

二〇一一年三月十一日は、メディアにとってもその社会的存在意義や役割を改めて問われるきっかけとなった日であり、それぞれの特性を発揮したことの裏返しとして、今日のメディア状況を考察する上で多くの素材を私たちに提供することとなった。したがって、今回の東日本大震災をどう伝えたか、どのような情報を提供したのかを見ることによって、そのメディアの今日的役割を把握できるとともに、当該メディアの将来を占う上でも大きな材料となるだろう。

本稿では、メディアを大きく「伝統メディア」と「新興メディア」に二分し、前者の報道ぶりを中心に、それぞれの強みと弱みがどのように現れたか、それによって本来伝えるべきことが十分に伝わったのか否かを検証していきたい。ここでいう伝統メディアとは、新聞、雑誌、放送（テレビ・ラジオ）をさし、新興メディアとは、インターネット上の各種サービス、とりわけ今回はツイッターなどのソーシャル系メディアと、グーグルに代表されるポータル系メディアをさすこととする。

Ⅰ　初期報道

——情報伝達の役割を果たした「メディア」

1．瞬発力が目立った「伝統メディア」

（1）新聞・放送の初期報道に果たした役割

新聞や放送に代表される「伝統メディア」は、震災発生直後からおおよそ三日間の初期報道において、十分な情報伝達の役割を果たしたといえるだろう。それはＮＨＫの千五百人規模をはじめ、新聞各社もそれぞれ百～百五十人を超えるとされる記者、カメラクルー、技術者らを現地に送りこみ[1]、被災状況を速報する取材態勢がとれたことに起因する。その〈瞬発力〉は、伝統メディアならではのものであると評価できよう。

もちろん、地元のテレビや新聞が一斉に取材に動いたのは言うまでもないが、むしろ在京の放送局（東京キー局）や新聞各紙が、東京ほか全国から現地に記者を特派し、ヘリのほか自動車や徒歩で、孤立しがちな被災地まで入り込んだことが番組や紙面からも伺われる。こうした迅速で厚い取材を敢行した結果、行政においても十分な情報収集ができない段階で、いち早く被害の甚大さ・深刻さ・広範さについての、豊富な情報発信が行われたといえる。テレビにおいては、生中継（ヘリ取材）や定点観測カメラの強みもあった。

また取材陣のほとんどは通常、紙面や番組を制作しているスタッフであり、よく訓練されたプロ集団であることが大きな意味を持った。それは、指令一本で即座に現地に行くことを可能にし、同時に取材結果は信頼性の高い確実な情報として報道されることになったからである。こうして、量、質の各分野で成果を示すことができた伝統メディア発の情報が、初期の段階で社会不安や混乱の防止に役立ったことが推測される。それゆえにこれらの情報は、行政を動かし、人命を救い、支援を広げる(訴える)力に結びついたといえるだろう。

すなわち、新聞・テレビの媒体としての強みである、一斉同報機能(同時に多くの人に同じ情報を届けることができる)、信頼しうる大量情報(プロの目で選別・整理された多くの最新ニュース・情報が提供される)、取材態勢(訓練された取材記者がすぐに現場に急行できる)といった伝統メディアの特性と経験が、有効に機能したとみられる。

また、多かれ少なかれ一九九五年の阪神淡路大震災の経験も生かされたといえるだろう。震災協定に基づく新聞代行印刷[2]は最もわかりやすい例であるが、それ以外にも紙面作りや番組編成で、その経験が役立っているとの報告がなされている。一方、七八年の宮城沖地震や九八年の東海村JCO臨海事故の経験は、現時点では十分に活用されたという話は出ていない。ただし、あとで触れるように、報道各社において原発取材規制のマニュアル整備が進んだのは、東海村の事故がきっかけである。

(2) 被災者に何を伝えるか、伝えられるのか

一方で多くの伝統メディアにおいても、被災地域に情報を届けられない、という究極の問題に直面することになる。放送は、電気が切断され、テレビ受像機が津波で喪失する中で、伝える手段を失うことになる。新聞も工場の被災や道路の寸断によって紙やインクが払底し、しかも電気や水がなければ輪転機を回すことはできない。さらに、新聞を配達するのはまさに人の力そのものである。

そうなると、上記に示したように在京伝統メディアはその取材力と報道量で全国に情報を伝える一方、一番現場に近い被災者は情報過疎に陥る状況が現出した。その状況は相当広範囲の被災地域で続き、被災者が津波映像を自分の目で確認したのは一週間後という状況が珍しくなかったという。ただし、被災地域の新聞が配達員の使命感でほとんど欠配なく配達されたという事実も、知っておく必要がある。

たとえば宮城県の地方紙である河北新報では、販売責任者の檄文まで出され、仙台市内でさえほぼ全域で停電する真っ暗闇の中、あるいは寸断された道路を越えて、三月十二日の朝刊が配られたという。その後も販売店は、多くの読者を津波で失う一方、無償で避難所に新聞を配布するなど、大きな犠牲の上での努力が続けられている。

そうしたなかで、一躍世界的に有名になったのは石巻日日新聞である。同紙は石巻市を本拠とする、来年百周年を迎える地域《コミュニティー》夕刊紙で、震災直後に手書きの「壁《かべ》新聞」を発行し避難所に掲示したことで、一躍有名になった。もちろん、発行を絶やしたくないという執念は見事なもので、それ自体がニュースであることには違いないが、むしろその根底にある編集方針を、今日のデジタル時代におけるジャーナリズムを考える素材として紹介しておきたい。

その基本は、誰のために何を伝えるかである。記者自身、新聞社自体が被災し、多くのものを失ったとき、まさにこうした「ジャーナリズムの原点」に戻ることになるのだという話を、被災後の社屋で武内宏之・常務取締役報道部長（資料①）から聞いた。平時、今日の多くの報道機関は役所や企業の発表をもとにし、あるいはパソコンや文献の情報を頼りに取材をすることが多い実態がある。しかし「そのとき」は、自分の目・耳・鼻がすべてであったという。車もなく自転車さえ使えないなかで、取材の原点である、文字通り自分の足で得た情報、自分たちだけが頼りの取材である。

いま、多くの社の現場で紙面をいかに埋めるかに汲々とするような状況があったり、あるいはま

ったく逆に、あまりに多くの書きたいことがあって紙面取りができない（紙面スペースが足りない）という状況があるといわれる。しかし「そのとき」は、極くごく限られた紙面スペースの中で、すべてをそぎ落とした一番必要とされる情報だけを流す、という究極の選択を迫られたという。

壁新聞一枚、書けることはごくわずか、時間も、日が出ているうちに避難所に掲出しなければ、電気がないから誰も読めない無用の長文になる。したがって、朝から取材をして、社内でマジックペンに持ち替えて壁新聞を書き上げ、浸水した町を水に浸かりながら午後三時までに避難所に届ける、というのが日課であったという。

震災当日、当然に電気もなく情報から遮断された避難所の被災者が知りたいのは、まずは被害の状況・全体像であり、そのための情報を届けることが必要であった。そこで震災翌日の壁新聞1号では、被災状況を速報することになる。その後必要なのは、生きるための情報である。したがって、内容は生活情報が主になっていった。

水、電気、パソコン、輪転機……新聞発行に必要なものをすべて失ったとき、はじめて本当に何を伝えるべきなのか、もっと言えば、記者は何をすべきなのか、が問われることになるのだろう。それをいったん体験すると、電気が戻った後の新聞作りにも、他紙との立場の違いがはっきり示されることになる。

たとえば、悲劇や美談といった人間ドラマは扱わない、という紙面方針だ。もちろん、そうした話は自分たちも被災者であるわけで、いくらでも書くことはできたであろう。百人以上の記者を大量投入し、湯水のようにガソリンを使う大手新聞社や放送局を、悔しくも羨ましくも思ったに違いない。しかし、被災者にいま伝えるべきはドラマでなく、被災状況と生活情報である、という強い信念があった。

なお、壁新聞だけがことさらに取り上げられているが、震災翌日の十二日から六日間の手書き壁新聞の後、二日間はA4判のコピー新聞を発行、二十日から通常のブランケット判の新聞を減ページで発行再開している。なお同紙は、震災後からは、電子版を月極め千円で有料配信も始めるという強《したた》かさがあることも、あわせて紹介しておきたい。

資料①　武内宏之・石巻日日新聞報道部長

(3) 全国紙・キー局の〈二の矢〉のつまずき

時間軸でいえば、一週間を過ぎたあたりから（一部はさらに前の震災三日後くらいから）、残念ながら伝統メディアはその力を十分発揮し切れていないのではなかろうか。それは主に、被災地域・報道対象の広範性と深刻さによるものと判断できる。

①凄惨過ぎて悲惨さを伝え切れない
②広範すぎて取材できない
③危険すぎて現場に近寄れない
④事象が専門的で踏み込めない

という問題を抱えることによる。

たとえば、安否情報は中途半端なものにならざるをえず、NHKは教育チャンネル（ETV）を安否情報チャンネルに切り替えたが、事実上、途中で打ち切る結果になり、その後、グーグルの「パーソンファインダー」（Person Finder＝消息情報）[3]に相乗りすることになった。安否情報が機能していないという声は初期の段階からあったとされ、動画をデータベース化しようという案もあったようだが、なかなか切り替えが進まなかった。とりわけNHKは、中越沖地震の際にニセ情報を放送してしまったことの痛手が影響したとされる。

こうした安否情報の扱いの揺れは新聞も同様である。遺体の身元確認が進まないということもあり、安否・消息情報がきちんと紙面化されることは未だに難しい状況にある。亡くなったことが確認された方、確認されてはいないが推定される方、遺体の特定ができない方、行方不明者と、大きくは四分類されるといわれるが、この扱いについても報道各社で差異が生じている状況がある。

たとえば毎日新聞は、早い段階で死亡者一覧の掲載を地方版に限定し、しかも原則として身元確認済みを掲載しているが、身元の確認作業が極めて難航しているため、新聞によっては未確認を含む発表死亡者の数字や氏名を掲載する場合もあるという。そうしたなか、読売新聞は震災後一カ月を機に、警察庁調べの死亡者一覧を掲載した（資料②）。

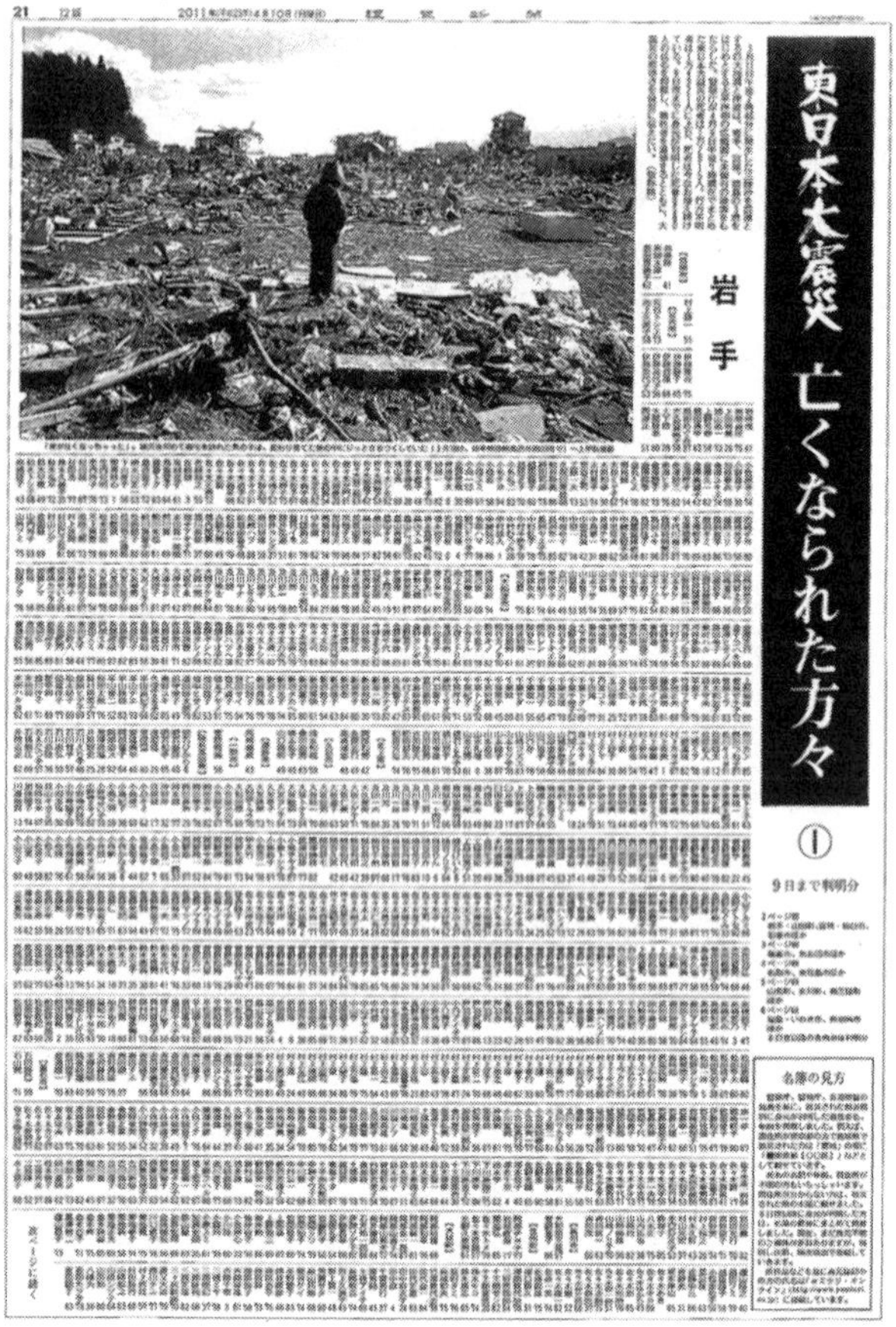
東日本大震災　亡くなられた方々

①

9日まで判明分

岩手

資料②　読売新聞、2011年4月11日紙面

また、取材地域の偏りは早い段階から現れ始めていた。被災地域が広い上に分断化されているため、直線距離では五キロ、十キロの距離であっても、いったん内陸を回らないと行くことができない。その結果、行きやすい場所に取材が集中するという傾向が見られた。とりわけテレビの場合は、二週間程度が経過し通常の番組編成に戻そうとすると、番組枠が邪魔をする。[4]番組ごとに最も行きやすい場所に取材に行って、早く帰ってきて情報を局にあげるという対応をとろうとすると、ますます時間がかかる取材は敬遠される傾向にあった[5]（もちろん、ガソリン不足などもあり、もともと取材の制約は大きかった）。

さらに原発事故に関しては直接の現場に近寄れず、情報を発表に頼らざるを得ない状況になっている。しかも、事象が専門的であるがゆえに、会見等で記者が発表に対して踏み込めないでいる問題も、当初より指摘されている点だ。しかし一方で、報道界が一致して原発敷地内への取材を正式要請した、といった話は聞かない。あえて言えば「発表待ち」状況にあるということだ。この問題はさらに、原発から半径二〇キロあるいは三〇キロ圏内の避難区域や屋内退避区域内の取材が、社内の取材マニュアル[6]によって制約を受けることで、より問題を拡大したといえる。

政府の退避指示等に合わせて、現に住民が生活している区域すら、取材を自主的に制限するという事態が生じた結果、この間に取材・報道の空白地域が生まれることになった。とりわけ、原発事故発生直後の福島で、住民にはその危険性を報道することなく、在京の新聞社や通信社等が自ら一斉退避したことに対して、報道界内部でも疑問の声が挙がった。

なお、ここにいうマニュアルとは、前出の東海村事故を契機に整備された、放射線量を基準とした取材自主規制社内ルールである。国際放射線防護委員会（ICRP）勧告に基づく放射線障害防止法などで定められている安全基準の、年間一ミリ（千マイクロ）シーベルト[7]をおよその基準として、取材立ち入り制限となる放射線量を定めている。厳しい社では、年間で積算五〇〇マイクロシーベルトを超えないこと、などと定めているという。

政府が、子どもの許容放射線量を年間二〇ミリシーベルトと規定したことと比べても、報道機関の基準値がその二〇分の一以下で、かなり低い数値であることがわかる。これを単純に毎時に直すと約〇・一一マイクロシーベルトとなり、事故の長期化を想定すると、立入禁止区域に限らず、相当広範囲にわたって常駐取材すること自体にも支障が出ることになる。だからといって、報道機関の設定基準が厳しすぎるとすれば、そもそもいまも存在する国際基準の意味がなくなってしまうことになり、その逆ならば政府の決定に根拠がないことになる。

まさに報道機関は、紙面では「安全」を言いつつも、自らは「危険」であると判断するという「板ばさみ」状態を続けているわけだ。紙面上の主張と報道機関自らの態度が異なることは実社会上ありうる話だが、ことは生命・安全にかかわるのであって、矛盾を放置し続けることは社会的責任上許されないのではないか。実態としては各社とも、事態の長期化を受け運用の弾力化を進めており、立入禁止区域に関してもアドホックに取材陣が入るようになってきているほか、住民が現に居住している地域に関しては、常駐もしくは日常的な取材エリアとしてきているが、早急な判断が迫られる課題であることは間違いない。

2. 社会的存在感を示した「新興メディア」

(1) 新興メディアが果たした役割

このように、伝統メディアの強みと弱みが交錯した状況において、その評価については一定の判断が下せる状況にあるが、新興メディアについてはまだ全体像がつかみきれない。ここでは、現段階で合意されていることを整理してみたい。

一つは、初期段階でツイッター、ミクシィ、フェースブックといったソーシャルメディアの実効性が示されたといえよう。ソーシャルメディアは、伝統メディアが不得意とするピンポイントなミクロ情報の発信という点で、重層的な情報発信を実現し、たとえば首都圏の帰宅難民にはツイッター[8]が、被災地周縁ではミクシィが、海外とのやり取りではフェースブックが役立ったという声が聞かれた。

東電発表が不親切・不確かなうえ、伝統メディアも十分に対応できないなか、ネット上でいち早く立ち上げられた自主的な停電エリア情報については、迅速かつ使い勝手のよい情報提供(停電エリア時間検索)を実現した。あるいは双方向性を発揮して、津田大介や堀江貴史などフォロワーの多い人の動きが必要情報をつなぎ、電子掲示板的な役割をしたと思われる。仙台在住の歌人・俵万智は、こうした状況を「言葉のバケツリレー」と評しているが、言いえて妙である。あとでも触れる節電キャンペーンなどで、ユーザー間において広範かつスピーディーに共感を広げた面も、大きな意味があったであろう。これはその後の、反(脱)原発デモの呼びかけなどへとつながっていったと思われる。

そしてもう一つが、ポータルメディアの立ち上がりの速さと大きさである。グーグル「パーソンファイダー」に代表されるような、情報の集積と自由検索による高い効果が顕著にみられる。ここに集約された情報は四月段階で六〇万件を超え、現時点では日本最大の被災者安否情報データベースとなっている。このほかにも、ヤフーなどが発生直後から資金と人員を投下し、その高い情報処理・技術力と相俟って、有益なポータルサイト運営を行っている。

こうした技術と規模とともに、その情報の精度がまさに集合知の成果として生まれ、これがサイト及びそこに掲載される情報の信頼性に結びついている。今後、詳細な情報接触調査が行われるだろうが、速報値としては野村総研の調査によれば、ポータルやソーシャルへの信頼度が一〇%以上アップしている。二〇一〇年はソーシャルメディアの年という言われ方をしているが[9]、一部の先進的なユーザーや特定の層のいわばクラスメディアだったものが、一気に広範な市民権を得たということができる。

(2) 伝統メディアと新興メディアの連携

今回の事態の特徴は、伝統メディアと新興メディアの連携が行われた点である。最も象徴的なのは、震災直後から実現したNHKのニコニコ動画やユーストリーム（Ustream）への配信である。インターネット上の動画投稿サービスを利用して、テレビ・ラジオ番組のネット同時再送信が行われたのである[10]。また、在京局も地元局も動画配信サービスを利用した。たとえば、TBSはユーストリーム、ユーチューブ、ニコニコ生放送に[11]、フジテレビはユーストリームに、テレビ朝日もユーストリームに流した（日本テレビとテレビ東京は実施せず）。また地元民放局では、ラジオ福島がユーストリームで番組の一部を送信している。

「ラジコ（radiko.jp）[12]」や「LISMO WAVE」（au）も、エリアの拡大や視聴制限の解除などをして貢献した[13]（いずれも一カ月をめどに通常の視聴エリアに戻している）。どちらも、ネット同時再送信、県域外送信が行われ、通信・放送の融合が実現したといえる。特にラジコは、「復興支援プロジェクト」として、「風評被害からの回避の一助となるよう、地域密着度の高いラジオ情報を通して、被災地区の現状を日本全国へ正確に届けること、かつ、ふるさとから避難されている方々に、ふるさとの様子を伝えることを目的とし、主な被災地区（岩手県、宮城県、福島県、茨城県）のラジオ7局（アイビーシー岩手放送、東北放送、ラジオ福島、茨城放送、エフエム岩手、エフエム仙台、エフエム福島）の放送を、『radiko.jp』のシステムを活用して、日本全国に配信」するとしている。

法律と慣習によって実行されなかったことが、震災により堰を切ったように行われたわけだ。また、ローカル局で放映された番組の一部が、ネットを通じて波及し、テレビや新聞といった伝統メディアで取り上げられて社会的話題になるという、異種メディア間の往復作業で情報が広がっている[14]。

ここで注意が必要なのは、「その後」の対応も含め、NHKと民放ではネット配信への「思い」が違うのではないか、と思われる点である。いわば「トロイの木馬」（NHK）と「パンドラの箱」（LISMOやラジコの全国配信）の違いである。前者は公共放送という側面も確かにあるものの、戦略的にネットへの業務拡大のために、今回の「例外的」配信を活用したように見える一方、後者はあくまでも「想定外」としての全国配信であったとみられる。

このように、文字通りの通信・放送の融合状況に加え、伝統メディアと新興メディア間で安否情報の提供と相互乗り入れが一気に進んだことが、もう一つの特徴だといえる。NHK、朝日、毎日の順番でグーグルへの安否情報の提供が行われ、独自に安否情報を収集し発信している共同通信社のサイトにも、グーグルの大きなリンクが表示された。ほかの新聞社やテレビ局でも同様な傾向にある。パーソンファインダーの立ち上がりが非常に早く、情報が集約されたこともあり、現時点では安否情報についてはグーグル頼りの状況である。

また、生活情報やサポート情報は、早い段階から多くのメディアで掲載や放送が始まり、さらにそれが当該者のウエブサイトやツイッター情報として発信され続けているのも、今回の特徴だ。同時に、新聞社や放送局自身も、積極的にSNSやツイッターによる情報発信を行っている。ただし、地元新聞社の新興メディアとの連携は、当初から予定されていたものというよりは、本社のサイトがダウンしたときにSNSやツイッターがつながったので、まずはそれらを活用したというように、始まりはある種の偶然による面も否定できないのではないか。ただしその前提としては、すでに各社でツイッターの活用などの日常的な下地があったことが大きく作用していることは間違いない。

また、従来から一部の新聞社では電子紙面画像（pdf）のネット掲載・配信が行われていたが[15]（たとえば産経新聞）、今回はおおよそ一カ月間の紙面を中心に、いくつかの社で紙面配信が行われ、二〇一一年五月現在でも継続中のところも多い（たとえば、河北新報、毎日新聞（希望新聞）、読売新聞（生活情報）、朝日新聞（号外紙面）など）。なお、出版物としても臨時のカラー縮刷版や写真集・記録集などが発売されている。

（3）新興メディアの使われ方と受け手の評価

多くの避難所においては、行政を通じての援助物資の送達が滞り、相当期間、モノがない状態が続いたが、その間、大きな力を発揮したのが、ネットを通じての情報交換であったとされる。しかもその対応は素早く、民間ボランティア組織等の協力の下、場合によっては翌日にはピンポイントで一個単位の必要物資が届けられ、避難所生活を支えるのに役立ったという（たとえば、「踏ん張ろう東日本プロジェクト」の活動）。

一方で、電気などのライフラインが復旧していなかったり、そもそもネットメディアに馴染みがない被災者にとっては、地元紙情報が支えになっている現実もある。その情報は被災状況によって大きく異なっており、宮城圏域では入浴情報が重宝される一方、福島圏域では放射線情報が大切である、というのは想像に難くない。たとえば福島民報では、犠牲者リストのほか身元不明者特徴情報や、震災生活情報、地区別に放射線量などを、多い日には四～五面にわたって掲載している。岩手日報は全避難所の名簿を独自取材で掲載した。

節電キャンペーンは伝統メディアの中でも行われているが、同時もしくはそれより早い段階で、「ヤシマ作戦」（節電）、「ウエシマ作戦」（譲り合い）、「ナガシマ作戦」（外遊び）などがネットのなかで広がった。こうしたネット上の〈共感〉キャンペーンがどこまで影響力があったかは未検証ではあるものの、新聞紙上での節電の勧めよりはむしろ大きな浸透力を持っているとの声も強い。

この点で、伝統と新興の連携があれば、より大きな効果を社会に与えることができたかもしれないが、それは一方で、一面的な「空気」の社会的醸成にもつながり、注意も必要である。そのほか公共機関も、被災地の各県庁や自衛隊のように、ツイッターで直接発信するという状況になっている。こうした新興メディアの活用は、まだ十分に考察や研究がないまま、震災を契機に一気に広がっている側面がある。政治家や行政の直接的な発信は、場合によっては第三者のチェックを経ることなく、公権力による一方的な大量情報の直接発信という形式をとるだけに、「プロパガンダ」の危険性も否定できず、そのあり方については検証が必要である。

その意味ではグーグルの安否情報も、時期をみて検証する必要がある。パーソンファインダーに集められた六〇万件を超える個人情報が、今後、個人名で居住者や家族構成など、様々な情報とマッチングされていくとしたらどうなるだろうか。規模が大きいほど便利であるが、ビジネス化される可能性も考えられる。そもそも、個人情報が一企業に集約されることの是非もあるのだろう。今までは行政機関のほか、新聞社や放送局が個人情報を集めてきたわけだが、今回のグーグルの収集もそれと同じというのであれば、通常の企業として個人情報取り扱いルールの適用とともに、収集情報は報道目的以外には使用しないなどの報道倫理も含め、報道機関《メディア》としての社会的責任の果たし方についても示すべきだということになるだろう。

そもそも、新興メディアは情報という商品を棚に並べて見せる「プラットフォーム」なのか、情報を収集・加工・発表する「メディア」なのか。この根源的な問題もまた、震災を機に改めて問われている。少なくとも、マイクロソフト、ヤフー、ニコニコ動画は、自らニュースを生成、配信しているのであって、外部から見れば明らかに、単なる情報の媒介者としてのプラットフォーム企業から、自分たちで情報を取捨選択、価値付けをして流すメディア企業になろうとしている。メディア企業になれば規制がかかるし、アーカイブ化をどうしていくのかという問題がある（実際、二〇一一年六月十五日の東京地裁判決は、産経新聞提供の写真を掲載したウエブサイト「YAHOO! JAPAN」に対し、産経新聞とヤフーの両者に名誉毀損侵害を認め、損害賠償を求めている）。

II 1カ月報道
——検証力が試される「ジャーナリズム」

1. 問われる立ち位置

(1) 各新聞の基本スタンス

震災後の〈ジャーナリズム〉を検証するに当たり、素材として伝統メディアの一つ、「新聞」の一カ月を取り上げたい。これによってメディアがこの間、伝えたもの伝えていないものの傾向が、多少なりともわかるのではないかと思う。対象としては、在京紙の朝日、毎日、読売、産経、東京、日経の六紙、被災地新聞の東奥日報、デーリー東北、岩手日報、岩手日日、河北新報、福島民報、福島民友、いわき民報の八紙を、いずれも三月十二日朝刊(もしくは夕刊)から一カ月間(一部は四月十二日まで)比較検討してみた[16]。

その結果、最も如実にわかるのは、重点の置き方の違いである。すなわち、在京紙は東京からのものの見方を示しているのに対し、地元紙は被災者を常に念頭に置いた紙面作りをしている。これは、現場からの距離に被災報道が反比例する、ということでもある。もちろん、この仮結論はあくまで各紙の一面の紙面構成(どの記事を一面トップに据えているかという視点)から垣間見える意識の差であることを、予めお断りしておく[17]。

在京紙と被災地元県紙を比較しても、在京紙が震災一カ月の紙面のうち、三分の一から四分の一程度の頻度で一面トップで被災地ニュースを扱うのに対し、河北新報や岩手日報、岩手日日などはほとんど連日、トップニュースであった。また、福島の二紙(福島民報・福島民友)が原発事故や放射能をトップ記事として扱うのは、別の意味での被災地ニュースであろう。石巻日日新聞をはじめとする地域紙は、そうした県紙よりもさらにもう一歩読者に近づくことで、紙の新聞の存在意義を確認したといえるだろう。

また、在京紙の中でも力点の置き方に顕著な差がみられた。毎日は、被災者ニュースをトップで扱う回数が、他紙の二倍もしくはそれ以上ある一方、読売は、政権に絡めた記事作りが多いのが特徴であり、朝日は、放射能・原発に関する記事が目立った。あえていえば、「読売=政治、朝日=科学、毎日=社会」と紙面特徴を色分けすることができるかもしれない[18]。

なお、読売・朝日の両紙は原発事故検証に関して、多くの科学的専門記事を掲載するが、これが「通常の読者」にどこまで理解可能であったかについては、正直疑問である。その点で、分かりやすい紙面作りをしていた代表は、産経と東京の二紙であろう。ただしその紙面傾向は両極端だった。これもあえて言えばであるが、前者はテレビなどでも言われている現在の社会の「空気」をストレートに見出しにしたような〈すっきり派〉で、後者はそうしたテレビなどの報道に疑問を持つ人の「不安感」をうまく受け止めた〈なっとく派〉新聞であったからだ。

この点とも関係するが、自衛隊や米軍の献身的な活動をどう評価するかも、紙面に差が出た。読売は被災地活動の随所で直接間接に自衛隊を紹介、産経は一面トップで「トモダチ作戦」を賛美するなど、要所で米軍の活動を紹介していた。この二紙は、他紙との比較で相対的に自衛隊・米軍活動を積極評価したグループといえるだろう。また、どの新聞も政権の対応の鈍さを厳しく批判するが、とりわけ読売・産経は政治主導の失敗や無策ぶりについて、厳しい批判が目立った。

その他で特筆すべきは、読売の早い立ち上がり、すなわち組織力である。具体的には、翌十二日の紙面からラテ欄を中面に移動し、生活情報欄を開設し、さらに翌々日は日曜で夕刊がなかったが、特別夕刊を発行し戸別配達も実行した(朝日も特別夕刊を発行し宅配、毎日も号外を発行した)。一方、朝日・毎日のオンラインとの連携は早くスムーズだったといえよう。これらはまさに、各紙の特徴がそのまま出たものともいえる。

(2) 被災者に寄り添う報道とは何か

一般に新聞や放送などのメディアは、当事者の視点を大事にするといわれている。災害時においてそれは、被災者に寄り添う報道ということになる。ではいったい、寄り添う報道とは何か、新聞（在京紙と地元紙）の記事の扱い方からそれを考えてみたい。先に挙げたように、地元紙では一面の記事は被災者に関する情報が圧倒的に多い。一方で、全国紙では被災者よりも福島原発や放射能の記事が大きく取り上げられた。九州・沖縄になると、さらに被災者の情報は薄くなる傾向にある。

もちろん東京の読者にとっては福島原発やそれにともなう放射能汚染への関心が大きいだろう。同じことはテレビの東京キー局にも言えることで、視聴者はあくまでも東京圏の住人であって、彼らの興味範囲を報道することが視聴率につながるという事実が厳然として存在する。

被災地報道と原発報道はパラレルに進んでいるが、本来であればそれは別々のものであってはならないはずだ。しかし実際は、どうしても東京から見た事故報道になりがちだし、そもそも現場は福島にもかかわらず、情報の発信元は東京であり、事故対応の方針決定も東京で行われるという現実を抜け出せないでいる。

この点、伝統メディアの震災報道の批判で、当初の段階からずっと指摘されてきたのが、東京と現地の温度差である。たとえば、最初から現地の被災者に評判が悪かったのは死者の数の発表であるという。震災四日目の紙面で、死者千人といった警察庁発表を掲載したわけだが、最初から犠牲者の数は万人単位であることが想定されており、被害の現状を矮小化したのではないかとの批判である。あるいは、一週間後（各紙三月十九日付紙面）に「阪神超え」という見出しを立てることも、同様のズレが指摘された。

そのほか、現場が欲しい情報が東京から流れてこない、あるいは記者会見で被災地の疑問に応えるような追及がない、という声もあったようだ。東京のキャスターや記者がヘルメット姿で取材に来ることや、放射線計測器のアラーム音を鳴らしながら避難所を取材することによる嫌悪感など、その温度差は否めない。

その一方で、あまりに凄惨すぎて逆にその悲惨さを十分伝え切れないジレンマも、課題の一つといえよう。[19] まさに間一髪難を逃れた者も含め、多くの記者が犠牲者や避難民と隣り合わせの取材をしているという状況が続いている。[20] しかし、そういった現場の記者が体験する凄惨さが、被災地以外の一般の市民にはその十分の一も伝わっていない、というのが現状である。それはまた直接的な犠牲者・被災報道に限らず、たとえば劣悪な避難所の状況も同じである。

犠牲者の写真で言えば、日本のメディアは遺体写真の掲載には抑制的であって、今回も捜索や収容の中で一部「らしい」写真を掲載することはあるものの、直接的な写真の報道は新聞・テレビでは見られない。この点、海外メディアは悲惨さの表現として、従来から遺体写真を掲載することが一般的で、たとえばロイターは、遺体安置所の写

写真③　ロイター電の遺体写真ほか

真も含め配信している（写真③）[21]。

新聞やテレビは「お茶の間メディア」なので、オブラートに包んだ物言いにならざるを得ない側面があり、過度な不安を除去し、社会を安定させることも公共メディアの重要な役割であることは否定しない。それに対し雑誌は、凄惨な現実や悲しみを直視し、ストレートに表現しうる媒体だ。したがって遺体の扱いについても、雑誌は新聞社系・出版社系を問わず、過去も今回も掲載を続けている[22]。

尊厳を保ちつつ死を表現するのは、プロとして技量が試されるもので、悲しみの表現として場合によっては報道が許される対象であろう。ただし、今回についていえば、死体の写真を不要とするほど、「それ以外」の津波被害の写真・映像で十分に凄惨さを伝えられるばかりか、それさえも流せない状況にあるとの意見にも、説得力があると思われる[23]。

なお、在京新聞各社の姿勢の違いも顕著だ。震災一カ月を期してと思われるが、毎日新聞が四月十日付紙面で被災地に「支援支局」を置くことを発表したが（釜石に設置）、ほぼ同日に朝日新聞は「ニッポン前へ委員会」の設置をうたう。どちらが正解かということではなく、そのベクトルの違いが興味深い[24]。その後も仙台や福島への記者投入の仕方などで対応が分かれた。

（3）誰に何を伝えるのか

立ち位置の問題とともに、時間軸も難しい課題を含む。今後は復旧、復興へと進んでいくわけであるが、被災地では二カ月を経てもなお、水道も電気も復旧していない箇所が多数あり、日々の食べ物にも困っているというのが現状である。あるいは伝統メディアにおいては、「ニュース」は伝えても「情報」（たとえば生活情報）はほどほどにという傾向や、一回伝えたことは二回は伝えないという癖（一般に既報主義と呼ばれる）を持つという問題もある。

言わずもがな、被災地で必要な「情報」は「いつどこで風呂に入れるか」といった〈生活情報〉であり、それは同時に大切な〈ニュース〉（最新情報）でもある。しかも、毎日の紙面で同じことが繰り返し掲載されることに十分意味がある。しかし通常の紙面作りからすると、こうした情報掲載にスペースを割くことにどうしても躊躇してしまうのであって、ニュースバリューとしては東電の発表モノに軍配があがる傾向にある。

もちろん、地元紙においてはそのようなことはないものの、在京紙ではえてしてそうした状況が生まれがちになる。そして生活情報を掲載した場合にも、結果的に中途半端なものになりがちである。その中途半端さを解消するためにウエブでより詳細情報を掲載することや、専門サイトにリンクを張って、参照を求めているわけだが、その結果、たとえば首都圏の計画停電では多くの在京紙は、停電エリアについて紙面に「詳細はホームページ参照」と記すことで、結果的に紙面の記事は実際の役には立たない情報になってしまった。

その意味では、伝統メディアからいますぐ知りたい情報が流れないという事態や時間のズレ、ニュースと生活情報の狭間の「漏れ」の部分を、先に触れたソーシャルメディアが埋めていたともいえる。さらにいえば、伝統メディアにおいても東電批判は行われ、官邸の対応の遅さは指摘されているものの、原発や放射能報道における官邸情報への信頼がまだ揺らいでいない。実際、官房長官ほか政府から発せられる情報に、伝統メディアは拠って立っている。この点でも、オルタナティブ情報をソーシャル系メディアが積極的に伝えることで、読者・視聴者は「真実」の度合いを個々人が判断する状況にあると思われる。

この点、震災後のメディア状況は大変興味深い。すなわち、従来は新聞しか読まなかった人が雑誌やネットで代替情報を探し、一方でネットに頼っていた人がテレビや新聞・雑誌で情報を確認するという状況がみられるからだ。まさに自分のあるいは家族の命がかかるなかで、重層的な情報の流通を活用し、しかも自身の情報リテラシーを発揮して、必要な情報を取捨選択し判断しようとしているといえる。

ちなみに、震災後の雑誌の作りは従来とは大きな違いを見せている。すなわち、〈硬派〉な誌面作りである。その代表例は講談社の「週刊現代」である。五月の連休合併号でグラビアを含め一一六ページの大特集を組むほか、その前後の号でも軒並み一〇〇前後のページを割き、原発事故を中心に震災対応を追及する。しかもその中身は、新聞やテレビが伝えるような悲喜こもごもの人間ドラマものはほとんどなく、問題指摘一色なのである。また、表紙の写真は震災後から五月半ばまでの二カ月間、すべて被災地写真という徹底ぶりである。こうした傾向は、小学館の「週刊ポスト」や、「週刊新潮」、「週刊文春」でもある程度共通しており、新しい週刊誌の世界を垣間見せた[25]。それはまた、前述のクロスメディア状況をより促進しているともいえる。

2. 試される監視能力

(1) 原発・放射線報道で膨れ上がる懐疑心

ここからあとは、主に原発報道をめぐる新聞〈ジャーナリズム〉のありようを見ていくことにする。もちろん、「いま」みられる報道上の問題は、「過去」のメディアのビヘイビアの反映でもあり、悪しき慣習のツケでもある。したがって、現在の報道課題の検証には、少なくとも過去五〇年間[26]、日本の原子力行政を新聞がどう報じてきたかを丹念に追うことが必要であろう。

しかしここでは、新聞界が毎年策定する新聞週間代表標語から一つを紹介するだけにし、詳しい検証は別の機会を待ちたい。その標語とは、まさに原子力基本法が制定され、原爆とは違い「原発は善」との社会的雰囲気を反映した、「新聞は世界平和の原子力」(第八回＝一九五五年新聞週間代表標語)である。

もちろん、よく知られているように、初代の原子力委員長は読売新聞社主の正力松太郎で(一九五六年就任)、「日本の原子力の父」と呼ばれる存在である。同年には初代の科学技術庁長官にも就任している(翌五七年にはさらに国家公安委員会委員長を兼務し、国務大臣となった)。なお、現在でも原子力委員会(下部組織を含む)の構成委員には電力会社関係者とともに、現職の新聞社社員が含まれている[27]。

このように原子力行政と新聞界(報道界)は深い関係にあるが、建前上はそれと報道とは無関係のはずである。しかし、これまでの報道ぶりを見ると、どうしてもこうした関係が想起される。一つには、埋まらない情報の落差である。「政府や東電の記者発表」と「テレビや新聞の報道」、さらには「雑誌やインターネット」あるいは「海外メディア」の間にみられる情報の異同である。これが、原子力行政への遠慮なのか、パニック回避のための自制の伝染なのかは、番組や紙誌面からだけでは確認しがたいが、とりわけ最初の一カ月間の報道はお粗末であったといわざるを得まい。

それはもちろん、取材力の限界とデータ不足に起因していることは明らかである。事故当事者の東電も、そして官邸すら「事実」が把握できないなかで、原子炉の直接取材がかなうはずもない報道機関の限界は明らかではあるが、書き方の工夫は必要であったろう。たとえば、各紙は最初から「想定外」の事故であることを大きく報じた[28]。しかし、今回の津波や原発の対応については、その後「人災」であるとの指摘がなされつつある。

それからすると、当初の「想定外」との紙面作りは、読者を誤誘導するものであったといえるだろう。一方で、当時から原発内の測量計器の信頼性が疑われていたにもかかわらず、測定結果に対しては、明快・断定的な官邸発表をそのまま記事にする状況が続いていた。関連して、「健康被害を(ただちに)心配する必要はない」という断定もよく記事に見られたフレーズである。

それと対比的なのは、放射能汚染についての記事スタイルである。東電や官邸の発表自体[29]、その多くが、慎重を装った曖昧・もたつき・推測と表現しうるような内容であって、要するに本当のことは分からないという逃げの会見であった。そうすると記事も結局、そのトーンをそのままトレースした曖昧な表現になる。したがって問題になるのは、断定や曖昧さそのものというより、発表がそのまま記事のトーンに反映されることの意味である。

原発事故の不透明感については、社内の専門家（原発あるいは原子力専門記者）はおそらく十二分に理解し、そして楽観視はしていなかったにもかかわらず、紙面にはあえて書かないことが多すぎたのではないのか。あるいは、分からないことを分からないと書く勇気に欠けていたのではなかろうか、という問題である。[30] もちろん、当初から各紙とも三月十五日の紙面段階で「炉心溶融」との用語を使用し、「相当に危険」な状態であることは分かっていたはずとするが、むしろ全体のトーンは官邸が言う「冷静な対応」に傾いたものといえる。[31]

そしてもう一つの問題点が、意思決定過程の不透明性・正当（正統）性についての追及不足である。今回の原発事故対応については、二〇一一年五月の段階に至っても、いまだに誰が意思決定責任者かわからない状況である。これまでの想定では原子力安全委員会委員長がその任を務めるのであろうが、紙面でそのような主張がなされるには二週間を要した。さらに言えばその後も首相が陣頭指揮を執っている（ように見える）が、現実には専門家が事故対応の決定をしているはずで、それが見えないおかしさの追及が紙面上でほとんどない。

在京紙の一部では一カ月経つころになってようやく、米国政府の強い関与を指摘する記事が出始めていたが、これすらも「関与」止まりで決定者の顔が見えるわけではない。二カ月を経て検証記事も増えてきており、「そのとき」に官邸あるいは東電で何が起きたかの再現もされつつあるが、それでもなお「いま」の責任者が明らかにされない異常な事態が続いている。

こうした政府中枢の意思決定の追及こそが、伝統メディアとりわけ新聞の取材力に期待されているし、存在意義であるはずだ。また同時に、この間の意思決定に際しての政府文書が廃棄されないよう監視するのも、まさに伝統メディアの重要な役割である。せっかく軌を一にするように、二〇一一年四月に公文書管理法が本格施行されたにもかかわらず、「非常事態」であることを理由に、多くの文書がきちんと保管・保存の対象になることなく処理され、部分的には破棄されている可能性が極めて強い。

法のもとに設置された政府の原子力災害対策本部や中央防災会議で取り交わされた文書（もちろんメモも含まれる）を始め、非公式ではあっても官邸内の日米連携チーム（連絡調整会議）や危機管理センターの文書、さらには東電に設置された原発事故対策統合連絡本部の文書もすべて、きちんと保存・保管し、後刻、検証する必要がある。それは一般市民の力に委ねるのではなく、メディアの力によるべきものである。

（2）内容の客観性をどう担保するのか

不透明性に関する報道への疑問は、たとえば食品や放射線の安全基準についてもある。政府がいう「想定外」の事態を受けて、新たに「暫定」的で様々な基準が作られつつある。その基準の正当性自体についても、もちろん検証を求めたいが、多少の時間がかかることは否めないし、場合によっては科学的には正解がない「政治判断」である可能性も高い。

しかし少なくとも、どこでどのような議論を経て決まったかの報道は求めたい。だが、ここにも従来型の取材・報道スタイルの限界がみられる。すなわち、民間情報や海外情報より、日本国政府の発表や決定を相対的に上位におく体質と、官邸・官僚への絶対的な信頼感である。一方で厳しく批判しながら「信頼」するというのはおかしな気もするが、正式発表が[33]あるまで放射線物質拡散予測を紙面化しない体質などは、それを裏づけるものといえる。

放射線量の表し方も、官邸発表のエックス線検査や飛行機搭乗時との比較など、その後も安全性の説明としてその紹介方法が変わることは原則なかった。[34] それはまた、保安院の「汚染水は拡散し薄まる」（三月二十六日付各紙）や、東電の「低濃度汚染水」（四月五日付各紙）という記者発表用語を、そのまま記事化することによって、読者に対して「たいしたことがない」との思いを広めようとした。同時期に海外メディアや民間団体などが、「普通でない」ことを指摘していたのとは大きな違いを見せている。

シングルソースで、現場取材不可の状況下での報道ノウハウが不足しているとの批判があるが、これはまさに警察（検察）発表に基づく事件報道の問題点と同じ状況が生まれている。犯罪報道で、警察発表をまず疑うのか信じるのかの、出発点の違いとも言えるだろう。原発に入らず入れずのジレンマのなかで、保安院（東電）や官邸と一体化している状況があるといえる。東電が、事故広報の原則である「隠さない・嘘をつかない・過小評価しない」をことごとく破ってきたことは周知の事実であるにもかかわらず、その保秘の壁を崩せないのが、今の伝統メディアの限界である。

またこの間、とりわけ、紙面で使われ始めた言葉に「正しく怖がる」がある。むやみに不安を煽るのではなく、きちんとした科学的根拠に基づいて危険を理解し、自分の健康・安全を守ろうという意味合いであろう。しかし、安全と安心の違いをどう示すかの社内議論がないまま、両者がイコールの紙面作りが進んでゆき、報道機関として「安心」キャンペーンをすることになった点は疑問が残る。これは場合によっては、政府が指し示す国家方針を受け売りするといった、「国益」報道につながる可能性がある。今回の場合でいえば、政府が心情に訴える「安心」PRを、報道機関は「安全」の観点から客観的に検証し、報ずる必要があったのではなかろうか。

このような事故の拡大と長期化の中で、専門家不足と専門性の壁に直面したと思われる各報道機関は、読者とりわけ被災地の「危険に直面」している読者に、知りたいことが伝わってこないとの思いを拡大させ、それを助長し、固定させてしまった可能性がある。今後、実際のフィールド調査によって、どのように伝わったかを知ることも必要であろう。また、実際に被災地を訪れての最大の感想は、国家に頼るシステムが崩壊しているのではないかということである。こうした根源的な問いへの答え探しも、今後の日本社会の再構築のためには必要だと思われる。

（3）公共メディアの役割とは何か

最後に、公共メディアの役割を災害報道を念頭に置きながら考察し、本稿のまとめにかえたい。ここまで、羅列的に一カ月間の報道を振り返ってきたわけだが、報道には距離と規模による役割分担が必要であることがわかる。

災害時の伝統メディアの役割は、速報、情報共有の実現、安心の醸成、支援の形成といわれてきた。あるいはまた、災害報道のステップとして、伝える、拾う、提言するのステージがあるともされる。しかも、冒頭で述べたように初期報道においては力を発揮したものの、その後においては本来の伝統メディアの役割、責任を果たしきれていないと考える。

その結果が、平時もダメ、有事もダメでは、公共メディアの役割は消失するではないか、との厳しい批判につながっている。これを乗り越えないと、震災前に言われていた伝統メディアはその社会的役割を終えた、という声が現実のものとなりかねないだろう。

さらにメディアの一般原則としては、検証力（正しいことを伝える）、編集力（大事なことを伝える）、集約力（全体状況を伝える）、取材力（多くのことを伝える）、調整力（多様な見方を伝える）、安定力（安心感を伝える）が求められると考えるが、当然ながら、これらのすべてを特定のメディアに求めることは難しい。とりわけ、今回のような広範囲で甚大な自然災害と、深刻な原発事故を抱える場合にはそうであろう。

したがって、新聞・雑誌・放送（テレビ・ラジオ）・ソーシャル系メディアがそれぞれの強みを生かし、しかも東京、被災地、その他の地域の事情に応じて、情報を収集・発信していくことが求められる。さらに時間の経過とともに、あるいはその地域ごとによって、役割の移行の見極めが必要である。そのそれぞれのステージにおいて、可能な限り多層的な言論空間が多元的なメディアによって形成されることが期待される。

たとえば先に述べた安全性に関する情報は、新聞・テレビの安全情報だけでは逆に不安感が募り、これらとは違ったオルタナティブ情報を雑誌やネットに頼らざるを得ないことになる。実際、いまでも真偽様々な情報が飛びかっているのであるが、当然、その中には放射能汚染を警告するものがあってもよいはずである。

しかし、そうした多様な言論状況を「不安を煽る」として戒める声があるのも事実だ。「アエラ」三月二十八日号の「放射能がくる」の表紙に対する非難の声も、その一つといえるだろう。さらに残念なのは、その批判に対し「アエラ」が謝罪したことである。もし、軽率だと本当に思うのであれば、今回の事態に対してはあまりにお粗末であって、雑誌として正式に謝罪し、その社会的責任を負うべきであるし、そうでないならば、ツイッター上で中途半端なお詫びをするべきではなかったであろう(35)。

二〇一一年五月現在、多くの被災地が「復興」という状況にないことは明らかである。しかし東京ベースでは、財源を含めた復興議論をしなくてはいけないことも事実だ。それは震災以前の、あまりに低い若年求職率から見ても明らかだ。一方で、被災地ではボランティアを含めた今すぐ活用できる人力が求められている。自治体による支援が空回りする中で、多くの被災者にとっては物資がまったく足りていないことは、実際に現地に入れば一目瞭然である。こうした被災者向けサポートを誰がするかといえば、それがメディアであろう。場合によっては、全国規模の世論形成も必要かもしれない。

こうしたなか各紙とも厳しい政権批判を繰り返すが、その空虚さと政策批判の貧弱さへの批判が目立ったのも、この一カ月間の特徴であった。政府自体がリスク分散を言い切れないジレンマや、これまで原子力行政を促進してきた自民党政権と、それを支持した国民自身の責任を、いつどういう形で問うのかは今後の重い課題である。これらの問題については、さらに継続的に報道を検証することによって、メディアの役割を確認していきたい。

※本稿は、シード・プランニング主催「二〇一〇年度近未来映像情報フォーラム：災害時のメディアの役割とソーシャルメディアの効果」（二〇一一年四月二十日）の講演、及び日本記者クラブ主催「3・11大震災　震災とメディア：新聞は震災をどう伝えたか」（二〇一一年四月二十八日）の記者会見をもとに、五月時点の情報によって全面的に書き下ろしたものである。

註

（1）「新聞協会報」（日本新聞協会）、「民間放送」（日本民間放送連盟）各号参照。一部は日本新聞協会ウエブサイト（www.pressnet.or.jp）で閲覧可能。

（2）災害援助協定により、デーリー東北、岩手日報、山形、河北、茨城の各社は、近隣県などの新聞社に組み版や印刷を委託した。デーリーは岩手日日に、岩手日報は東奥日報に、山形は新潟に、茨城は下野に、それぞれ印刷を委託した。河北は新潟に整理記者を派遣して制作を依頼、自社印刷センターに送り印刷した、と報告されている。

（3）グーグルは東日本大震災の特設サイトを開設している。そこでは、安否情報を検索・確認できるパーソンファインダー（http://goo.gl/sagas もしくは http://japan-person-finder.appspot.com/）、被災地向けに提供している生活情報、自動車通行実績情報マップのほか、義援金受付や、震災関連の情報を提供する。動物の消息情報の「アニマルファインダー」や、被災した地域のお店や企業の営業情報や最新の状況を検索できる「ビジネスファインダー」など、次々に「増設」されている。

（4）東京五局で広告抜きの全時間帯特番が組まれたのは三月十二日深夜までで、その後は順次、通常編成に戻っていった。ただし、実際には随時特番を放映するほか、L字画面で関連情報を伝えるなどした（L字画面は被災地では五月現在まだ続いている)。また通常編成といっても、放映される広告はほとんど公共広告(AC)であって、実態としてはさらに二週間から一カ月程度「特別な状態」が続いたということになる。また同じ状況は新聞にもあり、一面に広告が戻るのは二週間後、終面にラテ欄が戻るのは一カ月後であった。

(5)現場中継の位置取りなどで混乱が見られた例や、繰り返し各局のカメラクルーがライトを照らして取材に入ることでの被災者の苛立ちや、子どもに被災体験を詳しく聞くなど、いわゆるメディアスクラム状態も一部では報道されている。ただし多くの場所では初期の段階ではむしろ、被災者の側が進んで体験を語ってくれたと、取材記者は語る。また、テレビに映ることや紙面化されることで生存(所在)情報を伝える効果があることから、報道機関と被災者の双方に協力関係が生まれたともいう。その意味では、昨今進んできた個人情報保護の過剰反応ともいえる「匿名社会」とは違った状況が、被災現場では生まれていた。

(6)朝日新聞社は二〇〇八年改訂の「原子力事故取材の手引き」で、記者の被ばく線量の限度を定め、取材後は検診を受けるよう求めている。読売新聞社は一九九八年作成のマニュアルを〇三年に見直し、記者に線量計を配備し、避難指示区域や屋内退避区域に入らないよう定めている。共同通信社は原子力取材の指針を作成、〇八年に改訂しており、福島民報、福島民友の福島県紙を含め多くの地方紙はこの共同ルールに準拠している。NHKであれば「取材・制作の手引き」で、原子力事故にあたっては「避難や屋内退避が住民に対して勧告された区域(防護対策区域)に立ち入っての取材は、原則として行わない」としている。これによって、放射線量とともに国が定めた一定地域内の取材立ち入りは原則制限されることになる。なお、これらはいわゆる大手メディア(伝統メディア)における基準であって、フリージャーナリストは初期の段階から当該地域の取材に入っている。また、一部ネットメディアを中心に、新聞やテレビが三十キロ圏内の取材を行っていないとの情報が流れているが、これは事実に反する。相馬地区には常駐記者を配するほか、飯舘村などへも取材陣が入っている。

(7)この値は一般人が一年間に浴びる放射線量の限度で、日常生活で浴びる量や医療目的は除かれる。記者も放射線技師や原発作業員とは違って、一般人として同様の基準を適用したことになる。

(8)トップダウン方式で素早い対応に結びついた例として、たとえば、猪瀬直樹ツイッターに流すと石原都政が動く、孫正義に言えばソフトバンク通信がつながるようになる、などともいわれた。ツイッター効果かどうかは別として、少なくとも宮城県の被災地においてはソフトバンクがいち早く復旧したとされ、各所に簡易型の中継器が置かれているのを見かけた。

(9)二〇一〇年初頭の鳩山首相のツイッター開始に始まり、小沢民主党元代表のニコニコ動画出演、尖閣ビデオのユーチューブ流出、大学入試でのヤフー知恵袋を利用したケータイカンニング、そして中東(エジプトやチュニジアなど)でのフェースブックやツイッターが活用されての市民革命に至る、まさにソーシャルメディアが社会を動かした年であったといえる。

(10)震災直後に、NHKのテレビ画面をそのままナマで動画投稿したのがきっかけで、それを後追いする形で、同時再送信が始まったとされている。

(11)CSニュース専門チャンネル「ニュースバード」を同時生中継した(約一週間)。

(12)地上波ラジオ放送を、そのまま同時に放送エリアに準じた地域にインターネットストリーミング配信するサイマルキャストサービスで、通常のパソコンやスマートフォンなどで聴取が可能である。独自コンテンツ、エリア制限なしという通常のインターネットラジオサービスとは異なる。二〇一〇年三月から実験配信を行ってきたが、同年十二月には株式会社化し、実施局も関東地区から、関西、中京、関東・関西周辺、北海道、福岡地区へと順次拡大している(http://radiko.jp/)。たとえば、神奈川ではTBSラジオ、文化放送、ニッポン放送、ラジオNIKKEI、InterFM、TOKYO FM、J-WAVE、ラジオ日本、bayfm78、NACK5、FMヨコハマが聴取可能である。

(13)ラジコの場合、三月十三日午後五時から三月末まで、関東七局・関西六局・中京七局（追加）のエリア制限を解除した（関東は四月十一日まで）。

(14) 東北放送・武田記者の津波リポートは、ユーチューブ上の人気コンテンツである。

(15) 日経新聞は記事配信を震災後、一時、無料化した。

(16) 調査方法は、①各紙の1面の記事項目を調べる。具体的には、「トップ」「2番手（一般には左肩）」「3番手」が、上記のどの分野の記事かを調べる。これによって、当該新聞の力点の置き方を知ることができる。②それぞれの記事が、発表モノか独自ネタかを調べる。③その他の特徴的な記事をピックアップして調べる。これによって、当該新聞の紙面構成の特徴を知ることができる、というものである。

(17) 震災後一カ月の十五紙の紙面比較結果については、日本記者クラブ・ウエブサイト www.jnpc.or.jp の会見動画クリップ四月二十八日分で配信中。

(18) たとえば読売は、震災一カ月後の四月十一日付紙面で、長文の政治部長コラムを掲載する。

(19) 被災地域のとりわけ子どもへの影響を考え、津波のシーンなども含め凄惨な現場を報道する（放送で流し続ける）ことの是非は、別途議論されている。

(20) そうしたなか、残念ながら福島民友の記者が津波の犠牲になった。震災後の五月に行った飯舘村の図書館入口には、相双支社でこの地域を取材エリアにしていた故・熊田由貴生記者の優しい気持ちが溢れる記事（写真④）が貼られていた。

'10相双 取材メモから ①

5万冊の寄贈に感謝

子どもたちの読書環境充実

飯舘・絵本リレー事業

2010（平成22）年もあと1週間余り。12市町村の相双地域を担当する5人の記者がそれぞれの「熱い」視点で今年1年の出来事、課題を振り返る。

「国民読書年」の今年、飯舘村は「あなたにつなぐ飯舘絵本リレー」事業をスタートさせた。村には、図書館がなく、村営の書店一軒だけ。子どもたちの読書環境の向上へ、家庭で読まれなくなった絵本などを譲り受け、絵本にもう一度、「命」を与えようと5月から本格的に始動した。

今月14日現在で、全国の延べ1441人から、5万3595冊の本が村に贈られた。子どもたちの笑顔のために多くの人が賛同し、わずか7カ月で5万を超える温かな善意が寄せられた。「全国からの思いやりの心に、感謝の一言」と同事業を推進する広瀬要人教育長は話す。

世間では今年も、多くの悲惨な事件や事故が起きた。身勝手な犯行にがっかりしてしまうこともあった。しかし、村に贈られた本には多くの思いが詰まっていた。「子どもたちのためにどうぞお読みください」と新品を寄贈する人も。世間には、まだまだ優しい人が数多くいるんだと、本が入った山積みの段ボールを見て、あらためて実感した。

広瀬教育長は「子どもたちに、この『思いやりの心』もリレーさせたい」と話し、本とともに添えられた手紙を1冊の本にまとめているという。

村の読書環境は大幅に充実の方向に向かっている。村内の小学校など公共施設には「絵本リレー文庫」も設置され、村民だれもが気軽に本と出会うことができる。本の寄贈を募った同事業は、来年3月で終了を予定しているが、これからが大切かもしれない。多くの人の思いを種とし、子どもたちの心で花開かせれば、「までい」な村づくりがさらに勢いづくと期待したい。（相双支社・熊田由貴生）

寄贈された本で設置した「絵本リレー文庫」

福島民友新聞（2010年12月23

写真④　熊田由貴生記者による記事

(21) ロイター配信写真のうち、犠牲者の手をアップにした写真構図は、過去に毎日新聞が中国・四川地震の際に掲載して賛否を呼んだものと似ている。なお、遺体安置所内の海外メディアの撮影については、日本人の感覚とのズレなどから、現地でトラブルになったとの報告もある。ちょうど同時期にリビア攻撃があったことなどから、日本取材に赴いた記者はフロントページに掲載されるような映像（画）が欲しくて、より過激（凄惨）なシーンを欲したという証言もある。

(22) 「FLASH」四月五日号や「週刊新潮」三月二十四日号の犠牲者・遺族の写真は、一枚写真の力を感じさせた。「週刊現代」四月二日号は遺体の全身写真を掲載し、顔部分にぼかしを入れたが、これが正しい処理だったかは疑問だ。

(23) 凄惨さとは違う側面で、たとえば在住外国人が原発爆発事故の直後、自国政府の避難（帰国）勧告などを受けて、一斉に空港に押し寄せたある種のパニック映像は、国内でさらなるパニックを引き起こす可能性があるとして、多くの放送局で放映を差し控えたとされている。

(24) 義援金の扱いについても、各紙の姿勢の違いが見られて興味深い。募金寄付者の名簿を紙面化する新聞、日赤などへの寄付を一面で大きくPRする新聞など、いろいろだ。

(25) ただし、「週刊現代」と「週刊ポスト」は際立った立ち位置で誌面作りを行っていて興味深い。前者は最悪の事態を想定して東電や政府対応を厳しく批判するが、後者は放射能デマが混乱を生む、自然エネルギーには嘘があると、冷静な対応を求める立場だ（毎日新聞五月二十八日付朝刊「雑誌批評」参照）。

(26) 一般には、日本の原子力行政は原子力基本法が制定される一九五五年に始まるとされるが、その前年一九五四年には、中曽根康弘によって原子力予算が計上された。当時、朝永振一郎ほか学術会議で結論が出ない中での予算化で、「学者がボヤボヤしているから札束で学者のホッペタをひっぱたく」は有名な言葉だ。

(27) このほかにも、この間、多くの雑誌メディアなどでマスコミと東電、原子力行政との関係が語られている。少なくとも震災当日も、現役のメディア関係者と東電会長が、中国へ東電主催の招待旅行に行っていたことが事実として報じられている。

(28) たとえば三月十二日付各紙朝刊の大見出し、「原発『想定外』の危機」(読売)、「原発　想定外の事態」(朝日)など。

(29) 東電は同じ発表内容で、東京と福島の二箇所で記者会見をしている。当初は一日四回であったが、五月現在は朝・昼・晩の三回である。福島の現地会見は、現地といっても六〇キロ離れた福島市内の宮城県庁横の建物(自治会館)の災害対策本部前の廊下で行われる(写真⑥)。記者は、その前のわずかなスペースに寝泊りして発表に備える(写真⑦)。ちなみに保安院が詰めるオフサイトセンターは同県庁の中にあり、一切の外部立ち入りを認めない(写真⑧)。

(30) たとえば、三月十八日付毎日新聞朝刊は、担当専門記者が「記者の目」で「健康にまったく影響なし」と書く。

写真⑥　福島市で行われる東電会見の様子

(31) たとえば読売新聞三月十六日付朝刊「放射能対策冷静に」、十七日付夕刊「目立つ過敏報道」、十九日付朝刊「ネット情報選別冷静に」など、二十三日付の原子炉シナリオでは「冷却系復旧し安定」とし、危機的段階は過ぎたとの識者コメントで補強した。読売新聞に比較すると事態の深刻さを紙面化していた朝日新聞も、「安全、危険、どっちなんだ」と被害者の声を見出しに立てるのは三月二十四日付朝刊であるし、二十九日付朝刊の現状予測とシナリオでも、五月現在東電が明らかにしているレベルの「最悪」も想定していない。なお、先に挙げたように東京新聞は、「こちら特報部」を中心に多少異なる傾向を持つ。

(32) たとえば、三月二十五日付朝日新聞朝刊。また、雑誌などでは盛んに書かれた「原子力村(ムラ)」についての記事は、さらに一週間を待たねばならなかった(たとえば、朝日新聞では四月一日付朝刊、毎日新聞では四月八日付夕刊)。

写真⑦　福島県庁横の自治会館に設けられた記者溜り

写真⑧　福島県庁内のオフサイトセンター入口

(33) 同様のシミュレーションは、ドイツのシュピーゲル誌をはじめ、フランスの国家機関においてもウエブ上で公表していたが、多くの社は三月二十四日付紙面ではじめて、原子力安全委員会が文科省SPEEDI(スピーディ)のデータとして公表した段階で紹介した。

(34) たとえば、三月十七日付前後からの各紙報道にある「人体に影響する放射線量」図での「190:東京・ニューヨーク飛行機旅行往復」との表現。

(35) 「アエラ」の公式ツイッター上で三月十九日、「AERA今週号の表紙及び広告などに対して、ご批判、ご意見をいただいています。編集部に恐怖心を煽る意図はなく、福島第一原発の事故の深刻さを伝える意図で写真や見出しを掲載しましたが、ご不快な思いをされた方には心よりお詫び申し上げます。」と謝罪した(資料⑨)。

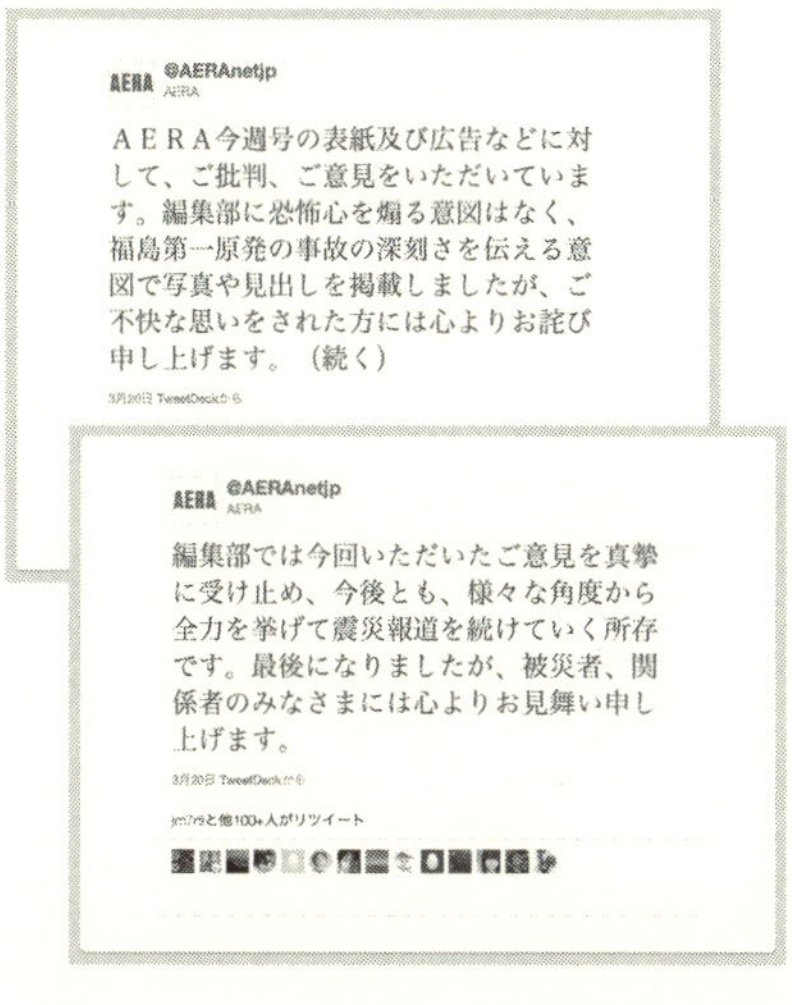
AERA @AERAnetjp
AERA

ＡＥＲＡ今週号の表紙及び広告などに対して、ご批判、ご意見をいただいています。編集部に恐怖心を煽る意図はなく、福島第一原発の事故の深刻さを伝える意図で写真や見出しを掲載しましたが、ご不快な思いをされた方には心よりお詫び申し上げます。（続く）

AERA @AERAnetjp
AERA

編集部では今回いただいたご意見を真摯に受け止め、今後とも、様々な角度から全力を挙げて震災報道を続けていく所存です。最後になりましたが、被災者、関係者のみなさまには心よりお見舞い申し上げます。

資料⑨　「アエラ」表紙に対する編集部の「謝罪」

文芸誌編集覚え書き

寺田　博

一九六二年「文藝」復刊

1

小説創造の現場へ

文芸誌を編集するという仕事は概してつまらないものだ。そのことにまつわる雑用や気の使いかたがあまりにも多いからである。そのうえ、時に休刊や廃刊があり、また復刊したり創刊したりする。リニューアルもある。さらに会社の都合で異動させられる。要するに一芸を極めるどころか自分のやりたいことが実現できぬうちに、雑用や準備に神経や体力を磨り減らし、仕事の連続性を断たれ、呆然とすることもしばしばである。

　にもかかわらず、一度この仕事についたらなかなかやめられるものではない。単に小説好きの身にとって、一言でいえば、小説創造の現場に立ち会うことのできるおもしさを一応の根拠とするが、雑用や準備もすべてその一点に収斂されるからだ。さらに一方で、手作業の妙味も味わえる。それまでぼんやり眺めていた活字が手作業に合わせて一字ずつ立ち上がってくる。印刷インクのかけ合わせで見たこともない色彩が現われる。つまり、編集には印刷工程に立ち会うおもしろさもある。これまた創造なのである。（ただし、印刷工程が電子化によって変化した現在では、様相がかなり違っているかもしれない。）

　三十有余年そのような場所にいるうちに、復刊、休刊、創刊、廃刊などを何度か味わい、希望に燃えたり失意に沈んだりしたが、公共の場に誌面がさらされている重さにくらべれば、編集者の心情の浮沈などとるに足りないことといえるかもしれない。

　河出書房新社より「文藝」の復刊一号が出たのは、一九六二年（昭和三十七年）三月号としてであった。オビと目次には〝創刊特大号〟と刷り込まれたが、編集長の坂本一亀は編集後記に次のように記した。「昭和八年創刊（改造社）以来三十年の歴史をもつ本誌は、同三十二年三月号をもって休刊していた。まる五年ぶりに再登場するわけになる。従って、正しくは『復刊第一号』と名のるべきだろう。しかし新社初めての雑誌なので、あえて『創刊』の名を付した次第である」

　昭和三十二年の休刊とは河出書房が第一次の倒産によって生じた事態だった。その後新社となって五年の間に財政的に立ち直るや復刊の機運が高まり、半年ほどの準備期間を経て復刊したのである。私が入社したのは六一年九月で、小出版社の経験四年を経た中途入社だったが、文芸誌については一般読者に過ぎず、新人と同じだった。すでに編集長の下に五名が配置され、一名はデスク専門だったので、私は五番目の末席に坐った。

　すぐに実働が始まり、編集長は連日執筆予定者や相談相手と会って、確認や調整に時間をかけているように思われた。部員たちも担当する執筆者を巡回していた。後発の文芸誌として、原稿依頼と回収がなかなか困難であることが予想され、全員に緊張感がみなぎり、隣接する書籍編集部とは

別の空気が流れていた。

第一回「文藝賞」の結果

復刊一号では第一回の「文藝賞」中・短編部門の当選作が発表されることになっており、部員の一人は応募原稿の整理に大わらわだった。やがて選考会が開かれ、当選作二編、佳作三編が決定された。選考委員は寺田透、中村真一郎、野間宏、埴谷雄高、福田恆存の五氏で、選後評によると、全作品とも留保つきの決定で、そのために佳作をふくめて全編が掲載されることになったようだ。私はこの選考会に出席していないが、活発な議論が重ねられたうえでの結論であっても、この結果は編集部にとって不本意なもののようであった。私個人は、佳作となった後藤明生の「関係」がもっともおもしろく読めたが、これについては中村、野間、埴谷三氏が留保つきの容認であるのに、寺田、福田両氏が絶対反対という結果が出ていた。

この五編全部を活字にすることで、全員が急に多忙になった。印刷所への入稿と校正を早目に進行することになったからである。復刊一号全体の約半分近い頁を「文藝賞」作品が埋めることとなり、校正実務も部員の担当で毎日九時か十時ごろまでの残業が続いた。

後年（一九八〇年）、河出書房新社のOBたちと作品社を設立し、文芸誌「作品」を創刊することになるのだが、その時も「文藝賞」にならって事前に公募広告を出し、創刊号に作品賞当選作二編を発表した。しかしこの雑誌は資金難から六号で廃刊のやむなきに至り、二人の当選者には却って迷惑をかけてしまった。新雑誌の編集方針や続刊の様子が明らかにならないうちに新人文学賞を公募することは、たとえ新人発掘を重要な使命とする文芸誌であっても、問題が残るように思われた。

したがって、二年後の福武書店における「海燕」創刊に際しては、創刊号で本文中に新人文学賞の募集広告を出し、半年後に締切日を設定した。選考委員は「作品」と同じく阿部昭、飯島耕一、木下順二、佐多稲子、小島信夫の五氏にお願いしたが、少しでも「作品」との連続性を維持したい思いがあった。

ところで「文藝」復刊一号の締切日が迫ってきたが、遅れて入社した私には担当する仕事が少なかった。それを編集長は察知したのか、表紙や目次、本文のカットの担当を命じた。表紙は、その年はすべて加山又造氏に決まっており、復刊一号のカットは編集長に随行して初山滋氏に依頼に行った。またカットスペースの指定やその後に表紙・カットを依頼する画家の相談などは真鍋博氏が担当されることになり、しばしば真鍋氏のアトリエに通うことになった。この仕事は存外に愉しく、真鍋氏の人選は編集長の意図を汲みとってオーソドックスなものだった。その後二年あまり、横山操、駒井哲郎、麻生三郎、小磯良平、佐野繁次郎、岡鹿之助、鳥海青児、海老原喜之助など美術界の重鎮に、一期一会ながら対面する機会を得た。画家は一様におおらかで、こちらも特別に萎縮することはなかった。ただ、麻生氏の場合は、野間宏『真空地帯』の装丁を手がけられていたことを記憶しており、少し緊張したが、夕刻の薄明のアトリエに通されると酒の匂いが漂っていて、一息つくことができた。

スタイル社を振り出しに ②

復刊号の締切日は迫ってきても、ほかの部員にくらべると暇だったので、字数を数えたり使い走りをしたりしていたが、そろそろ執筆者まわりをすべきだと思い、担当すべき執筆予定者名を編集長に申告して、原稿依頼にまわることにした。申告したのは、北原武夫、深沢七郎、伊藤信吉、真鍋呉夫、金子光晴氏などであった。何の脈略もない五氏を挙げたのは、金子氏を除いて、かつて小出版社にいた時に面識を得ていたことによる。

北原武夫氏は大学卒業直後に新卒として入社したスタイル社の社長だった。入社して半年後に経営難に陥り、会社更生法によって社屋が移転して新社となったが、試庸期間中だった何人かはすぐ解雇された。それでも北原氏に出会ったことで文学話を聴くことのおもしろさの味を知り、その後も出版業界の周辺で働く決心がついた。氏は数回新入社員を誘って話をされたが、話は主にドストエフスキーや小林秀雄、青山二郎についてで、場所は銀座の酒場だった。殊に小説家や批評家の文体について少し吃りながら熱心に語られた。文体の有無で書き手の値打ちがわかるというような考え方はすぐには理解できなかったが、後にそのような眼で文章を読んでいる自分に気がつくことになった。それは自分なりに、書き手自身の言葉や資質にそむくような借りものの文章は、結局嘘をつくことになる、というふうな理解に基く読み方だった。

深沢七郎、伊藤信吉、真鍋呉夫のこと

四年ぶりに北原氏に会うと、「あの時は迷惑をかけた」と頭を下げられたので恐縮したが、「文藝」編集部に入ったことを報告すると喜んでもらえた。文芸誌編集の心得として、毎号必ず力のこもった評論を掲載するように強調されたことが印象に残った。

深沢七郎氏に会ったのは、「若人」という高校生雑誌のグラビア写真取材の時だった。当時氏はプレスリー・ファンクラブの名誉会長で、そこに集まる若者たちを撮ろうという企画だった。令弟の家の離れのようなところに伺うと、雨戸を二、三枚立てたような仄暗い和室で、十人ぐらいの若者がスピーカーから流れるプレスリーの歌に合わせて踊っていた。氏は坐ったまま時々若者に声をかけて笑っておられた。この光景は後に送られてきた『東京のプリンスたち』という著書を読んで納得したが、これが機縁となって何度か話を伺いに行き、随筆を書いてもらったりした。

三年ほど経って、プレスリーのラスベガス公演の記録映画を一緒に観た。そのころの「文藝」には映画欄があり、その批評を依頼していた。氏はかなり辛辣なことを書かれたが、映画を見終った直後も、プレスリーが肥ったことやバックコーラスをつけていたことに憤慨された。ファンクラブ当時からの時の流れを感じたものだ。

グラビア撮影の翌年、いわゆる『風流夢譚』事件」が起きて、深沢氏は放浪の旅に出られたが、文通が続いていて、「文藝」に入る少し前に帰京されたことを知っていた。氏は以前と変らぬ快活さで、依頼した小説原稿について、今書いている「枕経」という小説もあるがと断ったうえで、いずれ「千秋楽」「甲州子守唄」「黄水謡」を書くつもりだといわれた。内容を詳しく聞くと、それぞれ構成ができあがっていることにとても驚いたが、氏はまず題を決めて、筋書きもほとんど頭の中でつくりあげてしまってから書き始める、という意味のことをいわれた。後にこの話を故日沼倫太郎氏にすると、氏が「だから深沢さんは書く時はもう退屈でしょうがねえんだよ」といわれた言葉が

頭に残っている。とりあえず「枕経」を書きあげてもらうことにした。

伊藤信吉氏は近所に住んでおられた。一度詩人の友人に連れられて行き、よもやま話をしたことがあったが、詩に力を入れたいという編集長の方針に添うものとして名前を挙げたのだった。編集長とも親交があり、詩の投稿なども時々読んでもらうようにお願いした。伺った時、氏はちょうど萩原朔太郎の手紙の整理をしているところだった。帰社してそのことを編集長に報告すると、その手紙に注釈をつけていずれ特集に入れたいという意向を聞き、再度伊藤氏を訪ねてお願いし、結局、これは六月号「近代詩人・特集」に「未発表・萩原朔太郎の手紙」として掲載した。室生犀星宛の手紙がもっとも多かったが、その関連で氏の執筆による「近代詩の終焉」という評論と、白秋の甥にあたる山本太郎氏の「白秋の思い出」というエッセイが目次に並んだ。山本氏の執筆期間は短く、伊藤氏の百枚にわたる手紙の筆写は厳しい作業と思われたが、篤実な両氏からは約束通りの締切日に原稿を頂戴することができた。

真鍋呉夫氏はやはり「若人」編集部在職中に、夜間中学のルポルタージュを書いていただいたことがあり、その折に氏の文学への強い情熱を感じたことを覚えていたので、ぜひ会って小説原稿を依頼したかった。百枚の小説をお願いすると、氏は闊達に「はい、承知しました」といわれ、「単独飛行」または「飛ぶ男」というタイトルも披歴されたが、原稿はなかなかできなかった。毎月氏のお宅へ伺い、文学話が楽しくてつい長居をすると、夫人の趣向を凝らした酒肴が出て、酒になった。しかし氏自身は下戸で一滴も飲まれず、こちらは勝手に気炎があがった。数回そのようなことを繰り返し、結局、半年後に「単独飛行」が完成した。九月号に掲載したが、河上徹太郎氏の文芸時評で島尾敏雄「出発は遂に訪れず」(群像)と並べて肯定的に論評され、自分の仕事に一つの節目ができたように感じた。

金子光晴氏は初対面であった。毎号、詩を掲載したいという編集長の方針を聞き、かねて畏敬の念を抱いていた詩人を訪ねることにした。氏は気さくな調子で、「年をとっても道で若い女性とすれ違うとするでしょう、その時は必ずその女性を見ますよ」といわれ、老人の性欲について淡々と語られた。詩も小説もあっさり承諾され、詩二編は六月号に、八十枚の小説「姫鬼」は真鍋呉夫「単独飛行」と同じく九月号の小説欄に並んだ。またそこには別の部員が担当した小林勝「党・一九六一年」、坂上弘「同棲」も並び、河上氏の文芸時評はこれらの四編すべてに及んだ。担当した小説が文芸時評で取りあげられた初めての体験で、編集者としての労苦が報われたうえに、批評のおもしろさが実感できたのである。

坂本一亀の姿勢　3

復刊号が刊行されると、さまざまな反響が耳に入ってきた。たとえば、誌面が暗すぎるというのから、「文藝賞」選考委員に第一次戦後派が三人も入っているのは党派性が感じられるとか、活字が小さ過ぎる、詰め込み過ぎ、遊びがないということまで批判的な意見もありはしたが、概ね好評だった。殊に連載小説陣に野間宏「青年の環」、松本清張「象徴の設計」、佐藤春夫「美女日本史」、小田実「アメリカ」が並んだことや、三島由紀夫「近代能楽集　源氏供養」、吉岡實の詩、花田清輝の文芸時評、伊藤整の評論、五味川純平のソ連紀行、ライシャワー・桑原武夫対談「日本文化について」などの陣容には、よく集めたという評価が高かった。しかし、本文がすべて8ポイントの活字で、コラムは7ポイント活字というのは、いかにも暗い誌面の印象を与えたし、一編一編の末尾に空白を作らないという編集長のこだわりが、堅苦しい感じを発していた。ただ、文芸誌を読みなれた人ならば、事前準備を充分に果たした熱気が発散されていると感じられるに違いないと思われた。私的には、文学を文明として幅広くとらえようとしている編集長の姿勢が色濃く感じられた。さらに文芸ジャーナリズムの一翼に連なろうとする意欲が読みとれることも興味深かった。

私個人が担当したのは、過去の「文藝」編集長四氏がそれぞれの時代を回想する一頁の随筆欄のうち、上林暁、野田宇太郎、巖谷大四の三氏だけで、杉森久英氏分は別の部員が担当した。それ以来、上林氏も私の担当となったが、初代編集長の上林氏が「文藝」を改造社で創刊したのは一九三三年で、私の誕生と同じ年だった。因縁話めいて、そのことはその後気持を引き緊めることに役立った。後に古本屋でこの創刊号を購入したが、目次を眺めただけで読みはしなかった。

純文学論争とその批判

ところで、六二年当時の文芸ジャーナリズムの論調は、前年から湧き起った〝純文学論争〟の延長線上にあった。火元は当時毎日新聞で文芸時評を執筆していた平野謙氏で、氏自身が後に要約した文章を引用すると、「一九六二年の文壇の諸問題がどうなるか、私には予測がつかない。ただ昨年末からひきつづいている『純文学』の問題に、ひとつの解決が与えられるだろうことを、私はねがっている。実をいえば、大衆文学や中間小説などと対立的につかわれてきた純文学という概念が、一般に考えられているほど確固不動のものではなく、いわば歴史的なものにすぎない、という指摘を最初にしたのは、この私である。その提言は意外に物議をかもして、いまさら後にひけない格好になってしまった。私の読んだ範囲だけでも、伊藤整、大岡昇平、村松剛、佐伯彰一、本多秋五、山本健吉、高見順などが、私の発言をめぐって甲論乙駁したのである。」（六二年一月刊『純文学論争以後』）とある。また「私はこの純文学更正の方途に関して、ひとつの仮説を提出したのである。大正の末年に当時の一流作家たちが小説概念の再検討を強いられたとき、大別すれば三つの小説理念を掲げたことがあるが、そこから私はひとつの歴史的教訓を汲みたい、と思ったのである。三つの小説理念というのは、ひとつは小説はあらゆる芸術ジャンルに先がけてアクチュアルなものでなければならぬという説と、ひとつは小説はまずおもしろくなくちゃならないという説と、ひとつは小説はやはり芸術的に純粋でなければならぬという説である。当時は新興の文学勢力として、プロレタリア文学、新感覚派文学、大衆文学の三つが抬頭してきて、既成文学が小説概念の再検討を強いられたのも、それらの新興勢力の抬頭に対峙するためだった、ともいえるのである。ここで注意すべきは、小説アクチュアリティ説はプロレタリア文学と、小説純粋説は新感覚派文学と、小説おもしろさ説は大衆文学とそれぞれ結びつく可能性を持っていた、ということだろう。しかし、その可能性は歴史的にはひとつも成就しなかった。その結果、既成文学は私小説という閉鎖的な文学ジャンルのなかにみずからを晶化させてしまったのである。ここに純文学概念が今日みられるようなものとして自己定着したのである」（同前）というものであった。

長い引用になったが、復刊号の花田清輝『書生』の魅力」（文芸時評）、伊藤整「純文学の推移」は平野説の延長線上で執筆されていた。担当外であったが、それまであまり文芸評論を熟読したことのない身にとっては、すこぶる刺激的な読みものだった。花田氏は大岡昇平の長編小説『花影』を批評した作家や評論家の文章をさまざまな角度から批判し、「そこには文学そのものの死が描きだされているかもしれないのである」と書いたり、埴谷雄高「純文学の問題」（「群像」二月号）については、「かれは、平野謙を『現実密着』、自分を『架空凝視』と呼んで、まるで『花影』の女主人公と美術批評家のばあいのように、平野謙とかれとを二つの焦点にして、楕円の世界をつくりあげれば、それで万事解決するようなことをいっている。（略）しかし、平野謙が、小説アクチァリティ説に賭けるといったというので、肉体である平野と、精神であるかれとが、仲よく手をつないで、文学を飛躍させようというかれの空想は、あまりにも虫がよすぎよう」といなしたりしたうえで、「いずれにせよ、いまは空想的な書生論でいい気になっているようなときではないのだ。／文学は死ななければならない。死んで、それから、もう一度、よみがえらなければならないのである」と結ばれていた。私は強烈な一発を喰らったような気がし、いい気になってはいけない、と自分にいいきかせた。

伊藤整「純文学像の推移」は、平野謙の名前も出てこないし、肯定・否定というような断定的なことばもなく、近代以降の日本文学をたどりつつ、傾向の類別や分析はあるものの、小説概念の推移を具体例を挙げながら論述したものである。ただ「その時々の社会に密着したところの純文学の型は変化し、推移すると言ふことならば、私は、社会意識の変遷と密接につながつたものだけが文芸作品の総てを蔽ふものとは思はない」といった調子で、平野氏の提言したアクチュアリティ説をやんわりと受け流しているように読めた。

その後の二年間、「文藝」には毎号のように、小説概念を洗い直すような評論が、たとえば佐伯彰一「日本人の想像力」、吉本隆明「戦後文学の現実性」、加藤周一「現代日本文学の状況」、河上徹太郎「文学の実体喪失」、中村光夫「硬文学の復活」、奥野健男『「政治と文学」理論の破産』などが掲載され、一つの柱となっていた。「文藝」だけでなく、他の文芸誌でも、この種の評論はよく掲載された。六二、三年頃は特に文学に対する危機意識が強かったのだろうか。私個人としては、北原武夫氏の各号に強力な評論をという提言が、編集長によって実現されていることをひそかに喜んでいた。

その年はまた佐々木基一「戦後文学は幻影だった」（「群像」）を皮切りに政治と文学論争も始まった。小説がこれほど熱心に激しく論じられた時代はその後はなかった。

一九六二年後半 4

戯曲と詩の特集

一九六二年（昭和三十七年）三月号をもって復刊した「文藝」は、順調な歩みを続けていたが、七月号で発表した「文藝賞」戯曲部門でも当選作がなく、佳作を発表しただけで終った。しかし、文芸誌では異例といえる新作戯曲三編を同時に発表し、佐々木孝丸「秋田雨雀のグリンプス」、山崎正和「劇的な精神について」というエッセイを加え、コラムとして岩田豊雄、武田泰淳などの回答を得たアンケート、劇評の問題をめぐっての武智鉄二・尾崎宏次の往復書簡を掲載した「戯曲特集」は、演劇雑誌並みの内容を備えていた。新作戯曲の田中千禾夫、戸板康二、椎名麟三という作者名から考えても、この特集は三氏と縁の深い坂本一亀編集長がほとんど独力で企画し、復刊準備中に執筆依頼を済ませていたことが推察された。なかでも山崎正和は二十代の新進の演劇人で、編集長が自ら探し求めてきた新鋭であった。私自身は急拠、編集長に命じられて、TVドラマの演出家として頭角を現していた和田勉に、TVドラマをふくめた演劇の現状についてのエッセイを依頼した。小説におけるフィクションの堕落が演劇のフィクションに影響することを懸念した「フィクション馬鹿」と題するエッセイであった。

しかし、のちに考えたことであるが、この「戯曲特集」はいわゆる〝新劇〟に疑問を呈した山崎正和のエッセイを除いて、当時新しい動きを見せ始めている演劇界の動向を反映していなかった。そのころ演劇界は曲り角にあり、二、三年後にいっせいに開花することになるアンダーグラウンドの小劇場運動が準備されつつあった。世代的にいって、編集長はともかく私には学生演劇の体験もあり、多少の情報を耳にしながら何らの動きもしなかった不明を愧じた。いわば、正統的な年長者の動きばかりを見据えていたということになるだろうか。

このような見方をすると、あるいは五月号の「現代詩特集」にも同じような傾向を見てとれるかもしれない。特集で掲載した詩人を挙げると、井上光晴、大岡信、草野心平、黒田喜夫、多田智満子、田村隆一、寺田透、福永武彦、三好達治、村野四郎の十氏で、編集長の苦心の人選であったが、世代的にいえばほとんど四十代以上の方々であった。ただ、井上光晴、寺田透、福永武彦などすでに詩から遠ざかっている人たちに参加してもらうことで、編集長は新たな磁場をつくろうとしていたことが推測される。それに編集長の後記には「大家から無名の新人までを、と考えていたが、結果はその通りにならなかった」と記されてもいた。

「文藝の会」の新人たち

ただし、復刊号で「文藝賞」中・短編部門の発表をしたように、小説家の新人登用に関しては編集部全員が積極的に推進していた。編集長または編集部に持ち込まれたり、送られてきたりした原稿はすべて割り当てられた部員が読み、感想文をつけて編集長に提出した。原稿掲載の決定権は一切編集長にあり、部員もそれを諒解していた。

投稿はしだいに増加していったが、それには理由があった。他の文芸誌では通例として、新人賞の応募は常時受け付けているが、その他の投稿はお断り、という趣旨の通告が奥付頁に掲載されていた。投稿が多過ぎると、月刊誌編集のペースが乱されるのだ。ところが「文藝」では復刊号の編集後記に「賞を別にしても新人は採りあげたい。積極的な御投稿を希望する」と編集長名で書いていた。投稿の処理に泣き言はいえず、残業を続けてでも原稿を読まなければならなかった。

そのうえ編集長は、復刊以前から新人の書き手の会を結成していた。のちに「文藝の会」と称したが、この年の十二月までに三、四回開かれ、約三十名に出した案内状に応じて半数以上の人々が出席した。私は第一回には出席していないが、その後出席した会でも今から思えば錚々たる人々が集っていた。新人とはいえすでに作品を発表している社会人や大学教師、有力同人雑誌に属している人たちであった。すぐに思い出せる人々の名前を挙げると、小川国夫、辻邦生、丸谷才一、中田耕治、立原正秋、後藤明生、菅野昭正、清水徹、森川達也、三輪秀彦、田畑麦彦、小田実、小佐井伸二、林峻一郎、坂上弘、福田紀一、三枝和子、古賀珠子、深井迪子、青柳友子、富島健夫、森常治、真継伸彦で、編集長が司会をして文学に関する発言を求めた。それぞれに個性的な意見が開陳されることもあったが、論点が同一方向に展開されることは少なく、結局、この会は顔合わせの役割ぐらいしか果たせなかったと思う。山川方夫は一回だけ出席し、肌合いが違うので二回目からはやめたと、のちに直接語ったこともあった。原稿をめぐるやりとりは書き手と編集者が一対一の関係になって初めて成立するので、集団での語り合いは的はずれな面もあった。ただ、編集長の新人に向ける情熱は充分伝達されたにしても、持ち込みの原稿がふえた分だけ全員が多忙になったことは確かであった。

一度だけ鮮明な記憶が残っている。三回目の会であったか、八月号に掲載した福田紀一の「霧に沈む戦艦未来の城」という中編小説の合評を議題にしたことがあった。すると出席者のほとんど全員が厳しい批判的な意見を述べた。福田さんはうなだれたまま無言でいて、編集者になって間がない私にはとても気の毒に思われた。福田紀一の属する「VIKING」という同人誌は毎号巻末に辛口の合評を掲載しているが、これほど辛辣な批判はないだろうと思ったほどだ。作家同士の面《おもて》を冒した批評とはこのように遠慮のないものかと、改めて認識したのである。

5

全員が推した高橋和巳「悲の器」

二度の「文藝賞」で当選作が出ず、〝新人〟と銘を打って掲載した二編の中編も特に話題とならなかった編集部にとって、十一月号の高橋和巳の登場はやはり手応えがあった。五人の選考委員が全員一致で当選作としたうえでの、第一回「文藝賞」長編部門の当選作発表である。九百五十枚の長編であったため、当選作「悲の器」は約半分の五章までしか十一月号には掲載できなかったが、十一月下旬には単行本及びペーパーバックス版で刊行した。選評も座談会形式とし、中村真一郎、野間宏両委員から文体上の疑問が出されたが、当選作としての力量は充分に認めたうえでのことであった。選考会に私は出席しなかったが、速記録でも特に寺田透、埴谷雄高両委員の支持の気持が伝わってきた。

坂本一亀編集長は復刊の前年の六月、新しい書き手を求めて京都・大阪へ赴き、「日本小説をよむ会」と「VIKING」の有力メンバーに会っている。このことはのちに坂本自身も書き残しているが、多田道太郎、山田稔、福田紀一、杉本秀太郎、沢田閏氏らが集まっていた「よむ会」と富士正晴氏が主宰する同人雑誌「VIKING」同人たちと会った。その両方に属している人が少なくなかったが、高橋和巳もその一人で、すでに書き終えた長編があることを知り、「文藝賞」長編部門への応募を勧めたという。新人賞作家の誕生に編集者はただ坐して待つだけでなく、有力者に会って投稿を勧めることもあると知り、驚いたものであった。そういえば中・短編部門で受賞した田畑麦彦、翌年受賞する真継伸彦も編集長に勧められて応募したのだろう。高橋和巳の授賞式は選考委員各氏、報道関係者を山ノ上ホテルに招き、当時の新人賞としては破格の式が盛大に挙行された。高橋さんはのちに作家高橋たか子となる和子夫人を同伴して出席し、司会の編集長は各社の文化部記者に発言を求めた。のちに高井有一として芥川賞を受賞した共同通信の田口哲郎記者の真摯な発言が、印象に残っている。

清張さんの純文学批判

復刊から半年ほど経って、部員の一人が病に倒れた。長期療養を要する胃潰瘍となり休職したので、その担当分のほとんどが担当の少ない私にきた。そのころはすでに、まだ担当が未決定だった石原慎太郎、開高健、八木義徳、庄野潤三なども担当となり、編集長が時折巡回していた井伏鱒二、石川淳宅にも月に一度は訪問するよう命じられた。休職した部員の主な担当は第三の新人といわれる作家たちで、学生時代にもっとも読む機会の多かった人たちであった。ついでにいえば、私は最後の旧制中学入学者で、中・高生時代に初めて触れた現代文学の作品は戦後派作家の作品であった。最初に接したのは椎名麟三の「季節外れの告白」という短編で、友人から借りた切抜きで読んだ。現在の書店事情からいうと、噓のような話だが、九州の片田舎の書店にも文芸雑誌が来ていた。おそらく当時は出版点数が少なく、またベストセラーなどもないために、少部数の本や雑誌が田舎にも届いていたのだろう。

それはさておき、その後に連載の担当も割りふられ、松本清張「象徴の設計」の担当にもなっていた。連載を何本もかかえている流行作家は松本清張だけだったので、毎号、枚数の確認や原稿受領日を確定することに神経を使った。当初は毎月四十枚の約束だったのが、のちに三十枚となり、二十枚の時もあった。目次のノンブルを確定するために、枚数を早めに決める必要があった。そのうえ締切日も二十日が二十五日となり、校了日前日の二十七日になることもしばしばだった。著者校正も原則的に届ける方針であったから、毎月、三、四回ぐらいは往復した。応接室で三、四時間待つこともあった。ただ、ふしぎに休載されることはなかったのである。当時は「中央公論」に「北の詩人」も連載中だったが、かちあうこともなかった。想像するに、週刊誌や新聞小説の締切を毎日かかえているなかで、月刊文芸誌は執筆のリズムが違っていて無理がきき、また必ず仕事を休んで外人講師を自宅に招いて英会話を勉強するという日曜日に原稿を渡したりされたので、一年あまりの連載が可能だったのだろう。顔を合わせる機会がふえるうちに、いわゆる純文学についての疑問や批判を聞くことも多くなった。概して現代の小説が観念的になり過ぎているか、あるいは日常些事にとらわれ過ぎているかのどちらかだ、と清張さんは言った。とりわけ批評家に対する批判が厳しかった。概念語を操作しているだけじゃないか、とか、特定の作家にぶら下がって書いているとか言って、名指しで攻撃されることもあった。私が時々反論すると、却って上機嫌になり、毛髪をかきむしってますます例を挙げて言い募られることもあった。

ある時、「君の顔には純文学と書いてある」とからかわれ、思わず吹き出すこともあったが、母親と同年の清張さんの人柄のよさが次第に理解できるようになった。話の接ぎ穂がなくなって困った時は、好んで読んでいた『小説日本芸譚』や『装飾評伝』の話を持ち出した。岸田劉生について雑多な質問をすると、懇切に教えてもらえた。応接室に劉生の「麗子像」の額がかけてあったので、自然に話題にすることができたし、実は内心ひそかに次の連載は芸術家小説か自伝をと狙ってもいた。というのは、同時に連載中の「北の詩人」の方が「象徴の設計」より文章や構成が緻密で出来が良いように思われ、再度連載を依頼して挽回したかったのである。しかし、大手他社の清張担当のありようを見ていると、取材や資料蒐集にかける機動力でとても勝負にならないことが感じられ、目標を自伝だけに絞りこんでいった。

原稿回収の強い気持

やがて「象徴の設計」は一九六三年六月号で完結したが、単行本は別の出版社から刊行されることになった。編集長は依頼した時、単行本の約束まではしていないようだった。そのことも理由にして、自伝の執筆を根気よくお願いした。そしてその年の八月号から「回想的自叙伝」として連載を開始した。第一回の題名は「父の故郷」とつけられたが、冒頭の二頁分あまりは、自伝を書くことは気が進まないという理由を前置きとして書かれたのである。その理由の第一は自分には文学歴や文壇的な交遊がないこと、第二は自分は学歴がないから苦労したように思われているらしいが、実は苦労話は何もないこと、そして第三に、「これが自伝を書くのに気がのらない最大の原因であるが、私にはそんなものを書くのがまだ早すぎる気がする。これはいわゆる功成り名を遂げて、文学的位置が確立した人がはじめてなすべきものであろう。私は年齢こそ若くないが、文学歴は前にも述べたように極めて浅い。まだ駈け出しである。作風も安定してはいない。これからどう変るか自分にも見当がつかない。また、意識して変えなければいけないと思っている。絶えず未知の世界を探りたいという好奇心に燃えている」と書き、続けて「こういうふうに考えていたところ、それなら気ままな回想記ということで書いてはどうかとすすめられた。何を書いてもいいというし、勝手にどの時代にふれてもいいという。必ずしも年代順に追わなくてもいい、思いつくまま、あのころ、このころというふうに順序を無視して過去をとび回ってくれて結構だといった。それで、私の心が少し動いた。すすめ上手である」と書かれたのである。

その時、清張さんは五十四歳、すでに『点と線』『眼の壁』というベストセラーを書き、六一年には文壇最高所得者となり、直木賞選考委員に就任されていた。確かに自伝というより回想録をというお願いをしたが、これほど謙虚な自己認識を持たれていたのかと、改めて感じ入った。この連載は六四年一月号で終り、単行本も『半生の記』と改題して河出書房新社より刊行した。のちに何人かの編集者に「あれは書きたくなかった」と洩らされたことが耳に入ったが、私はむしろこの本で清張さんの強靭な虚構の精神が立証されることになったと思っている。

清張さんの担当になったことは、原稿回収についての強い気持を鍛えるのに大いに役立った。編集者が軟弱な気持で多忙な書き手に迫っても、回収できないことがある。殊に間に合うかどうかの瀬戸際では、時空間の枠を超えて接触することが肝要だ。その意味で、浜田山にあった清張邸に自転車で通える荻窪に住んでいることが、私には幸いした。土・日をめがけてしばしば自転車で通った。

吉本隆明を担当する

復刊した六二年は下半期に入るとますます多忙になり、殊に年末回顧的な小特集と新年号企画に追われるようになっていた。まず新年号の小説特集への執筆確約のために丹羽文雄氏宅へ行く。深沢七郎氏からは復刊当時に執筆中だった「枕経」を早目に受領してくる。また「本年度の収穫」欄は山本健吉、吉本隆明、村松剛氏に年間時評ふうの文章を依頼し、「私の本年度ベスト・ワン」なるアンケートを実施することになる。そのうち私は吉本隆明氏を担当することになり、「詩的乾坤」という四十枚のエッセイを受領した。ここでは中村真一郎「現代詩への希望」、亀井勝一郎『王朝の求道と色好み』、山本健吉『柿本人麻呂』にふれて、「批評家たちが日本の文学と思想の原型のもんだいをもとめて、いやおうなしに『詩』に突入するさまをまざまざと感じた。そして、わたしたちが『雑種』的と『純粋』的以外にこのもんだいに取りくめていない現状をあらためて考えないわけにいかなかった」と批判的に総括している。また「これほど、この一年間何もなかったのだ。詩的乾坤は空虚、暗黒、風化の季節である。平野謙を勧進元とする『純文学と大衆文学』論争、中村真一郎ら失墜した第一次戦後派を貸元とする『全体小説』論など、主動者の狙い自体がかつて横光利一がやった『純粋小説論』とおなじように、あらたな現状満足の衣裳をまとうための遁辞、いいかえれば『純文学にして通俗小説』の再版にすぎない。現在の現実的情況でアクチュアリティや全体小説などという概念をもち出せば、必然的にそこに落ちこむほかはないのである」と書き、この年に刊行された中村真一郎『恋の泉』、野間宏『わが塔はそこに立つ』にふれて、「『恋の泉』の作家も『わが塔はそこに立つ』の作家も、社会の情況の空洞と暗黒を、自己意識のなかの空洞にみつめるべきである。それは、かつて戦後の出発にさいして彼らが所有し、いまかれらが喪っている洞察力と内的な凝視力にほかならない」と手厳しい注文をつけている。同じくこの年に刊行された安部公房『砂の女』については「『砂の女』は、いままで子供だましの寓喩小説や諷喩小説しかかけなかったこの作家のゆいいつの暗喩小説である。なにがこの作家の喩を暗喩に跳躍させたのか。もちろん政治的な挫礁感と不安感が情況の底にはじめてわずかに、だが決定的にとどいたことを意味している」と評価している。

　ところで、「ベスト・ワン」アンケートは六十二人から回収できたが、『砂の女』が十一票で『わが塔はそこに立つ』が十票の一票差であった。復刊の年の「文藝」からは詩や評論、戯曲に幾票か入ったが、小説部門では『悲の器』が二票入っただけである。

　私自身はこの年何をしたか。前述したように自力で企画し受領した原稿は金子光晴「姫鬼」、真鍋呉夫「単独飛行」だけで、駆けだしとはいえ寂しい限りであった。もっとも好評だったのは、編集長命令で依頼に行き受領した吉田秀和「中原中也のこと」である。十八歳の吉田氏が二十二歳の中也と出会い、七年後の中也の葬式にいくまでの交遊が、詩作品を引用しつつ深い思いで淡々と述べられている。掲載時から格調の高い出色の文章と思われたので、好評は嬉しいことであった。

6 正宗白鳥の死と小林秀雄への依頼

十二月号の出張校正室に通っていた十月二十八日午前十一時、正宗白鳥が他界した。〝巨星墜つ〟の感があった。「文藝」は復刊二号（四月号）から「白鳥百話」と題するエッセイの連載中で、十月号の七回目を書き終えた後、入院中であった。担当者が病院へ度々通い、夫人の話などを聞いていたので、編集部に異様な緊張が走った。新聞はスイ臓ガン、あるいは老衰と伝えた。享年八十三歳。編集長は入稿済みの編集後記を引き上げ、全文を白鳥に関する記事に書き変えた。そして次号の六三年新年号で正宗白鳥特集を組むことを決めた。

　私はまず井伏鱒二宅に行って回想文を依頼した。次に、何度か逗子の堀田善衞宅に行ってようやく新年号からの連載エッセイ「なかじきり」の約束をとりつけたところだったので、もう一度訪問し、第一回には正宗白鳥をテーマにするようにお願いした。井伏氏も堀田氏も快諾されたので、その分白鳥の存在の大きさを思わずにはいられなかった。

　もう一つ大きな仕事が残っていた。編集長が白鳥回顧の対談を小林秀雄と河上徹太郎にお願いしようと言ったのだ。誰が考えても強い企画といえた。河上氏にはすでに十一月号に「文学の実体喪失」という評論を掲載し、担当の部員が決まっていたので、私が小林氏に依頼することになった。実は以前に小林氏宅を訪ねたいと思い、何度か電話をかけたことがあったが、その都度、忙しいからとか、河出さんには縁がないからとかいって断られていた。それで直接鎌倉の小林宅を訪ねるしかないと思い立った。逆算すると締切まであまり日数が残されていず、雨の日であったが、同じ時間に両氏を訪ね、編集部を媒介して実施日の日取りを調整する、と打ち合せて鎌倉へ向った。鎌倉に着くと雨が激しくなり、そのうえ風も強くなっていた。小林氏宅に着いた時はずぶ濡れになっていて気後れがしたが、思い切って玄関をあけて中へ入った。すると三和土《たたき》に敷きつめられた玉砂利に雨滴が落ち、たちまち変色していった。動転して突っ立ったまま案内を乞うと、小林氏自身がすぐ出てきてこちらを見ると、「乾いたタオルを持ってきてくれ」と声を出された。

用件を話すと、「白鳥さんのことなら」と快諾され、小林氏宅の電話を借りて日取りも決まった。欣喜雀躍して帰途についたが、この日の経験は四十年経過した今も目に焼きついている。風雨に打たれたことが、少しは後押ししてくれたのではないかと思った。

対談の当日はハイヤーを頼んで東京駅まで迎えに行き、湯島の料亭に向った。車の中で何も口をきかないのも変なので、小林秀雄がかつて役員をしていた創元社のことなど話題にした。河上氏はすでに待機していて、「白鳥の精神」と題する対談は順調に始まり、終った。

小林　（略）正宗さんというのは、書いてるものを重んじないだろう、ちっとも。書いてるものを重んずる人はぼくには面倒臭いのだな。だから正宗さんみたいにぜんぜん重んじない人にはね、まだもう一つ先があるのだ。文学よりもう一つ先のものがある。それがいつも頭にあってね、文学なんてものは手前のものでね、別にどうということもないという考えがいつもあるだろう。

河上　そういうところも菊池（寛）さんと同じだろう。

小林　それも菊池さんだ。ああいう精神というものは私には魅力があるのだな。そこが非常にサバサバしているのだ。サバサバして純粋だね。

（略）

議題の中心でないこういう会話が耳に残った。この対談は成功したと思った。

一九六三年前半

モームの「回想」のことなど

7

一九六三年（昭和三十八年）の「文藝」は編集長の坂本一亀のほか、部員のほとんどが「正宗白鳥特集」にかかわったので、何となくその他の企画が沈んで見えた。しかし、表紙にだけ「新年創作特集」と刷りこんだ小説欄は、前年の復刊三月号以降、初めての執筆者が並び、新連載の阿部知二「裂氷」、中村真一郎の「空中庭園」のほか、丹羽文雄、佐多稲子、深沢七郎、三島由紀夫、島尾敏雄、椎名麟三の短編群はすべて、ほぼ一年前に主として編集長がまず声をかけ、担当者が回収した原稿であった。ただ、三島、椎名両氏からは戯曲をもらったことがあるので、二度目の登場である。

このうち、私が依頼から回収まで担当したのは丹羽、深沢両氏の原稿であった。丹羽氏には、復刊に際し、編集長が挨拶に行っていたが、私は新米編集者として初めて自宅に伺い、面談し、さらに締切が迫ってからも再訪して念を押す、という手順をふんだ原稿だったので、校正にも緊張して立ち向った。丹羽氏宅ではいつも玄関脇の応接室に通され、小一時間ほど話しこむこともあったが、いつも緊張していたせいか、辞去するきっかけをつかみかね、ぐずぐずしていた。迷惑をかけたに違いない。原稿は太字の万年筆で書いたと思われる筆勢の強い、癖のある書体で、当初読み難かったものの、校正段階では癖を覚えて何とか読めるようになった。首尾結構のきっちりと整った手堅い小説で、「囃子の夜」という題も適切なものと思った。深沢氏の「枕経」という短編は、復刊当初に依頼しひと月前に受領した原稿で、医師の安楽死を主題にした短編であった。看護婦や見舞客のざわめきが明るく描かれている病棟に、瀕死の病人が横たわっている状景が印象的に描かれ、『楢山節考』に通じる死生観とニヒリズムが漂っていた。

　この号からはもう一つ、デスク作業だけであるが担当がふえた。サマセット・モームの自伝「回想」の連載である。これは出版部で単行本の版権を獲得していた作品であるが、出版部と編集長が相談して「文藝」でも雑誌掲載権を取り、連載形式で分載することになったものである。前年から海外文学の作品は、ムシル「トンカ」（川村二郎訳）、マラムード「魔法の樽」（宮本陽吉訳）、ベケット「鎮められぬ男」（清水徹訳）、テンドリャコフ「激流」（原卓也訳）などを掲載し、特色の一つとしてきたが、海外文学は適当な長さの新作短編がなかなか見当たらず企画難に陥りつつあった。これらは海外文学担当の出版部員との共同作業となり、一行ずつ吟味して、何度も訳文に手を入れてゆく出版部員の根気を要する作業ぶりに、目を見張る思いをした。どのような名作でも訳文が拙《つた》なければ価値をそこなうこと、推敲とはまさにこのような作業をいうのだと、身をもって教えられた。結局、この「回想」は七月号まで一部を訳出掲載し、後日単行本として刊行されることになった。

甘党の文豪

　この号で印象に残った仕事をもう一つつけ加えておきたい。「正宗白鳥特集」の一環として、井伏鱒二氏より「正宗さんのこと」という十五枚ばかりの原稿を頂戴したが、井伏氏が関東大震災の翌々年、聚芳閣という出版社に勤めていた頃、正宗白鳥の長編小説『人を殺したが』が刊行されたという話で、その校正が出始めた頃に正宗氏から電話があり、近くまで来ているので訪ねるとのことで、聚芳閣の社長があわてて羽織を着て電車通りへ出迎えにいったという。編集室のみんなも色めき立って来訪を待ち受けた。「私たちは立ちあがつて正宗さんにお辞儀をしたが、相手は黒い折鞄を肩に担ぐやうな恰好で持つたまま、すつとドアの向側に入つて行つた。／『ああ、小学生が学校から帰つたときの恰好、そつくりだ』と、松本清太郎という編輯部員が云つた」と井伏氏は書いている。

　実はこの挿話と同じような状景に私たち河出書房の編集部員も数十年後に立ち会うことになったのだ。前年、正宗氏の最後の連載となった「白鳥百話」執筆中は、軽井沢から何度か正宗氏自身が会社へ原稿を持参されたのである。出版部の竹田博が長年正宗氏担当で親しく、正宗氏は小ぶりのボストンバッグを持って、いきなり編集室へすーっと入ってきて、竹田さんの近くの空いた席へ坐られた。新人編集者の私たちは目くばせしながら、見ないようにして見ていた。というのも、正宗白鳥といえば私たちにとっては文学全集や岩波文庫で親しんだ文豪であり、特に『人を殺したが』は実存主義的な観念小説の元祖として愛読したことがあった。竹田さんは必ず正宗氏を近くの甘いもの屋に案内し、二人で蜜豆などを食されるとのことだった。二人とも大の甘党だったのである。井伏氏は正宗氏を先輩として敬愛しておられ、何度か別の随筆にも書かれている。後年、私も井伏氏から直接正宗氏に関する挿話を伺ったこともあった。

　正宗氏の柏木教会での葬儀には私たち新人も手伝いに行き、自動車の交通整理係を担当した。作家の葬儀をお手伝いした最初の経験であった。

入沢康夫、高橋新吉、会田綱雄、吉田一穂、そして岩田宏の詩論 8

　二月号は年内に校了・下版をしなければならな

い、ということは知ってはいても、実際に経験するのは初めてである。通常文芸誌は月号の数より前の月の七日発売と定められている。いつ、どのような理屈でそう決められたのか、いつか調べようと思っているうちに四十年以上経過し、未だに不明である。新年号は十二月七日に発売となり、二月号は翌年の一月七日に発売となる。ところが印刷工場も製本所も年末年始の休日があるので、校了日も原稿締切日も一週間は早くなる。雑誌経験者の少ない編集部に対して、前もって製作部よりスケジュール表がきて、進行を早めるよう言い渡された。

　そのことを勘案してか、二月号は詩特集であった。執筆者数はふえるが、集稿は比較的楽である。それも新年号と同時進行で依頼は早目に済ませてあった。私は入沢康夫、高橋新吉、会田綱雄、吉田一穂の四氏から詩稿をもらい、岩田宏氏から詩論の原稿を頂戴した。岩田氏のロシア文学者としての本名、小笠原豊樹訳の訳文の明晰なことに日頃から感服していたのでやや緊張したが、帰途の電車の中で原稿に目を通すと、「詩のことばの自由」と題する格調の高い詩論であった。

「ことばは、つねにわたしたちの内部にあり、ことばの自由を決定する鍵は、わたしたちの現実意識が握っています。だから、ことばがはらんでいる危機は、わたしたちの自発的なことばそのものによって解決されなければなりません。肝心なのは、伝統や商品をつくらないこと。それだけの注意で、わたしたちの詩はよほどちがった様相を呈し始めるかもしれません。」

「自発性と永遠の中間には、無数の視点を想定することができます。どんな視点に立とうとも、詩人は、伝統その他の名において立ちあらわれる自由な内的衝動の敵たちと戦う海綿であることをやめないでしょう。それが、ことばの自由と密着して生きる詩人の、唯一の不自由なのです。」海綿体としての詩人ならではの、深い洞察力にみちた文章と思われた。

石原慎太郎の力作と荒正人の評論

　この号ではほかに石原慎太郎氏の小説「白い小さな焔」、荒正人氏の評論「殉教の否定」、金子兜太氏の随筆「抽象随想」も担当した。石原、荒両氏には半年ほど前から接触して依頼をしていた。石原氏には当初新年号に依頼していたが、締切日より遅れそうな気配だったことと、こちらの「正宗特集」で頁が不足気味となり、相談のうえで二月号に延期した。父と子の葛藤を主題にした小説で、主人公の求心的な自己追究が真摯に描かれた力作であった。荒氏には編集長が小説を頼んだらどうかと言ったので、その旨言ってみると、高い声で笑われた顔が記憶に残っている。この評論は時事的にエフトシェンコと正宗白鳥にふれた鋭い考察が書かれていた。たとえば、白鳥の文章を引用し、

「『殉教の強要、死後の復活、キリストの再臨などは、私にとつては、キリスト教の重点であると感ぜられながら、それに疑ひを寄せて、一生未解決で過したやうなものである』――私は、この言葉をそっくり信用する。そして、臨終の床で、アーメンと言ったことを信用する。だが、それは、白鳥が虚無と懐疑の人であったことを承認することでも、篤信のキリスト者であったことを肯定することでもないし、ましてそれを墓場に持って行く秘密にしていたと主張するものではない。（略）体裁より本心を、恥の意識より罪の意識をと望むからである。罪の意識のない地点で、虚無や懐疑は初めから成立しない」

　といったふうの文章であった。正宗氏逝去の際に、キリスト教信者として亡くなったという報道に対して、二、三の文学者が懐疑的に反応した追悼文に対する荒氏の批判的回答であった。これは前号で紹介した小林秀雄・河上徹太郎対談「白鳥の精神」の中で、「宗教の問題も現代では、通念としてしかもう現れない。不思議だな。宗教というものを誰も、もう考えてないのね。ぜんぜん考えてないのよ。宗教というようなものが、そういう大変パラドクシカルなものであるということはぜんぜん考えてない」という小林氏の発言と共通するものがあり、興味深かった。

そのほか、松本清張「象徴の設計」、堀田善衛「なかじきり」の連載担当があったが、両氏ともに二月号の締切が早いことを心得ておられ、特に支障を来たすことはなかった。ただ原則として、著者校正をお見せすることにしており、原稿を遅く受領した時など、校正ゲラを届けた翌日に回収しなければならないので神経を使った。帰途に寄り道をして郵便受けにゲラを入れておき、翌日回収に伺うというやりかたが多かった。殊に逗子在住の堀田氏の場合は往復するだけで半日はかかるので懸念されたが、幸い近親者に東京勤務の人がおられ、その勤務先で受け渡しをすることになった。

表紙絵の巨匠たち　9

この年になってから、雑誌としての体裁も少し変った。十二月号まで全頁8ポイント活字で組まれていた本文のうち、小説欄だけは9ポイントに変更された。他誌はほとんど9ポで組まれて読みやすくなっており、執筆者や読者の要望も強くなっていたので当然の措置であった。

また表紙絵は前年、加山又造画伯の日本画で通したが、六三年になってから、毎号別の画家にデッサンを依頼することになった。墨一色では地味になり過ぎるので、背景に二色ぐらいの色をつけることになったが、表紙担当者としては頭の痛いことであった。前年まで五色で印刷していたが、できれば三、四色であげてほしい、というのが製作部からの注文だった。幸い小磯良平氏に依頼した表紙絵は両手を頭の上にのせた女の、さわやかな素描にうっすらと肌色の影をつけたもので、効果があがっていた。二月号＝麻生三郎、三月号＝林武、四月号＝棟方志功、五月号＝高橋忠弥、六月号＝柳原義達と続いたが、予期した通りにはなかなか事が運ばなかった。当初は目次、本文カットも表紙絵を書く人に依頼することになっていたが、三月号以降はその方針が崩れた。林武画伯は表紙絵を依頼するのがせいいっぱいで、カットまではとても頼むことができなかった。美術関係者に相談すると、大家は通常カットは書きなれていないこと、画商が値崩れを防ぐために画家にカットを書くことを禁じている場合もあることなど伺った。また大家の場合、デッサン帖を借りて複写し、切り取って使う場合もあることもわかった。

三月号の目次、本文カットは香月泰男氏に依頼し、効果を上げた。四月号は表紙絵の棟方志功氏にお願いしたところ、書いてみようと言われ、寸法指定書を手渡した。締切日に伺うと寸法通りのカットが出来ており、巨匠にこのような注文仕事をしていただいたという感慨が胸に迫った。恐縮のあまり膝がふるえた。五月号は海老原喜之助氏に表紙絵のお願いをしたが、逆にカットならばやってみようと言われた。この時も長時間世間話の相手をして下さり、闊達な性格が魅力的だった。総じて巨匠達は虚心坦懐で、どこかで文芸誌を大事に思われているという気持が伝わり、元気が湧いたものだ。

雑誌の体裁の変更が年の替り目に実施されるのはよくあることだが、四月号から減頁になったことには少し驚いた。これまで標準号は二百五十六頁、特大号は二百八十八頁か三百二十頁であったが、標準号が二百二十四頁となり、八月号以降は百九十二頁となった。いうまでもなく製作原価を抑えるためであったろう。定価も十円値下げをしたが、雑誌の勢いが減退したように感じられたことは否めない。

実は新年号の表紙絵を五色刷から四色以下にするという指示が来た時、ひそかに返品の増加からくる赤字幅の拡大を予想したのだが、編集長からはとりたてて詳しい話はなく、経費節減ぐらいに思っていた。しかし減頁は少なからず気持を萎えさせることになった。

一回で終わった連載

三月号は復刊一年目で、「文藝賞」中・短編部門で真継伸彦の「鮫」（二百三十枚）が当選作となり、全文掲載した。選考委員五氏のうち、福田恆存、寺田透委員は当初選外佳作一位が望ましいという意見であったが、中村真一郎、野間宏、埴谷雄高の三委員は、欠点はあるが当選作でいいということになり、福田、寺田両氏も賛同されて決定した。高橋和巳についで「文藝賞」から二人目の作家が出たことになる。

この号で私の担当は少なかったが、編集長が以前に依頼していた十返肇氏の評論をフォローすることと、前年に「中原中也のこと」を書いた吉田秀和氏に、自分の発案で文明論的なエッセイを依頼することであった。十返氏はかつて話題になった『贋の季節』に呼応する『崩壊の季節』と題する長編評論を意図されており、その一回目「過渡期の文学的生態」をもらった。二、三カ月おきに断続的に掲載する予定であった。表題の右肩に〈崩壊の季節・一〉と付けたが、実は二が書かれることはなかったのである。

その年の七月に十返氏は築地のがんセンターに入院し、八月二十八日に逝去された。私も築地に一度だけお見舞いに行き、通夜には北原武夫氏を案内して出かけた。十一月号に編集長が依頼して、伊藤整氏が「十返肇の思ひ出」を書かれた。十返氏は伊藤氏の日大芸術科での教え子であった。それによると、亡くなってからの二週間に追悼文が十三編書かれたということだった。そのなかで伊藤氏は、「文壇には、小説でも批判でも、花々しく売りものになつたものは信用しない、といふ気風が確実に存在する。派手であればあるほど、それは商品であつて、その人物の本質でないと見られる。文壇内にゐるときは、文士として、逃れることのできぬ実生活的、と言ふか下世話な、と言ふか、底部からの批判を受ける。さういふ意見を発行する人間がゐる。戦後の文壇ではさういふ人の代表的な人が十返君であつた」と書かれた。この追悼文で、作品論や作家論のほかに、文壇状況論のようなものも批評家の役割であることを知った。

伊藤整氏の評論家廃業宣言

ところで、四月号に伊藤整氏から評論をいただく予定になっていたのだが、突如衝撃的なことが起った。伊藤整氏の評論家廃業宣言である。

二月の初め頃、編集長の命令で、伊藤氏へ原稿依頼に伺おうとして、電話をかけた。てっきり以前に編集長が下話をしていて、念を押すための訪問と思いこんでいた私は、電話で言ってくれ、という伊藤氏の言葉で、評論のお願いに伺いたいと言うと、原稿は承知したとあっさり承諾された。締切日の前にもう一度電話すると、その日は外出するのでわかるようにしておく、ということだったので久我山のお宅に伺い、封筒に入った原稿を受領し、歩きながら原稿を覗いてみた。そして驚いて駅の公衆電話で編集長に電話した。「一つの感想」という表題の原稿の冒頭に次の文章が書かれていた。

「私はこの頃、『求道者と認識者』といふ評論集を出したが、考へてみたら、自分が三十年以上も文芸評論といふものを書き続けて来たことが分つて愕然とした。評論といふ仕事はもうやめようと私は考へてゐる。興味がなくなつたし、理窟として考へてみたいほどの事は考へてしまつたやうな気がするからである。舌足らずと取られ、独り合点と取られても仕方がない。私の限界が来た。私の貧弱な頭では、これ以上書くことは、同じことの繰り返しである」

編集長も驚き、のちに電話で伊藤氏と話したようだったが、四月号に掲載された。毎日新聞の「文芸時評」で平野謙氏は半分ぐらいの紙幅を使って「一つの感想」について述べた。「いちばんショッキングだったのは、小説作品ではなくて、伊藤整の『一つの感想』という評論だった」「これからは自分を監視する眼をゆるめて、自分のさまざまな衝動を解き放ってもいいときがきたようだ、という伊藤整のささやかなマニフェストを、私はマトモに受けとめたい」「伊藤整には以前から『芸による認識』という独得の発想があって、芸術上の次元と実生活上の次元とを同一視していないことだけはたしかである。おそらくコチタキ評論などによってではなく、実作的に芸の構造をつきとめることによって、その困難な問題を解決したい、というのが伊藤整の真意だろう」

復刊号に伊藤氏が書いた「純文学像の推移」を読んでも、平野氏の純文学についての考え方に対立しているようにも、補完しているようにも思われたが、小説論の相呼応するライバルを失うことは、平野氏にとっても痛手であったろう。それにしても、このような原稿を一度も面談しないまま、一方的に受領したことは、自分に責任はないにしても何となく後ろめたい思いに駆られた。

気になる同世代の四人の作家

六三年の前期で小説を担当したのは、新年号の丹羽文雄、深沢七郎、二月号の石原慎太郎のほかは、五月号の開高健「見た」、六月号の坂上弘「暖かい日」の二編だけであった。文芸誌の編集者になって一年あまりが経とうとしているのに、まだこの程度の小説原稿しかもらえないのか、という情なさと焦りと、後発の雑誌としてはこんなものだろうという気持とが交錯していた。

その頃はもう担当する作家も数多くなっていたが、私は、編集長がいつか言っていた言葉——編集者は同世代の作家とともに成長するものらしい——が胸に停滞しており、石原慎太郎、開高健、大江健三郎、江藤淳の四氏の動向が気になり始めていた。私は事あるごとに四氏を訪問するように心がけ、ようやく石原、開高氏の小説がもらえたのだった。殊に開高氏は住居も自宅に近く、また話し合いの時間も充分にとれたので、いずれ連載か長編を取ろうと内心で決めていた。ところがこの頃は、四氏とも毎年のように海外へ出かけられ、スケジュールに割り込むことが困難を極めた。このなかでは石原氏が六一年より日生劇場の取締役となり、連絡が取りやすくなっていたし、芥川賞受賞（一九五六年）以後の繁忙期から時間も経っていたので、長編にも着手してもらえる可能性があった。大江氏はこの年「日常生活の冒険」の連載が「文學界」で始まり、五月号では、「新潮」に「性的人間」を発表するというふうな多忙ぶりで、「文藝」はこの年から始めた半頁のコラム〈初対面〉に「石川淳先生」を書いてもらうのがせいいっぱいであった。また江藤氏は前年より米国プリンストン大学に留学し、この年さらに同大学で教員に採用されて渡米中であった。前年のその合間に一度お宅を訪問したが、すぐまた引越しをするということで、大きな荷物が部屋中に積み上げられていた。

このような状況の中で「見た」は発表されたが、主人公の学生が大阪の貧民窟の文房具屋の一室を借り、「二十世紀ペンフレンドの会」といういかがわしい名称のもとで、手紙の翻訳をして暮している日常を描いた短編である。その頃開高氏からよく聞いた金子光晴の『マレー蘭印紀行』の影響が大阪の裏町の描写に伺われたが、鬱屈した青春の気分が色濃く漂う佳作ではあった。しかし、開高氏はすでにこの作品の連作にあたる「太った」（「文學界」二月号）「笑われた」（「新潮」三月号）などを書いており、この直後に筑摩書房刊の『見た揺れた笑われた』に収録されたから、原稿をもらえた喜びも半減した。

坂上氏の「暖かい日」は河上徹太郎氏が読売新聞の「文芸時評」で取り上げた。それによると「『暖かい日』は、一寸変人で終りに発狂する女性が描いてあるが、この作者のいつもの甘つたるい少年の春情のやうなものを出さないで、客観的な風俗描写で筋が通つてゐる。（略）このやうな『巨大な会社機構の中の人間疎外』といふことは勿論それが現代社会では、大きな問題だが、小説で扱つて一つの個性的な現実として生かすのは実は困難なことなのである」とあった。記述の一部分に腹を立てたが、取り上げられたことには感謝し、満足した。

結局、六三年上半期に「文藝」に掲載された小説のなかで、もっとも話題になったのは編集長と別の部員が担当した福永武彦の「忘却の河」であった。平野謙氏が「文芸時評」で次のように書いた。「五十五歳になる平凡な男性のほとんど公約数的な過去と現在にすぎまい。しかし、そういう主人公を設定しながら、そこに『忘却』の意味賦与を新たにすることによって、現代小説を書きあげようとした作者に、私はやはり同感するものである。すくなくとも『忘却の河』には、私自身の貧しい過去と現在を喚起させるものがあった」

一九六三年後半

絵の連載

⑩

一九六三年（昭和三十八年）の後半に入って、「文藝」の目次はようやく活発になってきたように思われた。頁数が少なくなったことで、編集長は若干の軌道修正を余儀なくされ、それが却って、企画の上で鋭さを増してきたのである。たとえば、復刊号以降の連載だった佐藤春夫「美女日本史」、松本清張「象徴の設計」が六月号で最終回を迎えても、それに替る新連載は準備せず、見開き二頁で終る〈えと文〉や〈作家アンケート〉欄などを新設して変化をつけようとしたし、何よりも小説欄を短編小説主体に切り替えようとした。

〈えと文〉欄の企画は、復刊当初から紙面が硬過ぎるという「文藝」への批判に応えようとしたもので、企画会議では私も推進したし、すぐに絵を画く著作家として石川達三、草野心平、梅崎春生氏などを想い浮べて、執筆依頼に赴いた。石川達三氏は当時アマチュア画家としても著名で、お宅へ伺うと、近作のスケッチ帖なども見せて下さり、結局、湯河原温泉の旅館街を裏側から見た風景画の水彩に決めていただいた。四月号に「私たちは小学生の頃から、精密な描写がすなわち絵であるという教育を受けてきた。そういう考え方から脱出するのに私は十年かかった」「（自由に描く）ということはむずかしいことだ。自分で自分の絵を発見しなくてはならない」などという文章とともに見開き二頁にまたがって掲載した。淡色の水彩で効果的だった絵が、墨一色のハイライト版では沈んで見えたが、奥行のある風景画の趣は出ていた。

梅崎春生氏宅へ伺うと、氏は別室からまだ水墨で紙が濡れているような絵を両手にひろげて持ってこられた。その動作にも滑稽感が漂ったが、私は思わず立ち上がって絵をのぞきこんだ。カレイが一尾横たわっている。濡れているように思ったのは錯覚で、頭部に水墨が重ねられたせいで、裏まで滲んでいた。『文藝』の需めに応じて書いたのはカレイ。近所の魚屋から百二十円で買つて来た。私はカレイが好きである。味ではなく、その形が面白い。表が黒で裏は白。裏表があるところがまづ好もしい。しかも両側にひとつづつあるべき眼が、表側に二つともかたよつてゐるのも愛嬌である。この魚が泳いでゐるのを見たことはないが、ふつうの魚のやうに縦になつてではなく、団扇をあふぐやうにぱたぱたと泳ぐやうな気がする（後略）」と六月号でユーモラスな文をつけられたが、確かに斜め上から見たにしては両眼の位置が少し近いような感じのカレイが端正に写生されていた。氏によると、絵を始めたのは昭和二十五、六年頃で、いきなりホッケのヒラキを油絵で描いたという。夫人が日本画を勉強中であることも聞いていたが、このカレイは日本画風に見えないこともなかった。

ただ、この機会に私は梅崎氏との距離が少し近くなったことを感じた。それまでにも小説原稿の依頼をしていたが、いずれ考えてみようというふうな返事しかもらえず、なかなか具体的な話にならなかった。本当はこの時期こそ、「群像」連載の「狂い凧」が完結したばかりで、短編の執筆依頼を執拗にお願いすべきだったのだ。しかも、後になって認識したことだが、病身で寡作の梅崎氏はその頃「新潮」と「群像」に交互に作品を発表されており、強力な編集者との関係が出来上っていることを想像すべきであった。これらのことは経験の浅い編集者の腑甲斐なさを思い知らされる契機となった。

草野心平氏の絵は「雲」と題するパステル画で、豪快に雲の流れる様を白く残し、空の部分は墨で塗りつぶされていた。当時、心平さんは胃潰瘍の治療のため、蓼科高原で静養中で、電話でお願いして郵送していただいた。絵の側には「天という固定財産と時間。その一秒のmovement」などとイタズラ書きをした、と文章にはあった。

〈作家アンケート〉の面白さ

〈作家アンケート〉は「現代作家シリーズ」の一環として、坂本一亀編集長が企画し、作家論と併せて六月号より継続して掲載した。この年の五月、河出書房は〝創業七十七周年記念出版〟とうたって、『現代の文学』という全四十三巻の全集を企画し、第一回配本として「松本清張集」を発売した。編集委員は川端康成、丹羽文雄、円地文子、井上靖、松本清張、三島由紀夫の六氏で、出版部では自信を持っていた。一九五七年（昭和三十二年）の倒産以降、初めての新企画による日本文学全集の刊行に編集長はPRを買って出たのである。あるいは会社の要請があったのかもしれない。かつてのマルセル・プルーストあての質問状に典拠したアンケートの設問は、問われた作家の性格や人柄をよく表すものとして好評だった。第一回のアンケートの相手は、全集第一回配本の松本清張。作家論を多田道太郎氏が執筆し、併せて「現代作家シリーズ」と称した。

たとえば、「あなたが一番いやなことは？」という設問に、松本清張は「悪口」（六月号）、丹羽文雄は「卑怯」（十一月号）、三島由紀夫は「人間関係の粘つき」（十二月号）などと答え、「あなたが寛大になれない過ちは？」という設問に、松本は「嘘」、丹羽は「自分のことのように第三者を律すること」、三島は「私の寛大さにのしかかること」などと答えて、存外にこのアンケート回答は当人を端的にあぶり出しているように思われた。「あなたの癖は？」「あなたの性格の主な特徴は？」「あなたの主な美点は？」などという設問が三十項目並んでいた。これに当該作家の作家論十五～二十枚を文芸評論家に依頼して併載したのである。

作家論もなかなか力作が多く、全集の配本に合わせて、五味川純平＝尾崎秀樹（七月号）、川端康成＝森茉莉（八月号）、石坂洋次郎＝磯田光一（九月号）、丹羽文雄＝日沼倫太郎（十一月号）、三島由紀夫＝高橋和巳（十二月号）と続いたが、川端康成集配本月の八月号と谷崎潤一郎集配本月の十月号でのアンケートはこの全集に入っていない石川淳と埴谷雄高に依頼し、作家論も石川淳＝粟津則雄、埴谷雄高＝丸谷才一とした。これは編集長の一存で企画されたことであったが、この時私はさまざまな編集長の事情を感じ取った。まず川端・谷崎は当時の文壇としても最高齢の長老であり、ぶしつけな設問をふくむアンケートを回避したい気持になったことが想像されるが、そのほかに、たとえ全集応援企画とはいえ、「現代作家シリーズ」と銘うった以上、編集長として関心の深い石川（淳）・埴谷を早めにシリーズに登場させたかったに違いない。さらにいえば、「文藝」の生み出す赤字がふえてきて、社長及び営業関係の圧力が強くなり、辞任の時期を考え始めていたのかもしれない、と臆測もした。ただこの二人のアンケート回答はすこぶる興味をひくものだった。

たとえば「あなたが一番いやなことは？」に対して石川淳は「料簡のいやしいもの」、埴谷雄高は「こうとしか考えられぬこの思考法」と答え、「人生の最大の不幸は？」に対して、石川は「幸福をありがたがること」、埴谷は「群棲しているのに単独者であること、或いはその逆」、「あなたが寛大になれない過ちは？」に対して、石川は「鈍感の罪」、埴谷は「子供を生むこと」と答えていた。

この企画では、私自身は日沼氏の「丹羽文雄的原点」（十一月号）のほかは、石川、埴谷、丹羽三氏のアンケート回答をもらった程度しか担当していないが、それぞれ熟読した記憶がある。

その中で高橋和巳の「三島由紀夫小論」（十二月号）は出色の作家論で、数年後の三島事件を暗示するような分析が加えられていた。冒頭には「戦争中、若者たちが軍事教練に汗くさい臭いを発散させていたとき、三島由紀夫は清冽な処女作『花ざかりの森』をかいており、戦後、平和と民主主義が謳歌されたころ、ラディゲに仮託しつつ〈夭折の美学〉を説いていた。そして左派の青年たちが『若者よ、からだを鍛えておけ』とむなしく歌いほうけていたとき、ほんとうに肉体を鍛えていたのは三島由紀夫であった。あるいは、被害者の自己正当化にたいしては強盗の名誉を、怨嗟の真実にたいしては仮面の倨傲を――。（略）このわずかな挙例からもじゅうぶんに見てとれるのは、みごとな反撥の経歴であり、それを維持しつづけた硬質の知性である」という前文を置き、『仮面の告白』『禁色』『金閣寺』などの分析ののち、「主人公はその美への復讐として、いいかえれば美との無理心中によって、金閣を焼くわけだが、この作品はニイチェが権力意志を座標軸において道徳史をかきかえたごとく、美を中軸とする価値体系がひとつの史観としても有効でありうることをしめしている。事実、やがて美のまえにたじろぐ人間の現実は、破壊の予想のまえにたじろぐ現在という破壊のがわからの三島史観が創出されようとする。それはなお未完成であるけれども、やがて三島由紀夫はそれをやりとげるであろう」と書いていた。

文芸時評に取り上げられた二作 11

復刊二年目に入った六三年下半期の「文藝」は、いくつかの話題作を掲載することができた。初めて芥川賞候補になった井上光晴「地の群れ」（七月号）、岸田戯曲賞を受賞し俳優座での上演が決っていた四幕の戯曲、山崎正和「世阿彌」（十月号）、多くの反論を呼び込んだ奥野健男『政治と文学理論の破産」（六月号）などである。いずれも編集長の企画であり、私の担当ではなかったが、井上光晴氏宅には何度か原稿受領の使い走りをした。

私自身は上半期と変らず、堀田善衛の連載評論「なかじきり」、松本清張の連載小説「象徴の設計」（六月号で完結するが、八月号より「回想的自叙伝」を開始）をはじめ、S・モームの「回想」、五月号より三回連載となった大岡昇平「ソ連紀行」、九月号より三回連載の三好十郎「戦争日記」、五月号より四回連載の遠藤周作「文芸時評」、前年十二月号に一回が掲載されながら何かの事情で、一年後の十、十一月に二、三回を掲載した瀬沼茂樹「有島武郎伝」など、多くの連載を担当した。このうちモーム、三好十郎、瀬沼茂樹の連載は編集長の企画であったが、のちに私の担当となった。

ところで、この年の下半期、私が依頼して回収した短編小説は、上林曉「野山」、石原慎太郎「屍体」、深沢七郎「脅迫者」（以上八月号）、武田泰淳「鍵をかける」、山川方夫「街のなかの二人」（十月号）、北原武夫「青年」（十一月号）で、前年にくらべれば少しは仕事らしい仕事をしたという思いがあった。この中では「屍体」と「街のなかの二人」について河上徹太郎氏が文芸時評で取り上げた。

「石原慎太郎氏の『屍体』は面白かつた。解剖用の死体収容所から話が始つて、輪禍で足を失つた女が『私の足は？』と捜す話だの、やくざが指をつめることなどが出て来、最後に自分の女房を殺して埋めた上に家を建てて三十年間住んでゐた男の話で終る。すべて肉体が物体に化する話だが、作者の太い神経が淡々と語つてゐて、イメージが鮮かに、それにかへつて残虐性が伴はず、むしろユーモラスに読んでいける。（略）それよりも私が一番感じたのは、石原氏の文体がここで著しくなめらかになつたことで、以前より表現力が遥かに豊かになつてゐるのである」

「山川方夫氏のは、氏にとつて成功作である。氏の感受性は奔放過ぎて、その点で楡しませてくれるけれど、率直にいへば時に小煩いことがあつた。然し今度のは穂先の揃つた筆のやうに一筋のテーマを秩序正しく辿つてゐる。（後略）」

石原氏の「屍体」はのちに単行本『死の博物誌』に収録されたが、その中でも出色の短編であった。

「地の群れ」と「散華」

このほかの時評では、平野謙氏もこの二作に好意的に題名だけあげたが、行数を使って論じたのは、編集長が担当した井上光晴「地の群れ」（七月号）、高橋和巳「散華」（八月号）、真継伸彦「夜明け」（十一月号）であった。

二百五十枚の「地の群れ」については詳細に物語のあらすじを紹介した後、「そういう複雑な構成を同時進行させてゆく作者の手腕は相当な練達ということができる。しかし、原子病といういちばん癒しがたい戦争の傷痕にしぼりながら、ほんとうにたたかうべき対象もその方法も見出し得ず、みな自他を傷つけることに終っているという一篇のテーマ展開のために、はたしてこの鶴屋南北ふうのおどろおどろしい舞台装置が必要だったか、という疑問を私は押えることができなかった。（略）井上光晴が、いわば日本の底辺という『下から』ネガティブにうきだそうとした意向と努力は、私にもよくわかる。しかし、この主人公のような特殊な経歴の持ち主に、前衛党の非力まで象徴させるのは無理だと思う。そうはいうものの『地の群れ』が今月のもっともアクチュアルな作品たることは、また論を俟たない（略）」と書いている。

　また「散華」については「（略）高橋和巳が固執する戦争末期の『死の哲学』について、それを日本の近代精神のゆきつく必然性などと本気で考えたことは、かつてなかった。これは私の思想上の怠惰でもあるが、また、私どものさけがたい世代的な相異でもある。つまり、私には『散華』はよくわからぬところがあり、しかし、まずこの問題を解決しなければ一歩もすすめぬという作者の気持は、私なりにわかる気がするので、批評しにくいのである。階級的矛盾の延長線上に国家的矛盾をとらえ、そのことで後進国の植民地再分割の戦争を是認できるとしても、そこから『死の哲学』の発生する論理的必然はよくわからぬし、戦後十何年たって、そういう国家主義者と対決するかつての信奉者が、その劇的な対決によってなにを解決できたかも、わかりかねるふしがある。つまり、この程度の出来ばえでは、作者の『原点』はまだ特殊の域をよく脱していない、と思える。しかし、作者は今後も作者自身の原点を固執すべきだし、私は私自身の原点を守るべきだろう。どの程度それぞれの原点を深めたかによって、世代の壁は破れるにちがいない」と、当時平野節といわれた〝わかりかねる〟を表明していた。

「政治と文学」論争 ⑫

奥野健男「『政治と文学』理論の破産」（六月号）は大きな反響を呼び起こした。同僚の担当者も編集長も、私自身も多少の反応は予想していたがそれを超えていた。題名でもわかるように、端的な裁断の調子がまず人目をひいたのだろう。この評論は、前年の「群像」八月号に掲載されて話題になった佐々木基一「戦後文学は幻影だった」、同九月号の本多秋五「戦後文学は幻影か」、その年の「文藝」三月号の磯田光一「戦後文学の精神像――リアリズム的思惟の問題」に呼応するようにして書かれていることが理解できたが、これらの評論が作家名が例示されることがあっても、主として「戦後文学」という概念の推移を問題にしていたのに対して、奥野論文は、完成して間もない野間宏『わが塔はそこに立つ』、堀田善衞『海鳴りの底から』、安部公房『砂の女』、三島由紀夫『美しい星』の四長編小説を具体的にとりあげ、野間・堀田作品は「今までの『政治と文学』理論の上に成立」し、「こけおどかし的な壮大な外貌にもかかわらず、むざんにも失敗した非文学的作品と考える」と裁断しているのに対して、安部・三島作品は「この二作は従来の日本文学の状況からは想像することさえできなかった新しい政治小説である。それは今までの『政治と文学』理論からは全く無縁の異質の地点から発想されている」と推賞した。また、「近代文学」派の批評家平野謙が野間・堀田作品を昨年度の最大の収穫と推したことに対して、「文学的に無価値ということになれば、今まで営々と築きあげて来た『政治と文学』理論が、おのれの文学的モチーフが、すべて虚妄になるということを本能的に感じているからにほかならない」と断じ、「戦後『近代文学』派を中心にして、文学者の主体性、文学の芸術的価値を重視し、戦前のマルクス主義文学の政治への隷属、政治の非人間性を批判しようとする『政治と文学』論が主唱され展開された。けれど、その根本にあるものはやはり政治の優位性、政治への従属の考え方」で「受身の理論である」と書いた。

　この原稿を読んですぐ編集長は動いたらしく、七月号に高橋和巳「戦後文学私論」、八月号に武井昭夫「戦後文学批判の視点」を掲載した。さらに、十月号より文芸時評を担当してもらった本多秋五が『政治と文学』論争の考察」を書き、総括している。高橋論文は奥野への直接的な反論というより、全般的な戦後文学擁護論と読めた。ただ「奥野健男のように、野間宏と三島由紀夫、堀田善衞と安部公房の近作を、各自の歩みをほとんど捨象して、性急に選言命題のように対比する仕方からもまた、同じ結果しかでてこないだろうと思われる。文学は選挙ではない。どちらかが当選すれば、どちらかが落選と確定してしまうわけではないのである」と書いている。

　武井論文は、奥野論文へ正面から向き合った反論だった。詳細にその主張を引用し、反論を加えた。そして最後に「奥野の戦後文学否定は、戦後文学の歴史把握においても、まさに逆立ちした視点からしかそれをとらえなかったがゆえに、奮闘すればするほど、その論は現状肯定、現状追随の色彩をいろこくしてゆかねばならなかったのである」と書いている。

　この論争はこれで終ったわけではなかった。編集長は奥野健男の申し出によって、本多秋五の総括と同じ十二月号に、再び「新しい政治小説」を掲載した。「武井の論は一言でいえば修正的政治優位性論である。在来の左翼文学理論の崩壊が生んだ過渡的な文学論に過ぎない」と切り捨て、再度『わが塔はそこに立つ』を内容を紹介しつつ批判し、『美しい星』がなぜ政治小説といえるかを再主張した。この評論とは無関係に本多秋五は、当初の奥野論文には十月上旬までに篠田一士、針生一郎など三十何編かの反論が書かれたことを紹介したうえで、「私はまじめに考えるのだが、奥野論文を導火線にして花々しく打上げられた今年の『政治と文学』論争は、一体誰に役立ったのだろうか？　論争参加者の熱心な努力には同情するが、話題を求めるジャーナリズムを一番喜ばせたことだけが、確実である」と総括したのである。

何のための論争

　私は率直にいってうんざりした。確かに編集者二年生には興味深い論争ではあったが、「政治と文学」という言葉には魔物が住んでいるような気がした。左翼活動体験のない私にはこの場合に使われる「政治」の実体がよくわからず、しかしわからないなりに各執筆者の左翼体験のありようがそれぞれ微妙に異なっていることを感じた。それに一番驚いたのは、戦後派作家の側からの発言が、大岡昇平氏をのぞいて、あまり聞えてこなかったことだ。批評家同士が勝手に興奮していた。現に本多秋五は「戦後文学は幻影か」のなかで、「私流にいえば、戦後文学者の多くは、本人がどのように意識しているかは別として、万年若衆たることを望みすぎたのである。自分たちの最大の資産を軽視して、時勢粧に流し目をくれすぎたのである」と書いたが、戦後派作家たちの仲間にしてはひどいことをいうものだ、という感じを持たざるを得なかった。もう一ついえば、批評家は小説を愉しんで読んでいるのだろうか、という疑問が生じたことである。戦後文学の解体や風化を嘆くわりに、読書の愉悦の言葉はほとんど目に入ることがなかった。編集者は読者代表であるともよく言われたが、そして、批評眼をもて、とも言われたが、やはり小説を読む時には愉悦感を探しつつ読む態度をおのれに課していた。批評家とはこういう職業なのか、と結論づけざるを得なかった。

　ただ前年の十二月号の山本健吉「随想風の一年回顧」に次のような文章があったことが思い出された。「戦後文学は何物かであつたし、何かをもたらしたことも事実である。だが、なぜ現在においても、それが何かでなければならないし、あるいは何かであることを主張しなければならないのか。あるいはまた、戦後文学の理想が幻影に過ぎなかつたといふことを、現在といふ瞬間において歎かなければならないのか。私には分らないのである」この一節は私の実感に近かった。のちに本多秋五『物語戦後文学史』を読んだ時、末尾にこの一節が引用され、「私はここで、古典を愛する山本健吉が、古典への思慕を救命具にして、文明開化をおよぐに似るのを惜しむのである」と皮肉っていた。その時もうそ寒い思いを禁じ得なかった。その時はもう私はほとんどの戦後派作家の担当者になっていた。

坂本一亀の編集長辞任

　坂本一亀は六三年の十二月号で「文藝」編集長を辞任した。二年足らずの短い任期だった。出版部の竹田博を新任の編集長として迎え、部員二人も出版部員と交替し、私は残留することになった。新しい編集方針を出すための御前会議が社長室で何回か開かれた。

　私はこのことを九月頃から何となく予感していた。私が使いで行っていた埴谷雄高氏宅に編集長はあ（ママ）自分で体を運んだし、親しい福田恆存氏の談話筆記の原稿をとるように私に命じたりした。その結果、十二月号の目次には、埴谷雄高「闇のなかの黒い馬」、福永武彦「賽の河原」、小田実「折れた剣」、竹西寛子「儀式」が並ぶ小説欄となった。竹西さんの事実上の作家デビューであった。また「文藝賞」の選評だけでこれまで目次に載る機会のなかった福田恆存氏からは「文壇改革論」という談話筆記の原稿をもらった。この年の一月に芥川比呂志氏などと共に文学座を脱退して劇団「雲」を立ち上げた福田氏は旅館に滞在中で、私は速記者を連れて行き、話を聞いた。「私が文壇の戦列から離れてしまつたのは、しひて自分から離れていつたといふ向きもないとはいへませんが、それよりもむしろ、はみ出されたといふか、棄てられたといふか、さういふ気持もずゐぶんしてゐます」という語り出しで、文壇不信から批評家不信に至るまでの現状批判を厳しく述べられた。

　要するに十二月号には、坂本編集長と縁の深い人々が多く登場したのである。

一九六四年

「文藝」から「文芸」へ　13

　一九六三年十二月には、編集方針を大きく改変した六四年（昭和三十九年）新年号の「文藝」が発売となった。判型がＢ６判となり、表紙絵がルノアールの裸婦で、題字の「藝」は「芸」となった。坂本一亀編集長時代を踏襲して、結局、表紙・目次関係の担当は私が続けることになったが、このリニューアルは経営側の強い要望があったとしても、題字の「藝」を「芸」に改変することに抵抗を感じ、新任の竹田博編集長に何度か申し出た。昭和八年の改造社創刊以来の伝統ある「文藝」の消失を意味するとか、漢和辞典によれば「芸」は「藝」とは別字で「ウン」と発音するとか、言い立てた。しかし、原則として略字・新かなを採用するという方針のもとでは、題字だけに正字を使用することはできないと聞き入れられなかった。

　このリニューアルは、くだいていえば、文芸誌としての最低限の性格は残して、可能な限り誌面をやわらかくする、ということであった。言いかえれば、従来の文芸評論や観念小説などは避け、挿絵入りの小説や読物、随筆を中心とし、マンガなども入るような誌面にするということだった。それでいて、大手出版社から出ている中間《ちゅうかん》雑誌とは一線を画したいという意欲も働いていた。

　経営側、営業部などとの合同会議でもさまざまな意見が出されたが、なかなか収拾がつかず、竹田編集長も困惑していた。この頃はすでに戦後の性表現をあらわにした出版物が巷に溢れかえるような状況を脱していたが、ちらちらとエロティシズムを盛り込んだ企画が経営側から要請されていることを感じた。偶々河出書房に編集プロダクションから出された企画の、「スキラ版 世界の美術」が六三年十月から刊行されたところで、第一回配本は「ルノアール」だった。いわゆる泰西名画に描かれた女性像を表紙にすることが決定したあたりから、さまざまな企画が具体化していった。企画の正統性を保持するために、名画の中から別に口絵一丁を挿入し、しかるべき美術評論家に解説を依頼しようということになり、私は中原佑介氏にお願いに行って快諾を得た。

　小説欄は、毎号一作はすぐに単行本化できるように二百五十枚以上の長編を掲載し、ほかに中短編を二、三編掲載することとした。連載陣は、従来の連載小説の中から、野間宏「青年の環」、松本清張「回想的自叙伝」の二編だけを継続し、中村真一郎「空中庭園」は始まってまだ間がないということで、出版部で書き下ろし形式で進行するように、新・旧の両編集長と著者の間で決められた。さらに新連載として、竹田編集長がかねて依頼中の杉森久英「啄木の悲しき生涯」、私が依頼していた吉行淳之介氏を編集長が口説き落とし、「技巧的生活」と題して新年号より始まることになった。

そのほか、六人から八人程度の随筆を、文学界に限らず各界に依頼して掲載すること、新作の詩・短歌・俳句欄を毎号常設すること、マンガを毎月読切連載として掲載することなどを部会で決めた。たとえば新年号の随筆欄は、石坂洋次郎、河野多恵子、奈良本辰也、左幸子、中島健蔵、小田実の六氏に、詩を村野四郎、短歌を宮柊二、俳句を中村汀女に執筆をお願いした。殊に短歌・俳句は近藤芳美、佐藤佐太郎、吉野秀雄、俳句は石田波郷、加藤秋邨、水原秋桜子といったような、今思えば豪華メンバーに新作を依頼したのである。マンガは清水崑、谷内六郎、小島功の三氏に当分の間連載してもらうことにした。そのなかで小島功氏の連載が私の担当となった。

さらに、私としては誌面に時事性、批評性が少ないことが気になり、各分野の情報の頁を設けることを提案した。「文芸ジャーナル」欄として、文学＝日沼倫太郎、演劇＝武智鉄二、映画＝中田耕治、音楽＝安部寧、美術＝東野芳明、写真＝吉村伸哉という陣容で、清新な気風を追おうとはかったが、編集長の指示で結局、この企画は三号で終り、四月号からは連載随筆二編の欄に変った。確かにコラム的な欄が多過ぎる結果となり、月刊誌としてのふくらみを損っていたかもしれない。いずれにしても文芸誌のコラムとして望まれるのは文壇消息欄であり、せいぜい拡げても映画評ぐらいのものであった。

文芸内閣を組織する

それにしても、雑誌として何か重要な要素が欠けているという感じは編集部全員が抱いており、会議を重ねた。ある時、編集長が誌面で文士劇のようなものができないか、あるいは模擬裁判のようなものでもいいと言ったので、そこから模擬閣議という連想が働いて、文芸内閣を組織して、毎号閣議という形の座談会を開くという案がまとまったのである。私としてもこの形ならば、毎号、時事的な問題、文学上の批評性も活かすことができると思い、強く賛意を表した。

組閣という段取りになったが、総理大臣としてすぐに誰もが思い浮べたのは石川達三氏だった。氏が時事的な問題意識の持主であることは誰にも知られていた。司会役の内閣官房長官には、二、三の候補が出たが、開高健氏の名前を出すと、全員が賛意を表した。すぐに編集長に同行し、両氏を訪問して諒承をもらうと、ほとんどの閣僚は電話で手分けしてお願いし、第一回閣議に出席する閣僚が決まった。この時驚いたことは、ほとんど全員の作家・評論家がすぐに編集部の意図を汲みとり、諒承されたことである。文壇人は会話に飢えているといった誰かの言葉が思い出された。

作家・評論家を閣僚の所管に当てはめていく作業自体が、パロディーめいていて、編集部は活気づいた。こうして次のような閣僚名簿ができ、閣議にこぎつけた。

総理大臣＝石川達三、官房長官＝開高健、法務大臣＝伊藤整、外務大臣＝小田実、文部大臣＝山本健吉、厚生大臣＝水上勉、農林大臣＝有馬頼義、通産大臣＝安岡章太郎、運輸大臣＝阿川弘之、郵政大臣＝遠藤周作、労働大臣＝平林たい子、建設大臣＝武田泰淳、自治大臣＝平野謙、経済企画庁長官＝荒正人、科学技術庁長官＝奥野健男、行政管理庁長官＝野間宏、防衛庁長官＝大江健三郎。

新年号の第一回閣議の議題は「オリンピック開催」「物価高の対策」「不良出版物と性」という三項目で、事前に開高氏と打ち合わせていたが、どのあたりまでが演技の領域で、どのあたりで本音を語るかということは、各出席者の判断にまかせていたので、多少ぎくしゃくした進行となったが、石川・開高氏のソツのない司会で順調にすすんだ。

二月号以降は石川・開高両氏には毎回出席してもらったが、人数は毎回議題に合わせて七、八人に絞りこみ、議題によっては閣僚外の人にもゲストとして出席してもらった。たとえば、二月号の議題は「人命の尊重」で、当時の社会的事件、三池・鶴見の事故やケネディ暗殺について、三月号は、「芸術とセックス」で、「チャタレイ裁判」の被告であった伊藤整氏の提言で「サド裁判」の判決、文学における性表現について、ゲストとして円地文子、高橋鐵氏を迎え、四月号は「出世論争」で、出世観について、それぞれ語ってもらった。回を重ねるにつけ、各閣僚の個性が発揮され、刺激的な読物になっていっていると感じられた。編集長にはこの企画の評判が届いているようであったが、私にはあまり耳に入ってこなかった。ただ、さまざまな作家・評論家の意外な側面を見ることができ、たとえば、なるべく役割を演じようとする大江氏、まったく次元の異なる話題に飛躍させようとする武田氏、雑学にくわしい荒氏などの発言がおもしろかった。

結局、この年は東京オリンピックの前の年であり、「サド裁判」の判決の翌年だったので、それらの話題がしばしば出ると、議論は沸騰した。そしてついに、八月号は、「スポーツと日本」という議題で、ゲストとしてオリンピック担当の国務大臣だった佐藤栄作氏が出席したのである。オリンピックは世界中のスリや売春婦が集まってくるといわれるが、その対策や如何に、といったような質問が出ても、穏当な発言で終始した。議員会館を訪ねてゲラのやりとりをしたが、発言にはほとんど訂正が入っていなかった。

14 川端康成の長編一挙掲載

この年、私は一年を通して三編しか小説原稿を担当していない。その三編もすべて、坂本編集長時代に依頼したもので、新方針の雑誌に合致する作品ではなかったかもしれないが、そのなかの一編が二月号に掲載した石原慎太郎「行為と死」(三百枚)で、この号は発表後すぐに売り切れて、文芸誌としては珍しく緊急増刷をした。その予兆は新年号から出ていた。というのは新年号の一挙掲載の長編小説は川端康成「ある人の生のなかに」(五百枚)で、なかなか売れゆきがよかった。竹田編集長は短い編集後記に「〝現代に生きるたのしい文芸雑誌〟をこころざした、新鮮なポケット版『文芸』第一冊をお贈りいたします」と書いたが、たしかに川端康成の久々の大長編に、文芸内閣の閣僚十七名の名前を列記した目次は、新鮮なポケット版の感じが出ていた。

実は「ある人の生のなかに」は、昭和三十二年の第一次倒産で「文藝」が休刊になった時、終章を残して未完のままになっていた作品で、今回のリニューアルに際して完結した長編だった。この作品を抱えていたお蔭で、長編一挙掲載の新方針が打ち出されたわけだが、時評家はその事情もすでにご承知のようで、平野謙氏(毎日新聞)、山本健吉氏(東京新聞)も未完であった長編の完結にふれ、それぞれくわしく内容を紹介した。

特に「読売新聞」の「文芸時評」で河上徹太郎氏は「私はこの長篇を『山の音』以来の傑作だと思ふ。川端氏は近頃『眠れる美女』、『片腕』といった一連のミステイックなエロチシズムの作品を書き、山上湖の深潭のやうな底知れぬ美しさを湛えてゐるが、私はやはり『山の音』やこの作品のやうな透徹した家庭小説の方が優れてゐると思ふ」「(略)一家の家長としてこの主人公は大変物わかりがいい。話のわかる青年たちを統率してこの家長がゐるのだから、風波もたたず、恋愛や結婚や友情に関しての身の上相談の解答みたいな対話で筋が運んでゆく。といふと小説として退屈さうだが、現実は決して綺麗事ではない。一枚裏には悲劇が顔を出してゐるのだから、身持ちのよい主人公の物わかりのよさがこれを踏まへてゐるところにこの小説は生きてゐるのである。(略)さり気ない家庭小説の形で、これだけ彫りの深い、敢へていへば危機に満ちた人の世の姿を描き出した作品は、昨今他に例がないのである」ともっとも高い評価を与えられた。

新年号にはほかに丹羽文雄「土地の風」、水上勉「高瀬川」(第一部)を掲載したが、両氏にはリニューアル以前よりお願いしていたものの、新編集長も新方針の説明をかねて挨拶に伺ったので、あるいは題材や書き方が少し変ったかもしれない、と私は思った。「土地の風」については、河上徹太郎氏が「この作者の日頃の才筆に似ず、失敗作である」(読売新聞「文芸時評」)と書き、平野謙氏が筆力を認めながらも「図式的な筋書き」(毎日新聞「文芸時評」)と書いたことで、私はくさった。新年号では丹羽氏は三誌に書いていて、割りをくったことは否めなかった。「高瀬川」は本来長編でお願いしていたが、編集長が担当することになり、出来ていた百枚を第一部として発表したので、話題にならず、作者に迷惑をかけた結果になった。ただ、編集長としてみれば、新方針を打ち出す上で目次に出したかった作家名であることが推測された。

石原慎太郎と三島由紀夫で十万部を越える

二月号の締切が迫ると、私は気が気ではなかった。前述したように、二月号は年内に校了となり正月の店頭に並ぶ。十二月のざわざわした空気のなかで、初めての長編石原慎太郎「行為と死」の原稿を受領しようとしていた。そもそもこの小説は旧方針「文藝」新年号一挙掲載用として肩に力を入れて依頼し、石原氏もまた抱負を語りながら承諾したものだった。いつものように日生劇場の役員室でのその後の打合せでも、私は前年に出た大江健三郎『日常生活の冒険』や『性的人間』を引きあいに出して、性の領域における人間の復権を書いてほしいと言っていた。石原氏は、わかりきったことはいうな、という表情で、性が文学の最後の砦という考えかたは俺はとらない、本当の性、官能としての性はまだ書かれていない、といなされた感じだったが、表題の腹案として「暁に死んでゆくものは誰だ」という言葉を示された。その後、この表題への違和感を口にすると、石原氏もそう思ったらしく、最初に受領した四十枚の原稿では、「暁に……」の部分を線で消し、傍に「行為と死」と書いてあった。毎回、五十枚ぐらいずつ受領し、最後は、一度に百枚を受領した。手渡したのは女子事務員だったが、紙袋のなかに破れた原稿用紙は入っており、メモとも手紙ともつかない乱れた文字で、徹夜の興奮を伝えるままに、〝一晩に百枚完成、新記録!〟と殴り書きがしてあった。思わず私は嬉しくなり、すぐに整理にとりかかった。

石原氏の原稿は整理に時間がかかった。まだ植字、活版のその頃は、印刷所に入稿する前に、植字工が読めるように清書する必要があり、当方も二晩ほど徹夜することになった。石原氏は校正には入念で、印刷工場の校正室に必ず姿を現わし、時間をかけて校正ゲラを読んだ。聞くところによると、私が担当を離れた後は、原稿と一緒に自分が音読した録音テープを添付して渡されるようになったらしい。

一方、二月号には三島由紀夫の新作戯曲「喜びの琴」が併載された。もともとこの戯曲は劇団文学座の上演台本として執筆されたものであったが、稽古に入ってから座員から反対意見が出て上演中止となり、三島由紀夫は文学座を脱退し、新聞で報道されるような社会的事件となった。「文藝」掲載に際して、異例のことだったが、同僚の担当者は三島氏に前書を依頼した。少し長くなるが、当時の三島由紀夫の立場の表明でもあるので、引用しておきたい。

「前書――ムジナの弁――私は自作の前にこういう解説を書くことを本当は好まない。しかし紛争を起した作品であるだけに、一筆作者の言葉を添えたほうが読者に対して親切だという編集者の要請で、これを書くことにした。もし紛争の経過を知ったのちに、この作品を読まれる方は、大山鳴動鼠一匹という感を抱かれるのではないかと思う。安保闘争以後の思想界の再編成の機運、青年層の変革への絶望、いわゆる天下泰平ムードのやりきれなさの中で、私はたった一つのことしかいわなかったつもりである。そのたった一つのことが、評論の形をとっては『林房雄論』になり、小説の形をとっては『午後の曳航』『剣』になり、戯曲の形をとっては『喜びの琴』になった、と私自身解釈している。だからこの戯曲も、わたしの作品を読みつづけて来られた方には、とりたてて奇異な作品であるわけはない。イデオロギーは本質的に相対的なものだ、というのは私の固い信念であり、だからこそ芸術の存在理由があるのだ。というのも私の固い信念である。こんなことは今さら言うのも野暮な位いだが、文壇から一歩外へ出ると、そんなに通じやすい考えではない。その点では、いつまでもわれわれは、文壇という洞穴の中のムジナにすぎないのかもしれない。

三島由紀夫」

この「行為と死」、「喜びの琴」の二編を併載した二月号は、発売後すぐに増刷となり、印刷部数は総計で十万部を超えた。文芸誌が十万部を超えたのは恐らく未曾有のことで、文芸誌の枠からはみ出していたのだろう。それに新年号も二月号も定価は百二十円に設定してあり、前年の新年号定価が二百円だったことを考えると、相当の安価政策をとっていたことがわかる。

新聞の「文芸時評」欄でも目を見張るようなことが起った。この年から滞米中の江藤淳氏に替って担当されることになった林房雄氏が朝日新聞で、「本年度最大の問題作『行為と死』」という見出しつきで、「作者は原稿用紙三百枚の大半を性風景と性行為の直接描写のために費やしているかのように見えるが、そこには異常で病的なものはなくすべて正常で健康であるから、すなわち爽快である。（略）だが、この作品の中には、作者の重大な変貌が現れているようだ。性行為の空虚、実りなき消耗に対する嫌悪が描かれているかのように見える。（略）戦後の日本が経験した〈性の解放〉の次に来るものは〈禁欲主義〉の再評価ではなかろうか。その意味で性行為の徒労を細写し、男の生きがいの所在を予想しているかのように見える小説〈行為と死〉は本年度最大の問題作だと言えそうである」と書いた。また、山本健吉氏は東京新聞で、「これは戦後のロスト・ジェネレーションの欲求不満を代表している。『やりたいことをやるのだ』と言っていた『太陽の季節』の青年が『何をやっても不毛だ』『だがやるしかない』とさとったまでのことである。それをしも進歩とはいえようが、あらゆる行為がそらぞらしいものとなった今日のニヒリズムを、作者はもっと冷静に見つめるべきではないか。ロマンチックな詠嘆調と観念語が多すぎる。スエズ戦争に参加したという思い出を対置することぐらいで、この現代のニヒリズムの根源が照らし出されるとは思えない」と書いた。当っているところもあると私には思えたが、それでも意地悪な見方に反発も覚えた。

深沢七郎の長編小説

⑮

五月号でようやく二作目の長編小説、深沢七郎「千秋楽」を担当することになった。これも前年から依頼していたもので、かつて日劇ミュージックホールでギターを弾いていた深沢さんに、劇場の楽屋や裏側の世界を描いてもらおうと企画したもので、表題は深沢さんの発案ですでに決まっていた。二百枚を超えたところで、駿河台のホテルに宿泊してもらった。いわゆるカンヅメである。

原稿をもらって帰る時、ホテルの人に、先生はどこかお加減が悪いのでは、と言われ、あわてて引き返してたずねると、ベッドはフワフワして気持が悪いので、絨毯の上にシーツを敷いて寝た、ということだった。その旨ホテル側に伝え、さらに翌日行ってみると、原稿は完成していたが、昨夜は部屋が暑かったので廊下に毛布でくるまって寝た、という。日本旅館にすべきだったと後悔しつつ恐縮したが、深沢さんらしいと編集部では話題になった。

この作品も「文芸時評」は大好評であった。河上徹太郎氏は、読売新聞で、「これは正しく一挙に読ませるなかなか面白い小説である。主人公はドンチョーと呼ばれる三流のコメディアンで、彼がストリップ劇場で三ヶ月のロングランを打つその楽屋裏での出来事だけ――全く舞台も出て来ないのだ――を延々三百枚書いて飽きさせないといふことは大したことである」（略）この小説が成功してゐる所以は、ドンチョーといふこの社会に打つてつけの人物で、芸も出来れば馬鹿でもない男を、徹底的にカマトトに仕立てた点にある。初めの方で彼は『ドンチョーって純情だな』と仲間にいはれるが、この役割に忠実なお蔭で、この特殊世界のからくりがよく分るとともに、この鏡に映して諸人物の風格が躍如として来るのである。そして明日知らぬ芸人たちの生活の虚無だけでなく、当人が或ひは自覚してゐない哀愁すらが、この作品の影に宿ってゐるのである。（略）それは大作家の人間洞察に劣らぬ効果だ。そしてこの小説と『笛吹川』と、作者のこの態度が意外に近いものであることが一見明瞭であらう」と書いた。私自身、深沢さんの諸作に見られる沈潜した終末観から人間のありようを見るという特質が、「千秋楽」という舞台最後の日を表題に選ばれた時から予感していたので、河上氏の評価は嬉しかった。しかも新聞の見出しも〝人物、起伏の巧妙さ――深沢の長編傑作「千秋楽」〟とあって、仕事をしたという気分になった。

　なお、「千秋楽」は思いつきで、挿絵を横山泰三氏の線描画をお願いした。私にはとてもうまくいっていると思われ、十一点も使用したが、「時評」などではふれられなかった。

吉行淳之介の酒場めぐりと佐藤春夫の死

　結局、「千秋楽」の後は、この年、小説の担当をする機会に恵まれなかった。ほとんど三百枚の長編は編集長が担当したので、使い走りや手伝いはしたものの、以前から続いている松本清張「回想的自叙伝」と新年号から始まった吉行淳之介「技巧的生活」の担当でせいいっぱいであった。この年も真鍋博氏を相談役として表紙・口絵を担当したし、真鍋氏自身にも目次イラストや文芸内閣用のカットマンガを依頼したので、真鍋氏宅へ激しく往来した。

　吉行氏の連載は九月号で完結したが、毎号原稿受領の日は、銀座の酒場めぐりに随行した。編集者への思いやりが深い吉行氏の酒場での言動は、世評とは違って淡々としたものであった。ただ、酒席などでも突然未読の文学作品について問われることがあって、こちらも完全に緊張を解くことはできなかった。「技巧的生活」が完結した時、文芸時評家がどのように評価するかを期待したが、誰もほとんどふれなかった。残念だったが、批評しにくい作品かもしれないとも思われた。

　この年、特筆すべきは佐藤春夫氏の逝去である。佐藤氏と親しかった編集長によって、急拠七月号で特集が組まれたが、西脇順三郎・井上靖両氏の弔詩のほか、十五名の各界の知人から追悼文を集めた。さらに、井伏鱒二、檀一雄、中谷孝雄、安岡章太郎、山本健吉の五氏による「回想佐藤春夫」という座談会を開いた。出席者の私事にわたる話も出て、なかなか面白い座談会だったが、私は武者小路実篤が書いた次のような文章が忘れ難かった。

「芥川龍之介と佐藤君とは一時いいライバルのような感じを受けた時があったが、僕は佐藤君の仕事の方に厚意を持っていた。芥川の死ぬ寸前の作には厚意を持ったが。僕は佐藤君の作に就ては今責任をもって批評する程、よく覚えていないが、佐藤君の作品は短篇でも、随筆でも、詩でも、評でも愛読したと言える。言っていることに全部同感出来ない場合もあったにしろ、佐藤君らしい言い方に興味を持った」

　正宗白鳥の時と同様に、通夜の手伝いに行ったが、佐藤邸での玄関の下足番だったので、奥の方をのぞくと、多くの作家たちの顔が見え、印象に残った。いちばん奥に、いかにも客分という感じで、堀口大學、井伏鱒二が並び、そちらを向いて中谷孝雄、檀一雄、五味康祐、柴田錬三郎が坐り、後方に安岡章太郎、吉行淳之介、庄野潤三の諸氏が坐っていた。これが〝門弟三千人〟ということか、と私はひそかに思ったことだった。

一九六五年前半 16

石原慎太郎「星と舵」と司修のデビュー

　一九六四年（昭和三十九年）から小型判（B６判）になった「文芸」が、二年目の六五年新年号を迎えようとしていた。六四年の九月頃から準備に入ったが、まず判型や表紙、編集方針や連載企画などをどうするかが当面の課題であった。十万部となったリニューアル当初の発行部数から五、六割は減数していると思われたが、いわゆる文芸誌部数の水準は超えているということで、方針は少しの手直しを加える程度で、判型はB６判のまま続行することになった。しかし、表紙絵を泰西名画で飾るというやりかたは限界がきていた。現に新年号でルノワールを掲載したが、十一月号では再び別のルノワール作品を出さざるを得なくなっている。表紙担当の私としては、坂本一亀編集長時代のように特定の画家に依頼することを望んでいたが、経費のこともあり、結局写真にしようということになった。そこで思いついたのが作家の肖像写真である。ただ年間十二人の作家の顔を漠然と並べるのではなく、目次と連動させて、毎号の表紙を選定することに決め、合議の末、細江英公氏に撮影を依頼した。また新しい題字のロゴと表紙構成を亀倉雄策氏にお願いした。これで前年度より数段雑誌らしくなった。

六五年新年号には再び石原慎太郎氏の長編小説「星と舵」を掲載したので、表紙写真のモデルも石原氏となった。ところが、太平洋横断ヨットレースとそのクルーたちの生のありようを題材にしたこの小説は、当初の予定よりはるかに長くなり、六百枚を超えることが判明したので、後半を二月号に分載せざるを得なくなった。

それはそれとして困惑したのは、年内校了にしなければならない二月号の表紙モデルを誰にするかということであった。考えた末に、ベトナム戦争の取材に十一月十五日に出発するという開高健氏にインタビューをしてそれを掲載し、表紙もお願いするという変則的な方式を思いついた。インタビューは私が開高氏宅を訪ねて実施したが、開高氏は日の丸を縫いつけた雑嚢《ざつのう》を見せ、朝日新聞社の移動特派員として南ベトナムをあちこち廻り、できれば民族解放戦線という勢力が新しい国家建設に乗り出す過程を見たい、という意味のことを言った。そのルポルタージュは「週刊朝日」の連載になるとのことだった。

結局、「星と舵」は新年号に三百九十枚、二月号に三百八十枚の分載となり、挿画は文芸誌デビューとなった司修氏が担当した。司氏は少し前に郷里の先輩にあたる永田力氏に紹介され、並々ならぬ力量の画家であることはわかっていたが、この計十九点の挿画は斬新な出来ばえで、石原氏も満足したようだった。

しかし、分載したことで文芸時評では見送る評者が多く、アメリカから帰国して朝日新聞の時評担当に復帰していた江藤淳氏のみが、次のような辛口の批評を書いた。

「『星と舵』は、おそらく半分以下の枚数で、比類のない航海小説になり得たかも知れないのに、石原氏の職業意識の不徹底さの故に、数カ所のこの上なく美しい海洋描写と、この上なく退屈かつ通俗的な女の話との混合に終っている。これは才能の浪費の好例である」

この読みかたは私には大ざっぱで図式的なものと思われた。特に主人公の停迷している女との関係を「通俗」と切り捨て、構成上の技術的な要素を「混合」というのは雑駁に過ぎると思ったが、ただこれだけがこの長編にふれた批評だったので、担当者としてはよしとしなければならなかった。

また、一年間続行してきた官房長官の開高健氏のベトナム行きで、司会役だった「文芸内閣」という企画も、改組せざるを得なくなった。この企画も私にはそろそろマンネリズムが感じられるようになっていたが、代案も思いつかず、出席者を少しふやすことで変化をつけるしかないと思った。竹田博編集長も同じ考えで、改組にとりかかった。まず官房長官に阿川弘之氏、厚生大臣に北杜夫氏、前年度は石川達三総理の兼務としていた大蔵大臣に曽野綾子氏、そのほか無任所の国務大臣に、檀一雄、吉行淳之介、石原慎太郎の三氏に新しく参加して頂いた。次に阿川氏が担当していた運輸大臣に安岡章太郎氏、安岡氏が担当していた通産大臣に水上勉氏と横すべりをしてもらい、さらに、開高氏には世界移動大使として、帰国の際に報告して頂くこととした。

連載小説は、杉森久英「啄木の悲しき生涯」が前年度十一月号で、松本清張「回想的自叙伝」が六五年新年号でそれぞれ完結し、編集長がすすめていた有馬頼義「赤い天使」が始まった。日中戦争の従軍看護婦を題材にした作品である。しかし、連載小説の陣容がこの一作だけでは不充分で、編集長は急拠二月号に掲載した近藤啓太郎「陰の色彩」の短期連載への切りかえを依頼した。ただ連載小説が少ないことは、短編小説、特に新人の小説掲載の余地が生じることに直結するので、私には好都合であった。前年度からの長編一挙掲載方式で短編らしい短編、新人らしい新人の作品が、結果としてしめ出されていた。私はしばらくやめていた短編小説を依頼するために、作家訪問を再開した。

山川方夫が死んだ日

その矢先に不幸な出来事と遭遇した。山川方夫氏の輪禍による突然死である。二月十九日、電話で山川氏への面会を申し込んだ。山川氏は快諾し、翌日新橋の喫茶店で会うということで、場所と時間を指定された。すると、その日の夕刻、遠藤周作氏より電話がきて、山川氏が自動車にはねられ、すぐ病院に運ばれたが亡くなったという意味のことを早口で言われた。私は仰天し、先程電話で明日会う手筈になっていた旨告げると、遠藤氏はそれも承知しているという口吻で、そのあと原稿を送りに出て国道を渡るときにはねられた、と言われた。私は再び驚きあわてて、今御遺体はどうなっていますかと問い返し、多分今ごろは自宅へ戻っているだろうと伺い、すぐに会社を出た。おそらく遠藤氏も私のあとで電話されたに違いないと思いながら、二の宮の山川氏宅へ急いだ。

すでにあたりは暗くなり始めていて、山川氏宅は闇に包まれていたが、名前をいうとすぐ座蒲団が並べられている座敷に通された。しばらくして、写真で見て知っていた林房雄氏が息を荒くして、私の隣に坐られたが、すぐ席を立って出ていかれた。まもなく私も立ち上ったと思うが、それから先のことがまったく記憶がない。当時の手帳を見ても二月二十日（土）三時に山川氏の名前と新橋の喫茶店の名らしいものを記しているが、通夜は二十一日（日）の欄に記しているので、十九日のその夜はお参りだけして帰ったものらしい。とにかく会う約束をしたばかりの人の不幸は初めての経験であり、すっかり動転していた。

六三年十月号に山川氏の「街のなかの二人」という小説を掲載し、好評だったことは前述したが、六五年に表紙を作家の写真で飾ることにしたのを契機に、「表紙の人」という見開きの小作家論の頁を新設し、山川氏に「青年期のシンボル」という原稿を書いてもらったばかりであった。そこで山川氏は、「そして今年、昭和四十年を迎え、そろそろ石原氏のお仕着せから、若者たちの手脚ははみ出しかかっている。……またこの十年、『石原愼太郎』は石原氏自身の小説の最大のモデルだったともいえるだろう。たぶん、それが氏が氏の名の『青年』の典型を、一貫して生きてきたことの理由である。だが、同時に、この間に明らかになったことは、氏の登場人物たちが、つねに氏の分身というより、氏の部分にすぎず、氏の作品より、氏の肉体のほうが大きい、という事実でもある。もう、氏は『青年』の代表であったり、典型であったりすることは要らない。石原氏は、ふたたび昭和二十年代のものでしかない彼の青春を見つめなおし、氏だけの世界をその肉体で塡めるために、石原愼太郎氏自身の『壮年』を生きるべきであろう」と書いていた。

小説に一般論は通用しない

また、追悼文を安岡章太郎に執筆してもらい、四月号に掲載した。そこには安岡氏が「日々の死」から注目し、「海岸公園」にいたる山川氏の作家としての進境の著しさを述べたのちに、「もっとも、その道は決して一直線ではなかったし、どうかすると傍目に歯搔かったらしいおもいのすることも、しばしばだった。しかし、いま振りかえると彼の足取りはやはり全く着実であった。ただ、そんな山川君の足取りをみているうちに、私が初めのころ持った〝世慣れた社交家〟という印象は薄れ、逆に苦労はしているけれど、その苦労を人前にさらさぬために、ときにはグロテスクにおもえるほど懸命な努力を払っている男だということがわかってきた。すくなくとも彼の小説は世慣れた器用さなどで出来上るものではなく、むしろ惨胆たる辛苦のすえに、まだあちこちギコチなさを残したものであることがハッキリしてきた（後略）」と書いた。

実は私は、この時会うことができたら山川氏の代表作となるような一挙掲載か連載かの長編小説を依頼しようと考えていた。それができなくなったことは編集者になって最初の大きな挫折のような気がした。それと同時に、安岡氏のこの追悼文によって、山川氏の宿痾について語った言葉も思い出した。「街のなかの二人」は、一組の男女が互いに惹かれ合いながら、別れることを決意するという苦味のある小説であった。初夏の街を歩きながら時には明るく出会いの頃の思い出を語り、時には街の表情を描写したり、時には互いの性格の欠陥をあげつらい、さらにまた欠陥を赦し合うような言葉をかけ合ったりする、心理的な起伏にとんだ作品だった。小説のなかでは何事も起らず、ただ男と女が街を歩き、喫茶店に寄り、さらにレストランに立ち寄って、地下鉄に乗って帰ってくるという内容で、外部が介入してくるのは男にとって旧知の中年の男女が地下鉄入口の近くで立ち話をしているのを男が盗み聞きをするという件りだけだった。ところが、電車を降りた駅前広場に人だかりがしており、二人が人垣から押し出されて見てみると、路面に少女が仰向けに倒れて、全身を硬直させ痙攣を起こしていた。女が「行きましょうよ。可哀そうじゃないの。残酷よ」というと、男は「最後まで見ている」と言って動こうとしない。その場面がかなり長く続くので、私には全体の比重からいって少し細部にこだわり過ぎるように思われ、山川氏にゲラを手渡した時にそのような感想をいうと、山川氏は「ぼくもあの病気を持っているんです」と言ったのだ。その時、作家の秘密にふれたというより、小説の読みかたを教えられたような気になった。つまり、小説には一般論は通用しないのだということを肝に銘じたのである。

また、山川氏の死については、各文芸時評家がふれたが、なかでも「三田文学」の編集同人として親しい関係にあった江藤淳氏は時評の一回分をすべて追悼文とした。「山川方夫は未完成な作家であった。もし彼が、ひとつでも真の自己発見に到達した作品を残していたら、私にはあきらめのつけようもあったのである。それを妨げていたのは、ほとんど倦むところを知らなかった彼の観念癖である。／彼は自分にしか関心のない作家だったが、実は自分に直面するためにすら、彼には自己納得のための複雑な手つづきが必要であった。彼は、あたかも蜘蛛のように、観念の白い糸を吐き出しては外界や他人をからめとり、それらを自分の巣であるところの閉鎖的な世界のなかにとりこんだ上でなければ描けなかった（略）」「自分のことをさておいて他人の面倒を見たがるという山川の作家としての気の弱さは、編集者としてはその批評的直観の鋭さ、的確さとあいまって、まれに見る天分として作用した。私もまた山川編集長によって発掘され、批評家に仕立て上げられた人間である。もし昭和三十年の五月のある日、山川が私に、『夏目漱石』を熱心に書くことをすすめてくれなければ、私はこうして文芸時評など書いてはいなかったであろう（略）」

山川方夫の死について時評家のみならず、北原武夫、井伏鱒二両氏なども心底から悼む姿を眼の前で見た。文芸誌編集者になった時、北原氏がもっとも嘱望する新人作家として推薦されたのが山川方夫であり、井伏氏は自ら推した「海岸公園」が芥川賞を逸した時、失望して選考委員を辞めたことを、私は直接この耳で聞いたほどだ。山川氏は享年三十五歳、この年当方は三十二歳だった。

編集長を命じられる ⑰

山川氏追悼の気持がようやくおさまった頃、今度は自分の身の上に驚くべきことが起った。四月号より編集長となるようにという辞令が出たのである。竹田博編集長のほか二名が出版部に異動し、若手三名が文芸編集部に入ることになった。事前に編集長は一言も洩らさなかったが、後で考えると、もっと多くの作家に声をかける必要があるなとか、編集部に女性一人は必要だろうというようなことを、相談するようなひとりごとのような口調で語っていたことを思い出した。この人は部員に命令する人ではなかった。

会社が変化しようとしていたのである。各種全集の点数がふえ、機構の上でも、部体制がそれぞれ局体制に移行しようとしていたし、新社屋の建設工事も始まっていた。河出書房新社の当時刊行中の全集やシリーズ企画をあげてみると、まず世界文学関係では全二十五巻の「豪華版・世界文学全集」が配本開始をしたばかりで、従来の「グリーン版・世界文学全集」は第三集の刊行中で、第一集・第二集と合わせて全百巻の内容を発表していた。次に日本文学関係では全四十三巻の「現代の文学」が刊行中だったが、そのうち二十二巻が既刊になって、セット販売が始まっていた。全十八巻「国民の文学」は完結し、これもセット販売が実施中だった。さらに人文・社会科学関係では、全二十九巻の「世界の大思想」をはじめ、全十巻の「現代の経済」、全十一巻の「日本の民俗」がそれぞれ刊行中で、美術関係でも全二十五巻の「世界の美術」、全十六巻の「世界の文化」が刊行中だった。殊に豪華版の配本を開始したばかりのマーガレット・ミッチェル「風と共に去りぬ・1」は五十万部を超えるベストセラーになっていたのである。そのために営業部・編集部ともに中途入社の社員が増えつつあり、会社は膨張していた。企業として機構の整備に着手したのも無理はなかった。

しかし、文芸誌の市場はますます縮小しているように思われた。眼を外部に開きつつも、とりあえず四、五月号の目次をつくらなければならない。「星と舵」以後、前年から依頼していた小田実氏の三百枚の長編「泥の世界」、吉行淳之介氏の短編「食卓の光景」は三月号に掲載してしまっていた。この二作についての各紙の文芸時評も私は不満だった。

「泥の世界」に対する毎日新聞の平野謙氏評は「戦争責任の問題を中心として、アメリカ人の戦争体験と日本人のそれとを比較検証した小田実の作品」と書いたうえで「すでに無条件降伏の決定した八月十四日の大阪市の空襲によって爆死した男を父親に持つ青年を主人公に設定しながら『泥の世界』にばらまかれている問題意識はなかなか深刻なものだが、小説の構成がルーズなために、その一点に集約していない憾みがある。／ここでは現代小説ふうの枠組みはかなりイージーに利用されているにすぎない」と述べた。

朝日新聞の江藤淳氏評は『泥の世界』の欠点の第一は、議論の部分と小説的な道具立てとが割れていることである。さらに第二には、議論そのものが香山の話と岡本の話に割れていて、二つをつなぐ必然性が脆弱なことである。またさらに、この小説の性的挿話が装飾的にあつかわれていて、議論の本質とかかわりあわぬことである。要するに、私は、『泥の世界』の登場人物の口から語られる思想に作者自身の口から語られる思想ほどの魅力を感じ得ず、この小説の小説的部分の安易さに、書くという行為に対する作者の無神経さを感じないわけにはいかない（略）」というものだった。要するに両氏の批評は、この小説の入り組んだ構成を読み解くのに手間がかかり、腹を立てた感想のように読めた。

また、「食卓の光景」に対しては、平野謙氏が「吉行淳之介の作品はウマイ短編だが、この程度のウマさなら、この作者のものとしてはさして驚くにあたらない。ただこういうありふれた嘱目の題材を煮つめるに要した作者のモティーフのエネルギーが純文学といえばいえるまでである。積極的な試みなどとは義理にもいえない。しかし、この作は今月の雑誌小説のなかではキラリと光るものを持っている少数の作品のひとつだ」と書き、江藤淳氏は「小品ながら気の利いた佳作」とだけ記した。これもまた私は大いに不満で、とりわけ平野氏が「積極的な試みなどとは義理にもいえない」などというのは、まったく読解力不足と思った。吉行氏は短編の一作ごとに主題・技法のうえで新しい試みをしていて、この作品でも、たとえば、最後の、頭に浮んだ情景を描写して会話をほうり出すように終る終りかたなど、斬新な構成になっていたからだ。

河野多恵子の初めての長編

いずれにしても、ストック原稿を持っていないことは致命的で、編集長としての資格を問われているような気がした。悩んだ。

頭をひねりながら四月号の仮の目次をつくっている時、一つの考えが頭にひらめいた。出版部で河野多恵子氏に書き下ろしの長編小説を依頼し、進行中であることを思い出したのである。河野氏は六三年に芥川賞を受賞し、その頃に書き下ろしをお願いしていた。「男友達」という初めての長編である。出版部に「文藝」への掲載を頼み込み、諒承されて、柱ができることとなった。ただ、二回分載になることは、進行上、やむを得なかった。

そのほか、以前より依頼していた中村真一郎「道」、川上宗薫「突然の日」、坂上弘「午後の終り」などの短編を並べた。また、ほとんど同時進行として、水上勉「坊の岬物語」(長編・五月号)、三浦朱門「峠」(短編・五月号)、高橋和己「堕落」(長編・六月号)、佐藤愛子「隊長」(短編・六月号)などを依頼し掲載した。

新聞各紙の文芸時評では、四月号はすべて黙殺され、五月号でようやく「男友達」と「坊の岬物語」について平野謙氏が毎日新聞に書いた。「このところ『文藝』の書きおろし長編なる企画をあんまり信用していない私も『男友達』だけは最初に読みおえた。処女長編のゆえである。(中略)つまり、男友達に対するとき『いつも自分の最も大事な部分を殺さずにはいられなくさせられた』と作者は説明しているが、その『最も大事な部分』とはなにか、その部分と彼女の被虐的傾情とはどうつながっているのか、が最後までよくわからないのである。ということは、作者が女主人公の被虐的性癖を無条件に全肯定していることとも関係しているだろう。女主人公は決して無反省な女ではない。自分の『気のきつさ、我の強さ、恩着せがましさ』や利口ぶった性格を愛人との関係その他で、女主人公はイヤというほど痛感させられる。この個所は本篇のひとつのポイントでもあり、作者と女主人公との距離をうきあがらせる重要な箇所でもある。こういう女主人公が常凡な結婚生活をなかば断念していることも、それとしてあり得る話だ。とすれば、作者は女主人公の被虐的性癖を、それを中心とする人間関係のゆがみを、もっと批判的に描くべきではなかったか。／しかし、この長編は決して書きながしの作ではない。作者の克明な筆づかいは、それなりにほぼ手落ちなく全篇を仕上げているといえよう」という好意的な批評であった。

水上勉「坊の岬物語」と平野節

「坊の岬物語」に対しては、

「これは一種の因果応報物語である。作者自身とみられることを最初から前提とする主人公の因果応報と、目下週刊誌に執筆中の作品をめぐる九州の愛読者との手紙の交換を並行的に描きながら、最後にはその愛読者の生涯が主人公の前半生と暗合していること、思い立って九州の南端の愛読者を訪問すると、すでに彼は死亡していたことなどが種あかしされて、全体としての因果応報物語は完結するのである。『男友達』にくらべれば、文章のつづきぐあいなど無造作すぎるところのあるのも当然だが、並行するふたつの線が最後にひとつにないあわされる結びなど、さすがに手なれたものである。不具の子供を中心とする私小説的な部分と女郎グモを飼育する愛読者というフィクシヨン(だろうと私は思う)の部分が、水上勉ともいうべき情調と道具だてによって、巧みに統一されているのである」

これまた好意的で、あたふたとした足取りでスタートした新編集長としては、ようやく一息ついた気分になった。

そんな時、野口富士男氏が来社され、岡田三郎をモデルにしたという百枚の小説原稿「流星抄」を預かることになった。野口氏を徳田秋声の伝記作者としてしか知らなかった私は、元編集長の坂本一亀に相談すると、野口さんが小説を書かれたのは久しぶりじゃないか、ということだった。読んでみると、登場人物をめぐる昭和十年代の世相と作家生活のありように興味をひかれ、六月号に掲載した。これも平野謙氏が毎日新聞の文芸時評に短くとりあげた。

「この作品の主人公は明らかに岡田三郎をモデルにした作品だが、そのモデル小説を純然たる客観小説に仕立てようとしたところに、一種の計算ちがいがあったように思う。（中略）しかし、一見そういうもっともらしい作家像を描きあげれば描きあげるほど、岡田三郎のアホらしい人間的なおもしろさはずり落ちてしまうのではないか」と辛口の批評を加えつつ、「悪口をならべたみたいだが、岡田三郎という名をひさびさに思いださせてくれたこの作者らしい着眼を、私は私なりにうれしく思っているのである」

という平野節でしめくくっていた。

一九六五年後半

高橋和巳「堕落」をめぐる三人の批評 ⑱

高橋和巳「堕落──あるいは、内なる曠野」は、編集長になってはじめての長編小説で、六月号に掲載した。長編といっても二百八十枚で、長編作家を志している作者にとっては中編のつもりであったろう。当時の高橋さんはすでに「朝日ジャーナル」に「邪宗門」の連載執筆中であり、また「文藝」から離れた坂本一亀元編集長が企画した〈書き下ろし長編小説叢書〉の第一弾となる「憂鬱なる党派」の執筆を始めたころでもあった。そのような繁忙のなかで「堕落」を間にはさんで完成させたのは、高橋さんの「文藝」に対する応援の気持からであったろう。当方の知らないところで、坂本元編集長の後押しがあったかもしれないと、ひそかに思ったこともあった。ただそれ以前に高橋さんとのやりとりのなかで、長編小説を構想している時に、折にふれて、書き出しの部分だけ書いてそのままにしている原稿が何編もあるという話を聞いたことがあり、「堕落」はそのなかの一編かもしれなかった。いずれにしても、四月号で編集長になって、六月号で二百八十枚の完成原稿がもらえたのは僥倖であり、感謝のほかはなかった。

この意欲作についての文芸時評は待ち遠しかった。まず毎日新聞での平野謙氏は、同じ月に「文學界」に載った柴田翔「十年の後」と一括りにして、「この二作を一括することは作風としては少々無理だとしても、作者自身の問題意識がまず前提され、その問題意識にあてはまる人物の構図や配置がそれにつづく作柄という点ではほとんど逕庭がない。この場合は問題意識に対する作者自身のモティーフの深浅が、作の出来ばえを決定することになって、その点では明らかに前者に軍配があげられるが（略）」とか「ただ『堕落』についていえば、その問題意識がたとえば愛新覚羅・溥儀の自伝『わが半生』の濃密なリアリティを、それ自体としてアウフヘーベンしていなければなるまい、といいたいのである」と書いただけであった。この批評は終始作品世界の内部に入ることを避け、外側から概括したに過ぎなかった。

それに対して、朝日新聞の江藤淳氏は、「戦後批判は三島由紀夫氏の短編『朝の純愛』、高橋和巳氏の大長編『堕落』でも試みられている」とここでは三島由紀夫と一括りにしたうえで「だが、これらに通じているのは戦後についての解釈、あるいは態度表明であって、その実体の解明ではない。作者の美学、あるいは史観に共鳴できなければそれまでだという物足りなさを否みがたいのは、こういう小説が現実認識というより観念の上に組立てられているからである」という前提をおいて、さらに細部に入っていく。

「おそらく今月最大の力作であるが、私は登場人物たちが作者の史観のあやつり人形になっているところがまず不満であった。これは、いわば高橋氏の満州国論の小説化で、氏の思想のなかには脈打っている生々しい肉感が、その人物たち、特に女性に欠けているのが、奇妙に不具に感じられるのである。／かつて満州国青年政治連盟の指導者だった男が、戦後混血孤児を収容する社会事業をおこし、認められて新聞社の賞を受ける。しかし、戦後の人道主義者として世に容れられるのを屈辱とする彼は、むしろ覇道によってであれ一国を興そうとした『政治的人間』として終ろうと『堕落』を決意し、女秘書を次々とおかし、公金を私消し、ついに殺人までおかす身となる。しかし、彼は国を興そうとして敗れた自分が、国家に裁かれるのをよしとする心境になっている。／この主人公の行動が、すべて彼の政治的過去から説明されているのは、私には奇怪と感じられる。高橋氏の満州国論は興味深いものであるが、氏の主人公は堕落においても情感欠如症にかかっていて、少しも墜ちているようには見えない。小説の後半がことに弱いのはそのためであろう」

そのあとに続けて、「このような政治的体験の絶対化は、三島氏の場合の美の絶対化と軌を一にしている。つまり、いずれも作者のナルシシズムの所産であって、どちらかといえば非小説的な態度というほかはない」

この批評は半分はあたっていると思われたが、半分は当方の責任もあるような気がした。というのは、このようなテーマ小説の場合、登場人物の心情を細々と書けばよけいに隘路に入ってしまうことになりかねないと思っていたからであり、「後半がことに弱い」という指摘に至っては、締切を急いだことが影響していると思えたからだ。

さらに読売新聞の山本健吉氏は、江藤氏と通底する指摘をしたうえで、より懇切に批判していた。「そのインヒューメンな行為が彼の『秘められた罪と悲哀』であり、それは王道の理想をいだきながら、けっきょくは覇道・権道の道を採らざるをえなかった彼の、暗い心の沙漠なのである。その事実を作者は最後に種明かしする。だから作者は、かつての右翼的な『政治的人間』（と作者は言う）の心に、どす黒く横たわる『悪』を指摘し、そのゆえに、彼はけっきょくは身をほろぼさねばならないという、身のなる果てを追いつめようとする。いっさいは青木の『内なる曠野』に発する、悪魔的な想念である」と作者の意図に接近したあとで「作者は青木という一人の人間において、その戦時中の思想や行動と、いまのそれと、あまりにうまく算用を合わせ過ぎているのではなかろうか。そこには過去の理想と、理想の卑小化され、戯画化された再生産としての今日の事業と、両者の図式的な照応は存在する。だが、過去から現在への、流露感はない。そして、高見順氏が『いやな感じ』で、アナーキストからテロリストへの転落を通して、現代史に一つの照明を与えたとき、そこには流れる歴史が捕えられていた。／高橋氏は、高見氏が描き出したようには、近代日本のどす黒いニヒリズムの流れを、具象的に捕えなかった。高見氏が『経験的』『実感的』につかみえたところに、高橋氏は『理論的』『観念的』に迫ろうとした違いが、そこにある。新しい世代の作家として、別の道から主題に迫ろうとすることは、当然のことである。だが、それは、まだ作者の観念のスケールの壮大を感ぜしめるにとどまっている。きれぎれのイメージが、理論の骨組みでつながれている感じなのである。」と好意的な批判を加えた。少し前に刊行された『いやな感じ』は名作という評判が高かった。

しかし、これもまだ不親切な時評と思われた。この作品の場合、とりあえず観念の図式にしろ、主人公の挫折からくる深い虚無感の表出を作者は凝縮することこそ第一義としたことがうかがえるからだ。

それでもまだ新人の領域にいた高橋氏が、三者三様の批評を得たことは、批判の要素が強いとはいえ、充分に手応えがあったという気がした。

〈第三の新人特集〉を組む

六月号の小説欄は、前述した野口富士男氏久々の短編「流星抄」のほか、佐藤愛子「隊長」、前年三月号から断続的に連載してきた立野信之「流れ」第四回の「都会の憂鬱」などを掲載した。この「流れ」は立野氏が昭和十三年の「文學界」連載中に、戦時体制下の当局の圧力で中断されていた作品で、それをもう一度最初から書き直すということになり、竹田博前編集長が依頼してきたものだった。

しかし、この号での発表を最後に、御高齢の作者の健康状態などもあって中断することになった。

　また、毎号続けてきた企画、「文芸内閣」という座談会は、熟慮の末、この号で完結することにした。前年新年号以来、好評裡に続けてきたが、当初のような反響が少なくなり、テーマに手詰まりの感じが出てきたからである。五月号では、かつて〝世界移動大使〟という名称をつけていた開高健氏がベトナムから帰国して出席し、いち早く三矢研究を予告していた松本清張氏をゲストに迎え、石川達三、阿川弘之、野間宏、大江健三郎の各氏をまじえてかつてないような熱心な論議がかわされて、この企画の棹尾を飾るできばえと思われたのである。そこでこの六月号では最終回として、「二十年後の日本」という表題で、石川達三、阿川弘之両氏など計九名で語り合っていただいた。ここでは武田泰淳氏の〝作家は各自が自分のなかに毒を有しており、二十年後はそれらの毒にあたって自家中毒を起こしているだろう〟という意味の予言めいた言葉が印象に残った。十八回を数えたこの企画にとって、あるいはふさわしい言葉だったかもしれない。

　「文芸内閣」という一つの柱になっていた企画を終了したことで、その後はそれに替る強力な企画を各号で考えなければならなかった。七月号では、編集長となった直後から考えたり依頼したりしてきた〈第三の新人特集〉を、小説・評論・座談会で構成した。

　創作欄に遠藤周作「道草」、三浦朱門「ギター」、安岡章太郎「埋まる谷間」、吉行淳之介「日暮れどき」を掲載し、評論は「第三の新人とアメリカ文学」と題して小島信夫氏に執筆してもらい、「文学と資質」という題で遠藤、安岡、吉行、小島の各氏のほか庄野潤三氏にも加わっていただいて座談会を開いた。二十九頁に及ぶこの座談会は、出席した各氏がすべて梶井基次郎の愛読者であることを、それぞれ面談して確認したうえで実施したので、発言が嚙み合い、文学上の資質を論じた座談会としては画期的なものという自負を持った。ところが文芸時評では評価が低く、毎日新聞の平野謙氏は小説群はみな「ひととおりのもの」と断じ、座談会については「座談会にいたってはみな本気と営業用との使いわけがうまくゆかず、いい気なものだというような結果に終っている」と書かれたので腹だたしかった。平野氏には、親密な関係だけに通用する揶揄の形をした「本気」の繊細なやりとりが読めていない、と思ったことだった。ただ、他社の先輩編集者がこの特集を褒めていると人づてに聞いて、単純に喜んだ。

　その年はその後もいくつかの座談会企画を立てて実行した。同じ七月号ではもう一つ、「『源氏物語』と現代」と題して、三島由紀夫、瀬戸内晴美、竹西寛子三氏で語り合ってもらった。これは出版部で企画した『豪華版日本文学全集』の第一回配本に与謝野晶子訳の「源氏」が刊行されたことの支援企画で、三島氏が「与謝野源氏」を高く評価しているところから生まれた企画だった。また八月号では「われらの戦後二十年」を武田泰淳氏の司会で、石原慎太郎、江藤淳、開高健、高橋和巳四氏で語り合ってもらったが、同世代とはいえ個々の相違点がはっきりと現れただけで、あまり嚙み合わず並列的な発言集になってしまった。「戦後二十年」というような公式的な問題の立てかたが間違っていたのかもしれない。

　そのほか、当時評価の高い小島信夫氏の『抱擁家族』をテーマにして北原武夫、吉行淳之介、小島信夫三氏による「文学者と家庭」(九月号)、堀田善衞、安岡章太郎両氏による「旅行・文学・政治」(十一月号)、ドストエフスキーの原作をそれぞれ脚色演出・出演する予定の福田恆存、芥川比呂志両氏による「『罪と罰』について」(十二月号)などの鼎談・対談を実施したが、これらの対話形式のほうが新しい言葉が積み重なって、読みごたえのあることがわかった。座談会という形式は菊池寛が考案したと聞いていたが、文芸誌においては、司会者のいない対話のほうが向いていることを学習した思いがあった。

19 吉行淳之介訳、ヘンリー・ミラーの短編

一九六五年は「文藝」にとって、内外ともに激動の時代であった。まず版元の河出書房新社がビルを建立した。四月十六日、これまでの木造の建物の道をはさんだ向い側に、地下一階、地上五階の新社屋が建ち、その竣工式と披露パーティがおこなわれた。社員一同の見まもる前で河出孝雄社長がテープカットをし、つづいて来賓約五百人を招いて祝宴が開かれた。出席者には、川端康成、米川正夫、中村白葉の各氏など社と縁の深い著者たちのほか、文藝春秋社長・佐佐木茂索氏、中央公論社社長・嶋中鵬二氏らの顔も見え、盛会であった。

私が驚いたのは、いつのまにか顔を知らない社員がふえていたことだ。そのなかには、「文藝」の要員として予め紹介されていた雑誌経験者もいたが、その場で名刺をわたされた人たちも何人かいた。後日、その人たちのなかから四人が「文藝」編集部に配属されることになる。

従来の編集部は出版部をふくめて全員新ビルの一階と二階に移転し、「文藝」編集部は三階の入口に近い一隅にそれぞれ机を置いた。移転日を特定することはできないが、照明が明るくなり仕事がしやすくなったことを覚えている。

その時からであったか、俗に出版部といっていた編集部は編集局となり、日本文学、世界文学、歴史・人文科学の三部門になったが、五階にも教養部門のような、新企画開発のセクションが中途入社組によって組織されていた。そこで新しく「人間の文学」シリーズが企画され、〝タブーゆえに生埋めにされていた名作の復権をはかるとともに、タブーに挑戦し、このいわば未公開の処女地への文学的冒険を試みる現代作家の作品を併せて収録する〟という惹句で、クレランド『ファニー・ヒル』、フランク・ハリス『わが生と愛』、バロウズ『裸のランチ』、マンディアルグ『海の百合』など十数点の翻訳が進行していた。それらのうちの何点かの部分訳を「文藝」に掲載してほしいという要請があり、五月号に『ファニー・ヒル』(吉田健一訳)、六月号に『わが生と愛』(大久保康雄訳)、八月号に『裸のランチ』(鮎川信夫訳)の部分訳を掲載した。これらについての反響はほとんど手許に届かなかったが、その後、順調に完訳本がシリーズとして刊行されていったので、何がしかの支援の役割を果したと思いたい。ただし、『ファニー・ヒル』は、シリーズ本の刊行当時、警察から性表現の規制を越えているとして、回収を命じられた。今から考えるとばかばかしいことだが、当時はまだ性表現に対して警察が目を光らせていたのである。同書が世界各国で解禁されている事情からいえば、このことは日本の後進性を示しただけであった。

この企画に関連して、幸運にもやり甲斐のある仕事がめぐってきた。「人間の文学」編集部がヘンリー・ミラーの未訳の短編二編のペーパーバックス版のテキストを探し出したのである。すぐに下訳をつけてもらい、吉行淳之介氏に翻訳を依頼した。かねてより吉行さんはヘンリー・ミラーに深い関心があり、同時に、一度は何かの翻訳を試みてみたいと雑談中に語っていたことなどを思い出したからである。吉行さんはテキストをしばらく眺めた後、「まあ、やってみるか」と承諾した。そのうちの一編は約三十枚の「マドモアゼル・クロード」で、主人公の「私」が娼婦を聖女のように扱っていることを描いた短編だったし、もう一編「初恋」は十五枚程度の掌編で、少年の少女への淡い感情と心理を描いたものであった。それぞれ八月号と十月号に掲載した。吉行さんの文体に移し変えられたこの二編は、硬質の抒情が滲み出ていてなかなかの名訳となったと思われた。

翻訳といえば、ほかにも意欲的な仕事があった。『世界文学全集』の編集部が、ノーマン・メイラーの十年ぶりの新作『アメリカの夢』を、雑誌掲載権をふくめて版権を取得したのである。〈特別短期連載〉として、九月号から十二月号まで山西英一訳で連載した。

通夜と葬儀の間の原稿依頼

20

下半期の創作欄の紹介をする前に、この年はどうしても先に書いておかなければならないことが出来《しゅったい》した。重要な作家たちが次々に亡くなられたのである。

二月十九日の山川方夫氏の事故死については前述したが、七月十九日には梅崎春生氏、同月三十日には谷崎潤一郎氏、八月十七日には高見順氏、それに作家ではないが、七月二十二日には社長の河出孝雄が、次々に病死された。また「文藝」とは関係の薄い方々まで拡げれば、畔柳二美、河井酔茗、高橋元吉、小山清、蔵原伸二郎、中勘助、江戸川乱歩、木下夕爾、安西冬衛の各氏が亡くなられた。のちに年表で調べてみると、毎年十名前後の文壇人が亡くなられているのだが、特別な衝撃をうけたのは、担当者として定期的に訪問していた梅崎さんと河出社長の逝去が日をおかずに重なったからであろう。

梅崎さんは「新潮」六月号に「幻化」を、同八月号に続編「火」を発表されたばかりで、私は「幻化」だけを読んですぐ五月半ばに梅崎家を訪問していた。その時も密度の高い文体の読後感を話したあと、いつものようにボソボソと語られる文壇話への受け答えをしながら、「幻化」完成の次はぜひ「文藝」の短編にかかってほしいと依頼し、一応の承諾をもらっていた。六月半ばにも一度電話で話し、七月十九日にさらに電話をすると、東大病院に入院中ということですぐ病院へ駆けつけた。病室の扉を叩くと、薄目に扉が開き、夫人が部屋へ入るようにと目配せをされるので入った。すると、梅崎さんはもう危篤状態に入っておられ、せわしい息遣いの音が聞えてきた。二、三の人たちが黙って見まもっていた。動転していたが、私もまた臨終を見まもることになったのである。

七月二十日に通夜、二十一日に梅崎宅で葬儀がおこなわれた。出版社各社から手伝いの人たちが集まり、私は室内での三浦朱門氏の付添いとして、香典係を命じられた。親交のあった遠藤周作氏は受付係をされるとのことだった。通夜と葬儀の間に、九月号に追悼文を掲載すべく、会葬された三浦朱門、檀一雄、埴谷雄高三氏に原稿を依頼した。

そして翌日、会議と出張校正の準備をし、翌々日、河出社長の訃報を聞いた。翌二十四日、三時出棺のために社長宅へ赴いた。二十五日本通夜、二十六日、全社員が十一時に青山斎場に集合し、社葬が挙行された。会葬者の行列のなかに、多くの著作家の姿を見受けたが、三島由紀夫の姿が印象に残った。

谷崎潤一郎・高見順の追悼号

谷崎潤一郎、高見順両氏の葬儀には会葬したと思うが、記録がなくほとんど記憶もない。ただ、谷崎氏の通夜は八月二日（これだけ手帖に記していた）、氏がよく宿泊していた福田家という料亭でおこなわれ、道路に大きな天幕が張られていたことを覚えている。この料亭では六三年九月号に掲載した、円地文子、サイデンステッカー両氏との鼎談「作家の態度」を、当時の坂本一亀編集長の介添として傍聴していた。谷崎氏にお目にかかったのもこの一度だけだった。高見氏には二、三度お目にかかり、酒席の末座にいたこともあるが、仕事上の担当としてではなかった。

近代文学史上、大きな存在であった両氏には十月号の追悼特集にかなりの頁を割く必要があると思い、出版部の先輩編集者の応援を得て、谷崎氏には舟橋聖一氏の、高見氏には芹沢光治良氏の弔辞をいただいて掲載した。さらに谷崎特集には円地文子氏のほか、谷崎氏と大正時代から交遊のあった沢田卓爾氏、日本文学の研究者であるサイデンステッカー氏、山本健吉氏にそれぞれ十五〜二十枚の谷崎論を依頼した。また高見特集には新田潤、近藤啓太郎、井上光晴、武田文章の各氏に回想文を、中村真一郎氏に作家論三十枚を依頼した。結局、両氏の追悼特集に十一人の作家を動員したことになる。私が直接依頼したのは沢田卓爾、サイデンステッカー、近藤啓太郎、井上光晴、武田文章の五氏だけのような気がする。部員のほか中途入社の経験者の人たちにも手伝ってもらったのかもしれない。いずれにしても、それぞれ特色のある追悼文と作家論が集まり、読みごたえがあった。啓発された指摘の一部を、山本健吉、中村真一郎両氏の作家論から引用しておきたい。

「『春琴抄』『吉野葛』『蘆刈』『盲目物語』の四篇は、一とまとめに思い出されるが、私の好みから言えば、作品の出来ばえはこの順序である。これらを書いた昭和六年から八年にわたっては、この仕事の頂点であったが、それらの作品は氏の美的理想が渾然とした結晶として凝固した感じで、現実であるよりも、氏の脳裡の形成物である。」（山本健吉「谷崎潤一郎小論」）

「氏が長い模索の時期、引き伸ばされた青春のローマン的錯迷の時期のあとで、遂に一生の総大成として『いやな感じ』その他の連作小説を始めた時に、その巨大な設計図の一部に、古典的客観小説の見本を建設しようとしたのは、高見順の文学経歴を一本の線として理解しようとする人間にとっては、甚だ面白い課題を含んでいるということになるだろう。」（中村真一郎「回想の高見順」）

　作家の死は、誰も埋めることのできない空隙をつくってしまい、穴が空いたままの時代は変化していかざるを得ない、という認識を、強く持たされた年であった。

ヴェトナム戦争の徹夜討論集会　21

　一九六五年は外部も内部も環境変化の激しい年であった。外部では前述したように、多くの有力作家の死が相つぎ、追悼文の依頼で忙しい思いをした。さらに射程を拡大すればベトナム戦争が熾烈化し、国内の反戦運動、平和運動が盛んになった。「文芸内閣」という企画で一年間、官房長官という名の司会役をつとめた開高健氏が、ベトナム戦争を取材に行き、「週刊朝日」で一月から三月まで戦記を連載し、河出書房のベストセラー『何でも見てやろう』の作家、小田実氏らが「ベトナムに平和を！　市民文化団体連合（ベ平連）」を結成し、四月には初のデモ行進を主催した。知識人のベトナム戦争反対を趣旨とする論文が新聞・雑誌に瀕出した。そのような機運のなかで、「文藝」編集部も九月臨時増刊号として「ヴェトナム問題緊急特集号」を刊行することになったのである。

　私自身、このような仕事を承諾してしまったことが、暫くの間信じられなかった。しかし、執筆依頼に歩き出し、目次の構成案をつくり始めてからは、次第に熱中し、あっという間にはまっていた。そもそもこの臨時増刊の話が持ち上がったのは、役員室に呼ばれて、一つのテレビ番組の話を聞かされたのが発端である。その年の8・15記念番組に東京12チャンネルが徹夜討論集会（ティーチ・イン）の実況中継をするので、その議事録を掲載する特集雑誌をつくってみないか、声をかけられた。すぐこの企画の筋道は見えてきたが、司会者と出席者の顔ぶれを見ると、文芸誌の領域を超えるものの、断るわけにはいかないという思いと、積極的にやってみるべきだという思いが交錯した。

　まず「第一部〈討論〉ヴェトナム問題と日本の進むべき道」の司会者グループとして桑原武夫・鶴見俊輔・久野収三氏の名前があげられ、「第二部〈体験談〉戦中戦後をふりかえる」、「第三部未来への展望」の司会者グループとして、それぞれ無着成恭・鶴見俊輔の二氏（第二部）と小田実・家永三郎・山下肇の三氏（第三部）があげられていた。またメインとなる第一部の出席者の顔ぶれは、麻生良方、飛鳥田一雄、江崎真澄、羽生三七、服部学、日高六郎、星野安三郎、いいだもも、開高健、勝間田清一、宮沢喜一、長洲一二、中曽根康弘、小田実、佐伯喜一、坂本義和、佐藤賢了、宍戸寛、上田耕一郎、宇都宮徳馬、渡辺城克の各氏で、自民、社会、民社、公明、共産などの政党人と、日高六郎・坂本義和氏ら知識人・大学教授によって構成されていた。この出席者がどのような経過で選出されたかは知らされなかったが、「8・15記念二十四時間討論集会『戦争と平和を考える』実行委員会」（この組織の実体はベ平連事務局であろうと思われた）と東京12チャンネルによって選出されたことが推察できた。

「ヴェトナム問題緊急特集号」の企画

特集号ではこの討論集会の議事録を、速記をおこしてメインに据えるとしても、まずどのような雑誌にするかを考えなければならなかった。「ヴェトナム問題緊急特集号」と表紙に刷り込むことにして、知識人、ジャーナリスト、文学者の参加も要請しなければならなかった。しかし、何よりも「文藝」編集部の姿勢はどのようにあるべきか、である。しかも通常の九月号は八月七日発売なので、八月十四日夜の討論集会まで一週間しかなく、目次案をつくりつつ執筆依頼を続けるしかなかった。世上にあふれている〝ヴェトナム問題〟ではなく、そのことへの認識を深める企画が必要だった。文学者としては埴谷雄高氏に随想「二つの射殺」を、高橋和巳氏にヴェトナム本の書評を依頼した。埴谷氏の文章はかつてのロシア革命時の実写フィルムに材を取り、もっとも単純な二つの死のかたちを考察したエッセイであった。書評は開高健『ベトナム戦記』、小山房二『南ベトナムの崩壊』、岡村昭彦『南ヴェトナム戦争従軍記』、大森実監修『泥と炎のインドシナ』の四著を対象にしたもので、「見る悪魔」という表題がつけられていた。

高橋氏はこの四著を検討して、「どれが本道なのか、正直なところ私には分らない。文学者としては、私は開高健のように、ユーモアによる平衡感覚の回復という手段は縁がないが、やはり、その内面性にもっとも強く共感する。しかしヴェトコンはその実状その思念を、世界に伝えたがっていると信じ、相手の伝えたい意志と取材しようとする意志の合致を求めて行動する岡村昭彦の態度も、また逆に、ヴェトナム人は見せ物ではないという相手の叫びの前に、カメラの蓋をする小山房二の態度も、それぞれ真実であり、それぞれの体験に裏うちされている」と書いている。

また開高健の内面性とは「観察すれど行為せぬ取材者の本質から遡って、『人間のことどものすべてに興味をもつ』ヒューマニズムが、ある地点で壁につきあたり一歩も動くことができなくなることの認識が含まれている」ものなので「戦争はいうまでもなく別の論理、絶対的な正義で武装した権力の論理で動く。その間の溝は冷静な論理では決して深めることが出来ず、ただ巻きこまれ無我夢中であった場合だけ幾分の心情的無罪性を獲得することができる」という開高健の自覚を評価していた。

長い引用になったが、この高橋氏の「見る悪魔」に書かれた着眼点こそ、特集号を編集する私たち自身の姿勢に強い暗示を与えた。ほかの執筆者への原稿依頼も、巻頭論文の笠信太郎「世界・アメリカ・日本」をはじめ、蠟山政道「世界平和への日本の進路」、戒能通孝「アメリカはヴェトナムに勝てるか」、中島健蔵「戦後二十年間の知識人」、井上清「ヴェトナム戦争反対の意味するもの」と、次々に決定していった。笠氏の論文は八月十四日、ラジオのために書かれた草稿であったが、趣旨がこの特集号の方針に合致するもので、もっけの幸いであった。そのほか、坂本徳松、野口雄一郎、衛藤瀋吉というヴェトナムの現状に詳しい学者たちの分析、「人間の文学」編集部を通して、モーリス・ウエストの「ヴェトナムの大使」（田中融二抄訳）、「エスクワイヤ」誌に掲載されたアメリカ将校の手記「待伏せ」（長谷川四郎訳）の訳出などの企画を加えた。あとは巻末にくわしいヴェトナム年表、扉に地図を加えれば、特集号はほぼ出来上がり、いや、それに徹夜討論会の実況中継の速記原稿をつけたせば、完成するはずであった。

八月十四日夜、徹夜討論会の会場である赤坂プリンスホテルの舞台裏や客席、速記者席などを見回りながら、私はかなり緊張していた。予定通り客席も埋まり、司会群、講師陣も所定の席に坐り、坂本義和教授の問題提起的な冒頭陳述が進行し、桑原、鶴見氏の司会ぶりも大変に気を使った言いかたで表現され、何の問題も起こりそうになかった。対立する関係にある各政党の国会議員の討論も整然とすすみ、論も嚙み合っていた。そんな時、一つの問題が持ち上がった。第一部が終りかけた頃に、司会が桑原氏から鶴見氏に変り、「日本は何をなすべきか」という問題を一般参会者から講師への質問というかたちで受けつける段階になった時に、たまたまアメリカでティーチ・インを体験したカール・オグルズビー氏が特にこの会にメッセージを持ってこられたので発言を許されるということがあり、「非常に人のよいアメリカ人が、ヴェトナムの家々にシガレットライターで火をつけ、そうして子どもたちを焼きはらうのをこの目で見てきたのであります……」(拍手)「われわれはまた非常ににぎやかでもってきれいなナパーム爆弾が、それらの非常に人のよいアメリカ人によって、爆発させられるのを見てきたのであります」という発言が通訳によってマイクにのせられるとすぐ、「座長……」と宮沢喜一氏の手が上がり、「どういうわけでこの特定の一人だけ意見をお言わせになるのですか」、続けて中曽根康弘氏の「こういう演出したものはいけない」という抗議の声があがり、司会者の鶴見氏も「ここにこられているなかからアメリカ人一人に、はじめに長く演説していただいたことは、司会者としての不手際だったことを認めます」といって、別の発言者に交替するということがあった。

中止された実況放送

この時少し不安な気持になったが、その後も順調に一般参会者と政治家とのやりとりはすすんで、第一部は午前二時五十七分に終了した。ところが、無着成恭氏司会による第二部「戦中戦後をふりかえる」が始まって一時間ぐらいたった頃、報告者の方々の発言の五、六人目に、司会者の鶴見氏より発言があり、「お知らせがあります。ナマ放送は中止されました。いま撮っているのは映画ですが、いままでどおりの予定で進行します」という説明があった。すぐに舞台裏にいって実行委員がたむろしているところへいくと、東京12チャンネル側の判断によって実況放送は中止されていることがわかった。公共放送として偏向が認められるということだったらしい。

　後日、誌上収録についても、江崎、中曽根、宮沢三氏より第二部以降との同時掲載は見合わせてほしいという申し入れがあったが、私はゲラを三通つくって上記三氏の議員会館の事務所へ届け、さらに日を置いて回収したが、一字の訂正も入れられてはいなかった。ただ、「編集部より」という囲み記事を第一部と第二部の間に挿入し、両者の記事は講師、発言者も異り、直接の関連はない旨明記した。

　結局、この特集号の編集経験は、文芸誌のためには直接役立つことはなかったが、私にとっては、幾つかの重要な意味があった。その一つはこの時有能な二人の中途入社編集者の活躍が認知できたことと、将来実現すべきA5判への復帰の可能性が確認できたことであった。またもう一つ、執筆は固辞されたものの上原専祿氏に出会えたことだった。上原氏は教え子たちが六〇年安保闘争に参加して裁判となり、その経過を見護るために政治的発言を一切控えているとの説明を諄諄と語られ、強い感銘を受けたのである。

　さらに、学生の応募手記「徹夜討論会を視聴して」のなかに次のような一節があった。これは中途で放送中止となったので急拠一般参会者に声をかけて後送してもらったもののなかの一通である。「十四日深夜のティーチ・インに参加した文化人のひとり、物理学者の宍戸寛氏は、目立たないがしかし重要な発言をした。――『国民が政治家に、あなたはなにをするつもりかと聞くのはおかしい。本来は、政治家が国民に、自分はなにをしたらよいかと聞くべきだ』と」

　所詮、この徹夜討論会は政治家に一般参会者が質問するという従来の型を踏んだものであった。まだ政治家がテレビ番組に出演することが少ない時代であったのだが、しかし、ものごとが見えている人はいるものだと、教えられた気がしたものであった。

22

瀬戸内晴美「鬼の栖」

六五年後半の創作欄は、長編小説の一挙掲載を見合わせる方針にしたので、各号に短編を用意しなければならなかった。ただ、前述したように表紙との関連で、各号の目玉を前もって決める必要があった。すでに十一月号の三島由紀夫、十二月号の芝木好子は決まっていた。三島氏の新作戯曲「サド侯爵夫人」は劇団の上演日程が決定されているので動かしようがなく、芝木好子氏にだけは一年がかりでお願いしてある長編小説があった。

七月号は前述のように「第三の新人特集」で頁を割いたので、別に丹羽文雄氏の七十枚の短編「拗ねる」を掲載し、表紙写真もお願いした。八月号には井上光晴氏の中編「熱いレール」と表紙写真、九月号ではこれまた変則的だが、初めて新連載「鬼の栖《すみか》」が始まるので瀬戸内晴美氏にお願いすることにした。「鬼の栖」は、実は別名「本郷菊富士ホテル物語」なのである。当時、瀬戸内さんは大杉栄と伊藤野枝を題材にした「美は乱調にあり」を「文藝春秋」に連載されたばかりで、この本郷にあったホテルは大杉と野枝のほか、尾崎士郎と宇野千代、宇野浩二と八重次、坂口安吾と矢田津世子、正宗白鳥、石川淳、三木清、福本和夫、広津和郎、高田保、直木三十五、竹久夢二とおかねさんなども時代をかえて住んだことのある有名なホテルだった。『田村俊子』『かの子撩乱』『美は乱調にあり』と伝記的小説で成功してきている瀬戸内さんに適切な題材であり、伝記的要素を超えて虚構も試みたいと意欲的だったから、当方にとっても意欲的な企画であった。幾度か通ったことのある目白台アパートから中野の土蔵つきの日本家屋に引っ越した瀬戸内さんを、浴衣で写真に撮ろうということになり、極暑の日だったが、細江英公さんを案内していった。瀬戸内さんの有髪時代の浴衣の写真として、細江英公撮影のこの表紙は記念すべきものではないだろうか。

「菊富士ホテル」については、当時、本郷通りから菊坂通りへ入り、歩いてみて所在の見当はつけたものの、なかなか建物を想像することはできなかった。「鬼の栖」の冒頭近くで宇野浩二の『文学三十年』からの引用があるので、孫引きしておきたい。

「本郷菊坂の菊富士ホテルに私が行つたのは大正十二年の春であつた。私は、その家に行く前に、その家の一室にゐた高田保を訪ねて、その家の下調べをした。（中略）このホテルは、崖の上に立つてゐたので、玄関の突き当たりの階段の横から下りる地下室になつてゐる食堂にゐながら、近所の家の屋根が眺められ、また別の方は空の方が多く見えた。私は嘗て、この風変りな高等下宿の食堂に集まるさまざまの風変わりな人の事を、少しばかり小説に書いたことがあるが、一生のうちには、あの高等下宿とそこに泊つてゐる人々の事を元にして、そこに住んでゐた頃も考へた事があるが、前にも述べたやうに、バルザックの『ゴリオ爺さん』と似て非なる長篇を書いてみたいと思つてゐる」とあるので、瀬戸内さんもまた、これと同じ欲求にかられたのかもしれなかった。

十月号の表紙はこれも変則的ではあったが、谷崎潤一郎追悼号だったので、谷崎氏の写真を掲載した。これだけは『日本文学全集』の口絵のために三木淳氏が撮影した近影を使った。

そのほか下半期に掲載した短編を列挙すると、「見知らぬ街」丸岡明（七月号）、「蝶」永井龍男（八月号）、「逃亡の季節」小田嶽夫（八月号）、「小説第三次大戦」吉原公一郎（八月号）、「女の部屋」佐藤愛子（九月号）、「お人好し」和田芳恵（九月号）、「灰波」石原慎太郎（十月号）、「二十年」三浦哲郎（十月号）、「個人にとって」川上宗薫（十月号）、「賭碁師」近藤啓太郎（十一月号）、「ひとり客」城山三郎（十一月号）、「稲妻」三上慶子（十一月号）などがあった。二、三編を除き、それぞれに原稿受領の時の作者の表情や読後感があって、忘れ難い。この時期はB6判で娯楽雑誌志向の雑誌を何とか従前の文芸誌ふうの編集方針に戻そうとする不安定な時だったので、執筆いただいた作者には頭の下がる思いがした。殊に丸岡明、永井龍男、小田嶽夫氏などは老作家の域に入っておられたが、先輩に知り合いが多く社によく立ち寄られる丸岡氏には駿河台下の喫茶店で、永井氏には鎌倉の自宅の縁側の籐椅子で、小田氏には三鷹の自宅で玉露の緑茶をいれていただきながら、原稿を頂戴した。三編とも文芸時評ではふれられなかったが、出色の心境小説の佳作であった。

「サド公爵夫人」の圧倒的反応と編集部飛躍の予感

十一月号の「サド侯爵夫人」の原稿は三島由紀夫氏宅で一括して頂戴したが、用意していった大きめの鞄にずしりと重みがかかった。前年に「喜びの琴」をいただいたのは前任の担当者だったので、私には初めての経験だった。相変わらず楷書で書かれたきれいな原稿だったが、おそらく上演用台本の印刷にまわった後だったに違いない。それ以前に、表紙撮影のために赤坂のホテルの喫茶室で写真家の細江英公氏と待合わせ、近くのスタジオまで歩いて行った時は、屈託のない大声をあげて歩く三島氏の短軀の後姿を眺めて、あの原稿の文字からくる印象との違いに、少し驚いたものだった。その文字を最初に見たのは坂本一亀編集長の復刊号の校正の折りに見た「源氏供養」の原稿である。

掲載後の各紙の文芸時評の反応はやはり圧倒的であった。読売新聞の山本健吉氏は、次のように書いた。

「これは、澁澤龍彦著『サド侯爵の生涯』に拠る、と記してある。私はこの書物を読んでいないから、比較対照の便宜はないが、澁澤氏は同じ雑誌に『サド侯爵の真の顔』という一文を寄せている。それによって想像すると、澁澤氏のサド観は、だいぶここに取り入れられているらしい。／だがこの戯曲は、疑いもなく三島氏のものである。しかも傑作に属する。劇団の制約によるものだろうが、たった六人の、女優だけの芝居で、場所は三場とも、サド侯爵夫人ルネの母、モントルイユ夫人邸のサロンである。時間だけは、三幕のあいだに十八年が経過するが、外は厳密に古典主義的制約に従っている。／不思議なことに、この女ばかりの芝居の真の主人公は、一度も舞台に登場しないサド侯爵なのだ。彼は最後の幕切れ近く、家政婦によって来訪が告げられる。一同があっと驚き、緊張した沈黙の瞬間のあと、侯爵夫人の質問に答える家政婦によって、その乞食のような老醜の姿が描き出される。それはその直前に、修道院入りを決心した侯爵夫人が描き出した、光の精のようなサドの天翔ける姿と、あざやかな対照を作り出す。（略）／澁澤氏の言う通り、サド夫人はここでは、サドの最高の理解者として現れる。この貞淑無比の夫人は、サドの性愛の秘儀にみずから進んで参加し、その堕落の共犯者となることで、聖なるものを望み見る。だが、サドが獄中で書いた『ジュスチーヌ』を読み、彼が自分を見すてて、高く天翔けっているのを感知する。そして、長いあいだ待ちうけた彼がいよいよ出獄するその時に、修道院入りを決心してしまう。（この戯曲の欠点を言えば、サドの著書を夫人の回心のきっかけとしていることだと思う。事実としてでなく、解釈としてでもなく、戯曲のプロットとして言うのである。劇のクライマックスに『書巻の気』は避けたい）／（略）私はこの戯曲では、三島氏の目をくらますような修辞が、巧みにいぶされてあって、しかも対話の妙を尽くしているのがよいと思った。ただひとり、サド侯爵夫人のセリフだけが、絢爛としているのだ。他の五人の女たちと、次元のちがう世界に住んでいるからである」

また江藤淳氏は朝日新聞に次のように書いた。

「これは、サドという現実破壊者を、女性という現実のにない手を通じてとらえようという試みといってもよかろう。だから大詰で侍女の口からサドの帰館が告げられるとき、この劇的世界の現実もまた崩れ落ちなければならない。サドの不在によって維持されていた戯曲の力学的均衡はその到着によって完全に否定し去られる運命にあるからである。また同時にサドの到着は、フランス大革命の生んだあらゆる価値転倒、混乱、抑圧されていた欲望の解放などが、ロココ風の貴婦人の客間になだれこんで来ることを示してもいる。ルイ王朝の勅命拘引状によって獄につながれていたサド侯爵は、大革命のおかげで自由を得たからだ。いわばサドの影が登場する貴婦人たちのなかで次第に色濃くなって来るにつれて、革命は彼女たちの客間にしのび寄って来るのである。この戯曲では歴史はそういうあらわれかたをしている。／劇の中心をなす軸は、サド侯爵夫人ルネとその母親モントルイユ夫人の対立である。モントルイユ夫人は俗物の代表であり、その世間智を傾けてサドという異常な加虐の情熱にとりつかれた男を娘のルネから遠ざけようと奔走する。一方『貞淑』な侯爵夫人は、ほかならぬその『貞淑』さへの執着によって逆に夫の現実破壊の祭儀にひきつけられ、ついにはその巫女を演じさえするようになる。こういう侯爵夫人ルネの内面を映して拡大する鏡として、作者はサン・フォン侯爵夫人という悪徳の化身のような魅力的な淫女を登場させ、これと宗教的美徳の化身のようなシミアーヌ男爵夫人という人物とを対比させているが、この二人の架空人物の創造は成功していると思う。／（略）私は三島氏の思想に、というよりはそれを支える論理に抵抗感を覚えがちな者であるが、ここではその論理を載せてうねるせりふのうまさ、めりはりのよさに氏の戯曲家としての技術的成熟の跡を見ないわけにはいかない。三島氏は『熱帯樹』以来くりかえしてこういうせりふを試みて来たが、ついに一応の成功を収めたのかも知れない。かりにそれが氏の脳裏にしか存在しない理想の劇場の理想の俳優によって、はじめて生命を吹きこまれるようなせりふであっても」

　毎日新聞の平野謙氏は例によって、原則として連載小説と戯曲は除外すると断ったうえで、この月は百五十七枚の「サド侯爵夫人」と福田恆存の「罪と罰」二百八十枚という戯曲の二力作があるとだけ書いていた。その平野氏が十二月号の芝木好子「葛飾の女」（二百六十枚）については次のように書いた。

「この力作には額ぶちがあるが、その額ぶちを取りはずした中味はといえば、明治四十一年に十七歳になった紙問屋の娘が明治四十五年に入水自殺するまでの短い生涯を写したものである。この女主人公は気鋭の日本画家に師事していて、稚拙ながら独自の画風を築くかに見えたところで、葛飾の旧家の二男坊と結婚し一女を生むが、良人に師匠とのあいだを疑われ、嫉妬されてついに自殺するのである。そのとき、以前から女主人公に思いをかけていた兄弟子で、破門されて次第に堕落し、生活的にもゆきづまっていた男も一緒に死ぬ。おそらく心中という形態をとることで、女主人公は良人に対する復讐と無実の疑いをはらしたかったのだろうが、なぜ男の方が道づれになることを承知して、一緒に死ぬ気になったかは、必ずしも分明でない。（略）／そういういわば新派悲劇ふうな古さを押しつらぬいたところに、この力作のプラスもあればマイナスもある。私一個としては、こういう作者の一途な描きかたに好感をもった。これは決して水ましした、かいなでの作品ではない」

　十二月号といっても、発売日は十一月七日で締切日は十月二十日前後であるから、この九月から十月にかけて早くも、一九六六年新年号からの「文藝」を新たな意気込みで改編しようと走りまわっていた。中途入社した二人の編集者はこの年すでに、経験の豊富な一人がニューヨーク滞在の池田満寿夫・富岡多恵子両氏に連絡をとり、「ニューヨーク通信・二人はアメリカと話した」という連名の原稿をのせ（十一月号）、思想・哲学にくわしい一人が「ルポルタージュ・全学連〝犯罪者〟青春論」を十回にわたって岡本太郎氏と同行取材し、執筆してもらっていた（十一月号）。この種の企画は、私の能力を超えたもので、翌年からの活躍を大いに期待させた。これまでの未成熟の編集部がようやく大人の文芸誌をつくることのできる編集部へ、飛躍していくような気がした。

一九六六年前半

23

「KKKK団」の社会科学的アプローチ

　一九六六年一月号から「文藝」は再びA５判に判型を変更した。六五年の半ばごろからそのための準備を少しずつ進めていった。まず新連載の小説・評論の執筆者を決めなければならず、部員二人を相談相手に幾人かの作家・評論家に打診していった。翌年一月号の締切日は十一月二日であり、実質では三、四カ月の余裕しかなかった。幾人かの人に無駄足を運び、四名の執筆者から、翌年一月号からの連載の内諾をもらった時は、もうほとんどぎりぎりの日限しか残っていなかった。

　連載小説は、堀田善衛「若き日の詩人たちの肖像」、福永武彦「死の島」、評論は吉田健一「文学の楽しみ」、澁澤龍彦「異端の肖像」で、それに連載五回目となる瀬戸内晴美「鬼の栖」が加わった。

　そのほかに連載とはいかないまでも共同研究のような持続的な企画がほしかった。かねて高橋和巳氏より、かつて同人仲間であった小松左京氏に企画相談をするように勧められていたので、関西在住の小松氏上京の機会をとらえてホテルに訪ね、世界の枠組を改変するようなテーマのシンポジウムを毎回考えて実施することをお願いした。小松氏の推薦する京大人文科学研究所の加藤秀俊、東京工大教授の川喜田二郎、建築評論家の川添登の三氏に小松氏が加わって隔月にテーマを決めて放談し、それを小松氏が原稿にまとめて発表するという企画となった。四氏ともにKのイニシャルなので別名KKKK団と呼ぼうという小松氏の提案も大うけして、第一回の会合から議論百出となった。全体のタイトルを「〈共同研究〉世界改造（あるいは寿限無《じゅげむ》計画）」とし、第一回のテーマは「食うねる所に住む所」で、まず住居の問題から始めることになった。ただ、この企画は九月号の五回で終ってしまったので、テーマだけ挙げておくと、二回＝「〈超《スーパー》〉国家主義の論理と心理」（三月号）、三回＝「〝創造性の開発〟批判」（五月号）、四回＝「人間にとって教育とは何か」（七月号）、五回＝「人間革命の可能性」（九月号）、で、最後は宗教の問題に行きつき、この回だけ川添登氏が執筆された。

　結局、あまり話題になることもなかったが、社会科学的な企画へのアプローチはこれが最後となり、この後は「文藝」で継続される機会はなくなった。

江藤淳 vs. 吉本隆明

　それにもう一つ、もっとも力を注ぎたい企画があった。毎号百枚程度の、充分議論の噛み合った文学者の対談を実現したかったのである。かりに文学論を得手としない作家同士であっても、時間をかけてじっくり語り合ってもらいたかった。誌面を賑やかにするということより、各作家の問題意識やそれぞれの資質を認識しあうことが、現代文学の急務であると思われた。さらに、それまでの経験で対談がもっとも読まれているという実感があった。一月号では当初から江藤淳・吉本隆明対談の実現にむけて準備していき、まず吉本さんの内諾を得て江藤さんにお願いにいくという手順を踏んだ。陪席して対話を聞いているうちに、これは未曽有の名対談であるという確信が湧き、六六年一月号からのリニューアルに自信をもつことができた。「文学と思想」という題の四十二頁にわたる長い対談になったが、両氏の発言のエキスを抽出すると、次のようなことになる。

　「**江藤**　（略）僕が言うのはむしろ発想のことです。つまり記述するという立場にマルクスが自分を置いたという。マルクスは文学者ではないけれども、ここには通じあうものがありましょう。つまり文学者というものは、どんな時代でも文学者でなければ生きていけないような人間でしょう。時代と彼のあいだにはつねに、はたから見たらほとんどわからないくらいだが、しかし鋭敏なものが見たらわかるような、髪の毛一筋ぐらいの、紙一枚だけの隙間がある。それは彼の生そのものが非常に耐え難いものであるためかどうかよくわからないが、髪の毛一筋のあいだを置いて記述していかなければならないものがある。その文学者の書き残したものを、五十年後、百年後にだれかが見て、それを自分のなかの衝動を解放する手段にするのは勝手ですけれども、しかし文学者と政治とのかかわり合いには、なにかそういうものがあるのではなかろうか。マルクスのやったことは、決して単なる抒情ではないように思うのです。政治を詩にしてしまうのは、あるいはわれわれの文化的伝統のようなものかも知れませんね。

　吉本さんの理論が必ずしもそうだというのではありませんが、われわれの周囲にある政治理論はたいてい抒情だと思う。つまり世界認識ではなくて、自分のなかにある個人的な抒情の欲求のプロジェクションにすぎないものが多いように思う。しかし自分が世界に投影されると同時に、世界の投影が自分を規定するというのが実際の姿でしょう。抒情からはこの相関関係がぬけおちている。詩は世界を消すものですからね。抒情詩は世界を消してしまう。ところが実際には世界を消してしまうことだけをやっているのに世界になにか寄与していると思いこんでいる人々が多いのです。そのへんのところは、直感的にしか申し上げられないけれどもそう感じます。僕は左翼的論客があなたについてどういうつまらないことを言っているか知りませんが、僕自身の直感的な率直な感想として、そう思うのです。


吉本　なるほど。それは僕に引き寄せて言えば、これはただいたらざるがゆえにそうであるにすぎないので、原理として抒情的なわけではないというふうに言えますね。ただいたらざるがゆえにそう客観的に見えるかも知れないということでね、けっして原理的に混同はしないと思います。つまり人間の存在をどこまでもとらえると同時に、相対的に言えば、人間の現実の動き、それから人間の生みだした幻想のすべての、共同性というようなものを取り出し得るというような、そういう徹底したことができなければ、どうしようもないことだろうと思うのですね。マルクスの場合にはそれを取り出し得ただろうということですね。しかし、毛沢東の場合はそうではないだろう。つまり使っただけでも、もっと次元の低いものであろうし、低いものしか受け入れられないのかも知れないけれども、そのこととまた、思想が本来的に共同性を持ち得る条件いかんというようなことは、またちょっと違うと、僕ならばそういうふうにそこのところを理解するわけですけれどもね。自分に引き寄せたところは非常に簡単なわけで、世紀の巨匠みたいなものと僕らみたいなものとのただ差違にすぎないというような、それだけのものだというような気がするのですよ。原理的にそうだということです。だから抒情性が見えるというのは、それはちょっといけないというか、どうしようもない一つの限界というふうに思うけれども、しかし原理としてそうだということとはまた違うということがありますね。

　僕が江藤さんの批評に感じるのは、社会的な問題があり、あるいは政治的な問題があり、そういうのを収斂してきますと、どうしても人間ということになって、個的な人間というもののどこに虚偽があり、どこに真があるかというような、そういう問題になってくるような気がするのですよ。僕はそういうように発想しないで、人間に収斂するという問題と共同性という問題とのあいだに逆立《ぎゃくりつ》があって、つまり矛盾があり、また発展になるところがあって、人間が虚偽だから思想も虚偽であるとか、あるいは共同性として振舞う思想が虚偽であるというふうにはいかないと思うのです。だいたい思想の共同性というものと、個的な人間というもののあいだにはワンクッションあって、そこで屈折というようなものではなくて、逆さまになってしまうというようなことがあるのだという気がするのですよ。江藤さんの場合にも、小林秀雄の初期の評論のなかにもそれを感ずるのですけれども、真実を言うわけですね。真実を言っていると思うのです。

　たとえば小林秀雄が、プロレタリア文学者の概念の欺瞞をあばくという場合に、真実を言っていると思うのですね。真実を言っているけれども、ワンクッションがないような気がするのですね。ワンクッションを設けて、思想の共同性というようなものと、それから個的な思想というものと、どうしてもそこで反対になっちゃうのだ、逆立しちゃうのだというような問題の取り方というのが、ないような気がするのです。そこのところが問題なんですけれどもね」

山本健吉の率直な批評

このようにゆったりした語りくちで対話は進んでいき、このあとに江藤さんは漱石の例を、吉本さんは折口信夫の例を引きながら収斂の場所に向かう。この対談については山本健吉氏が読売新聞の文芸時評で冒頭に取りあげて論じた。

「(略)強い個性を持ったこの若い批評家二人の対談は、非常に熱のこもった対話であった。私に江藤氏の意見はかなりわかっているが、ここでは、あまりよくわかっているとは言えない吉本氏の意見に、いろいろ教えられるところがあった。／とは言え、氏の独創的な発想を、私が十分理解しえたかどうかは、おぼつかない。(略)だが氏が、共産党あるいは社会党の近くにいる、いわゆる『進歩的』作家や思想家たちを、執拗に糾弾しつづける根本の発想が、どうやらわかったようである。／それは社会秩序に対して反秩序的な立場に立つ思想家たちが、反対する存在であると自分を考えて自己肯定したとたんに、彼等はすでに、その秩序が存在するがゆえに存在しているに過ぎないという事態がおこる。そういう人たちは自由じゃない、と氏は断定する。このような断定には、彼等の意識の底に眠る俗物性への、はげしい嫌悪があるようだ。／江藤氏は、そのような人たちへの評価は、彼がどれくらい『柔かい心』を持っているかということだ、と言う。すると吉本氏は、そうじゃなく、彼等が反体制的な思想において徹底性を欠いていることによる。『精神と現身《うつしみ》と二重に、体制からはみ出した』ところでものを言うべきなのに、精神だけの、一重に反体制的なところで言っているのだ、と言う。／この『現身』という吉本氏特有の用語は、よくはわからぬが、存在自体、存在性といったところであろう。(略)／ともかくこの大対談会においては、詩人＝革命者としての吉本氏と、批評家＝良識者としての江藤氏とが、相手の言い分を十分に聞きながら、交わらないようで交わり、交わるようで交わらない意見を、おたがいに展開しあっていて、見事である。吉本氏が、結論的なところで一致してしまうようなところでも、江藤氏と一まわり、どこか違う感じ、と言っているのはそのことをさしている。／おたがいの議論のオクターブが違っているから交わらないのだが、それにもかかわらず、強く牽引し合っている。そして結局漱石が『二十世紀の堕落』と呼ぶところのものを究明しようとする姿勢においては、一致しているのである」

このような率直な文章で反応が現れたことを私は喜んだ。また発売後もこの企画は評判になった。そして、二月号のために早目に準備していた次の対談、安部公房・三島由紀夫両氏の「二十世紀の文学」を実現することになる。

江藤淳の期待とずれる 24

一月号の小説欄は早めに準備していたにもかかわらず苦戦を強いられた。それでも、石原慎太郎「水際の塑像」、開高健「フロリダへ帰る」、高橋和巳「日本の悪霊」、幸田文「呼ばれる」、三島由紀夫「仲間」と、中・短編を並べることができた。しかし、内実は見かけ倒しの部分があり、胸を張ることはできなかった。「仲間」は幻想的な童話ふうの、十枚程の掌編で、この年前半の「サド侯爵夫人」を掲載した時に、新年号用の短編をお願いすると、以前に書いた童話だが、使えたら使ってくれといって預けられたものであった。また「日本の悪霊」は、以前より書き下ろし長編用の構想としてあたためられていたもので、書き出しの部分がすでに書かれていた。それを章ごとに分載するという形で無理にお願いしたものであった。ただ、幸田文、開高健両氏の小説寄稿は初めてのことであり、作品も両氏の味が色濃く出ていて、目次の新鮮さは表現できていると思われた。

石原慎太郎「水際の塑像」については江藤淳氏が朝日新聞の文芸時評で次のように書いた。「(略)この作家にはめずらしい私小説的な作品で、亡父の回想である。『私』が少年のころ海難事故があり、『私』は船会社に関係していた父につれられて、船を救おうとして暴風の海にとびこみ殉職した一等運転士の屍骸は意外に美しく塑像のように見える。これは『私』と死との最初の接触であるが、そのうちに父が高血圧の発作で倒れ、断食療法をくりかえして闘病するうちに戦後の混乱期の無理がたたり、自分が経営の責任を委ねられた会社で会議の席上急死する。かけつけた『私』はその死顔に幼いころ見た一等運転士の死顔が二重映しになるのを感じ、その屍体を抱いて帰って塑像のように白い砂浜に据えたいと思う……。／作者の亡父への率直な思慕のあふれた作品であるが、私にはその思慕がしばしば甘い感傷に流れて、父を理想化しすぎているのが気になった。父と子の関係にまつわりつく血なまぐさいもの、割り切れないものが涙に洗われて、海に向って立つ父子像というやや通俗的な構図に置きかえられているのである。その半面、この小説の父親が、仕事に対する義務を負った公人という側面を含めてとらえられているのには新しさを感じた」

つけ加えていえばこの時評の締め括りで江藤氏は「なお雑誌『文藝』は、今年からA５判の正統的な文芸雑誌に復帰した。このことを特に記して喜びたい」と書いた。これはリニューアルをした身にはありがたい言葉であったが、同時に六二年の坂本一亀編集長のもとで本誌の復刊号が出た時、掲載した「文藝賞」当選作、田畑麦彦「嬰へ短調」に対する江藤さんの厳しい批評が思い出された。

「この小説の主眼は、いうまでもなくぼんやりしている男の目に映じる部屋の細密描写や、作者の哲学や、なかんずく、『イ短調の滅亡の和音はそのまま嬰へ短調、変イ短調、ハ短調のそれと同じ響きである』というような初等楽典からとった比喩にある。作者は、二人の女にはさまれて動きのとれない男が、そういう無為な日常生活の人間的関係からまがい青磁のつぼというようなものとの関係に『転調』されるところを書こうとしたつもりであろう。／内観的な世界や、『形而上的感覚』なるものに関心を寄せる作家がいて悪いということはない。だが、読者がその『形而上的感覚』の実在を信じ、この内観的世界に文学を見るためには、それが実際に日常生活を拒絶し、さまざまな実体的なものをはねとばすだけの強い文体で語られていなければだめだ。（略）／作中人物の視点に神経質な作者が、このひとりよがりな作品に対する他人の視線に鈍感なのもおどろくべきことである。これは作者の一種の幼児性であって、田畑氏が手本にしているらしいナタリイ・サロオトやビュトオルらの『反小説』の作家たちが、それぞれ人生の真中に自分の足で立ち、そういう視線を敏感に感じとりながら書いているのと笑えない対照をかたちづくっている。／（略）こういうことをいうのは田畑氏の作品だけでなく、同じ文藝賞の西田喜代志氏『海辺の物語』（略）などに感じられる作者の姿勢がどれもいい気なもので、『文学』に甘えているからである。手法や素材はいろいろで、巧拙の差はあるが、どれも根本的には『私小説精神』崩壊後の現代的よそおいをこらした私小説にすぎず、作家の文学的野心はむしろ退行している」

江藤氏の四年も前のこの時評文を思い出したのは今回の「正統的な文芸雑誌に復帰した」（傍点・引用者）に触発されたからで、私自身は「正統的」「復帰」という言葉にひっかかるものを感じていた。編集後記に「われわれとしては、カッコつきの〝純文学〟という言葉の意味するある狭さを超えて、巨視的に文学の問題を取扱っていきたいと思うし、型にはまらない雑誌を編集したい」と書いた気持は江藤さんの期待とは少しずれるものがあったように思う。〝甘え〟を峻拒《しゅんきょ》する江藤さんの批評態度には同調するものの、その作者の持つテイストへの理解の幅はもう少し広くてもいいのではないかと思われた。

三島由紀夫の解説

この頃の江藤さんの文芸時評に関連して、思い出したことがある。この連載の六回で紹介したように、六五年一月号と二月号に分載した石原慎太郎の長編小説「星と舵」について江藤さんは「才能の浪費の好例」として退けたが、実はその後に三島由紀夫氏がかなりの評価を下していたことがわかったのである。それは出版部が企画して前年に完結した全八巻の「石原慎太郎文庫」の八巻『星と舵』に解説として書かれた一文であった。

「『星と舵』は、石原氏の持っているよいものが横溢した作品で、その中の或部分は読後永く心に残る。小さな結晶した透明な作品とは云えなくても、海と同じように、雑多な漂流物に充ちつつ、その底にはたえざる潮流がある。いろんな特色において、この作品は海および航海に似ている。これが海と航海を扱った小説である以上、それは成功のしるしに他ならない。ある人には長すぎると思われ、或る部分は退屈と思われかもしれないけれど、航海はつねに長すぎ、いかなる冒険的な航海といえども、航海は退屈なものである。従ってこの作品の内容や気分のみならず、形式も航海にふさわしいと云えるだろう。すなわち、この作品に決して長すぎない」

と書き、次にほとんど江藤氏にむけていうべきことのような文章がくる。

「かくて石原氏が愛するものは自己の投影としての宇宙であり、この作品は日本浪曼派の衰退ののち、二十年後にあらわれた真にロマン主義的な作品なのだ。逆に云えば、『星と舵』を構成する各部分は、この主題に忠実であればあるほど美しく、不忠実であればあるほど醜い。私は今まで故意に、『星と舵』の大きな部分を占める『女』について触れずに来たが、それを語るには、どうしてもこの主題を前提にしなければならないからである。／結論から先に云うと、この作品では、他の近作に比して、氏の登場させる女がさほど作品の瑕瑾《かきん》になっていない。はっきり云えば、氏の作品で女が現われるとガッカリするほどその部分が甘くなるのだが、『星と舵』ではそれほどの難がない。というのは、ヒロインの久子が、具体的な女であるよりは、後半にいたってますます『僕』の主観のなかにしか存在しない観念の女になってゆくからである。／海は女であり、船は女であり、女は女である。この爽快な作品が爽快でありえているのは、しかし、女のためではなく、すべてが女という観念のためである。しかも『行為と死』などのようには、女という観念と具体との無理な結合は見られない。（同じ理由から、若いクルーたちの、何ら観念性のない雑談や性的思い出話の部分は醜い）」

この三島氏の文章は明らかに『星と舵』は、おそらく半分以下の枚数で、比類のない航海小説になり得たかも知れないのに、石原氏の職業意識の不徹底さの故に、数カ所のこの上なく美しい海洋描写と、この上なく退屈かつ通俗的な女の話との混合に終っている」と書いた江藤氏の文芸時評に対応するものだ。それに、時評と解説では文章の役割が異なることもあるが、この『石原慎太郎文庫』には、〈三島由紀夫・江藤淳・大江健三郎編集〉と刷り込んであることから考えると、すべて承知の上で三島・江藤両氏が意識的に役割分担をしたのかもしれない。

横道にそれてしまい、引用も多くなったが、いずれにしても当時の文芸誌には、三島・江藤・大江・石原という四氏の動静は何らかの形で反映してしまうことがしばしばあった。

そのほか、一月号から十枚前後の随筆欄をもうけ、まず野間宏、大江健三郎、森茉莉、吉行淳之介の四氏に依頼した。さらに十枚前後の短い文芸時評を小島信夫氏に、劇評を根村絢子氏に、同人雑誌評はB6判時代を踏襲して桂芳久氏に、また前年八月号より連載となっている「私の少数意見」を石川達三氏にそれぞれお願いした。見開きの新刊書評欄のほか作家それぞれの「名著発掘」欄を新設し、一月号では尾崎一雄、平野謙両氏、二月号は金子光晴、松本清張両氏に、三月号では河盛好蔵、庄野潤三両氏に依頼した。このコラムはなかなかおもしろいものが多く、長く続いた。

これまでと同じように毎号翻訳の企画も掲載することにしたが、一月号では「人間の文学」編集部の応援を得て、前年に掲載した『裸のランチ』の作者、ウィリアム・バロウズの『ジャンキー』（回復不能麻薬患者の告白）の三章分を掲載した。『裸のランチ』と同じく鮎川信夫氏の明晰な訳で読みやすい作品になった。末尾に「麻薬の世界は人々が考えるようなスリルはないし、アルコールのように人生の楽しみを増す刺戟もない。それは現代の一つの生き方そのものである――暗く、残酷で狡猾な」と書かれた解説が印象に残った。鮎川さんとはいつも喫茶店で会い、うまそうにコーヒーを飲まれていた。

表紙絵の愉しみ　25

一九六六年(昭和四十一年)一月号からリニューアルした「文藝」は、私にとって、生涯の記念すべき号になった。まず表紙絵だけを考えても、六五年秋期を中心に、部員の何人かと上野のグループ展、二科展、新制作展、自由美術展、独立展などの展示を観て歩き、表紙にふさわしいと思われる作品を選出し、部員の手配で撮影した。私は私で真鍋博氏に相談して、作者の許可を取り、次々に決めていった。なかには個展の会場へ行って観た作品を撮影したこともあった。

一月号に岡本太郎氏の作品を使用することに決め、亀倉雄策氏に金色を使ったデザインをお願いした。同時に題字のロゴも書いてもらったことで、重厚な感じを出すことはできたが、洒落た軽快さは失われたように思う。当時の河出書房新社で刊行中のベストセラー全集企画「カラー版世界文学全集」の装幀が亀倉雄策氏によるもので、金色の太目のケイを全面に横に走らせたデザインは、それまでの繊細さを併せもったそれとは違って、大胆な企画の主張が感じられた。創業八十周年記念出版ということで、刊行を開始したばかりの「豪華版現代世界文学全集」(第二集)も亀倉雄策装幀であった。何も河出カラーと軌を一にするという気はなかったが、日本でのオリンピックポスター以降、世界的なグラフィックデザイナーといわれた亀倉氏が、もっとも売れない文芸誌の装幀を手がけるのは面白いではないか、という野次馬めいた感想が頭の中をチラチラした。

ところで、私たちが表紙絵に選んだ画家のなかには、かねてより注目していた人が何人か入っていて、それは愉しみの一つとなった。二月号は年内校了だったので、すぐにそのなかの一人、小山田二郎の作品に決めた。その後は、三月＝宇治山哲平、四月＝仲村一男、五月＝オノサト・トシノブ、六月＝鶴岡政男、七月＝深尾庄介、八月＝吉田穂高……といった陣容である。さらに目次、本文カットの依頼も真鍋博氏と相談のうえで毎号人選した。こういう手間をかけた仕事のしかたがこの年から可能になったのも、編集経験のある部員がふえたからで、私は五年目にしてようやく表紙・カット担当から外れた。

埴谷雄高の連作「闇のなかの黒い馬」

前に述べたように、一月号以降の小説欄でも苦戦は続いていたが、石原慎太郎「水際の塑像」、幸田文「呼ばれる」の短編二編に文芸時評家二人が感想を述べた。石原作品について毎日新聞の平野謙氏は「石原慎太郎の作は亡き父親を追懐した、この作者らしからぬすなおなものだが、いささか父親の面影が理想化されすぎている」と書き、朝日新聞の江藤淳氏は、小説のなかの「私」が父の急死に立ち会ったあらすじを紹介したのち、「作者の亡父への素直な思慕のあふれた作品であるが、私にはその思慕がしばしば甘い感傷に流れて、父を理想化しすぎているのが気になった。父と子の関係にまつわりつく血なまぐさいもの、割り切れないものが涙に洗われて、海に向って立つ父子像というやや通俗的な構図に置きかえられているのである。その反面、この小説の父親が、仕事に対する義務を負った公人という側面を含めてとらえられているのには新しさを感じた」と書いている。前段の〝理想化しすぎ〟という指摘は同じであっても、後段の、側面を付加した江藤氏の時評には知己に対する好意があった。

また江藤氏は幸田文作品について、「うまいという点では鮮やかな印象をのこす短編である。雑誌の校正をしたり自分でものを書いていたりしたひとりの息子が、脳腫瘍をわずらって手術をうけた。失明の危険を救うための手術のはずだったのに、意外な難症で息子はついに視力を失ってしまう。そういう不幸にあった下町風のしっかり者の母親が、気むずかしい父親と病人の間にはいって苦労する話を、幸田氏一流の歯切れのいい文章でさわやかに物語った作品であるが、その母親がいかにも母親らしい役割を過不足なく果しすぎているのが私には気になった」と書いた。

　一月刊行の三月号の小説欄には以前からの腹案があり、それは進行中であった。一つは坂本一亀編集長の最後の号（六三年十二月号）に掲載した埴谷雄高「闇のなかの黒い馬」の連作企画で、折にふれて十枚〜十五枚ぐらいの断章を十編ほどシリーズ化して、一冊の本にするというものであったが、その二作目を三月号掲載予定ですでに埴谷氏に依頼していた。いわば「死霊」各章の後産《あとざん》的な断章を埴谷氏の機が熟した時に収集するということで、私はこの企画を思いついた時、欣喜雀躍して埴谷家に跳んで行った。十五枚前後の断章であれば、「群像」誌で分載進行中の「死霊」執筆を妨害することにはなるまい、むしろ執筆の督促的な意味を持つだろうというような理屈を、頭のなかで考えていたが、埴谷氏はあっけないほど簡単に承諾され、「暗黒の夢」を三月号に掲載できたのである。

　もう一つは、このリニューアルを考え始めた頃に依頼した河野多恵子氏の短編である。六三年の芥川賞受賞後、初めての長編「男友達」を前年掲載した縁で、承諾してもらっていた。「最後の時」がそれである。

坂上弘の長編に賭ける

　しかし、目前の二月号の小説欄は、例年、年頭に執筆依頼をしてきた丹羽文雄氏のほかは、これといった入稿予定の原稿もなく、新人特集をやるしかないと思い定めていた。そんな時、坂上弘氏と出会い、思いがけない話を聞いた。書き下ろしの二百七十枚の原稿があるという。ただし、単行本の版元はすでに決定していて、近々入稿の予定だという。私はすぐに読ませてもらうことはできないかと申し入れた。

　経緯をうかがうと、以前に坂上氏はＮＨＫ名古屋放送局の委嘱により、当時、反社会的集団と目されていた山岸会を取材し、テレビドラマ化したことがあり、その題材を活用して今回小説化したものということだった。読みすすむうちに、私は、主人公の少年の目にうつった農村風景、そこで暮しをたてている少年の母の実家の人たちの明暗が繊細な視線でとらえられ、鮮やかな文章として定着していることに一気に引き込まれた。すぐに、一挙掲載にしようと決断した。新人の初めての長編の掲載決定を、独力でした初めての経験であった。しかも単行本は冬樹社から刊行されるという。この際作品本位の選択をすべきという、編集者としては何かを賭ける気持であった。

　「朝の村」と題するこの小説を批評家はどのように評価するか。初体験の時のような気分で私は文芸時評の掲載される日を待った。

　まず朝日新聞の江藤淳氏は、「久しぶりで坂上弘氏が『朝の村』という力作を発表している。二百七十枚にのぼる長編であるが、私はある興奮とあるもどかしさを同時に感じながら読んだ。ここにあらわれた作者の感受性と文体は抜群のものであるのに、これが文学作品として奇形な小説だという印象をぬぐい切れなかったからである。／この小説は、母親に連れられて農村にある母の実家に泊りに行った高校生の少年の話である。農家の主である伯父は村長をつとめる家長で、一族の上に、君臨している。分家している叔父は精神錯乱者で、そのひとり息子の従兄もついに凶暴な衝動を発揮しかける。この農家の納戸には、また中気で死にかけている少年の祖父がいる。こういう重苦しい雰囲気のなかにやって来た少年は、近ごろ村はずれの丘に出来た『幸福農場』という新興宗教めいた養鶏場に興味をそそられたりもする。……」と要領よく作品の背景を説明したのちに、筆者坂上弘の謎とも見える部分へ一挙に迫っていく。

　その時はすでに私も、江藤と坂上がかつての「三田文学」の編集委員同士であることも知っており、斬新な編集ぶりの既刊号を見たこともあり、二年ばかり先輩にあたる江藤氏が後輩の坂上氏にどのような注文をつけるか、興味があった。江藤氏はつづけて、

「しかし、『朝の村』で重要なのは話の筋ではない。／『さっきみたいに炎が移ってきて、小さなくぬぎの切株がしゅうしゅう湯気をたてた。繁夫は、土間の足もとをさぐり、柔かい小枝を二三本つかんで消えそうな火に向って押しやった。それも勘叔父がやるように、枝を節約して、注意深く、ならされた灰の筋をこわさずにやったのだ。それにもかかわらず、今度も伯父は赤黒く光った頬を動かし、細めた眼でじっと彼を見据えた。「そんなことをしちゃいけねえ」』／というような部分にみられる作者の文章力である。たとえばこの一節の的確な描写力と重い現実感に匹敵するものを、私は最近の新人小説にたえて発見したことがない。わずかに大江健三郎氏の初期の作品が思い浮ぶが、坂上氏の文体は大江氏のそれよりもはるかにリアリスティックなものだからである」

とここまでは評価すべき点をあげたのちに、

「これは結局作者の感受性が凡庸でないことを証明するものにちがいない。だが不思議なことに、全編におどろくべき密度で展開されているこの感受性が、いったい何を表現しようとしているのかはついに判然としない。主人公の少年は、いわばコン虫のようにその感受性の触覚を働かせて外界にふれる。しかしこの行為は彼をだれともつなげず、彼はどんな肉親のなかにも自分の顔を発見することができない。さらに加えて彼は、自分に人間関係を成立させる能力が欠けていることにも、人生に対する態度がまるでないことにも全く気がついていないのである。／十代の少年に人生に対する明確な姿勢を要求するのは無理な相談かも知れない。しかし、問題は、おそらく三十歳に近い作者とこの少年のあいだにほとんど距離が感じられないということである。『朝の村』の筋立が弱く、非凡な感受性を示しながら情感が涸れているのは、多分作者が少年の異常さを共有しすぎているからであろう」

と批判的に書いた。

毎日新聞の平野謙氏は次のように書いた。

「『朝の村』を読みあげるのに実に苦労した。戦後十年たった一農村の陰湿な人間関係と、新興宗教じみた養鶏場『幸福農園』の破綻などを、主として十八歳の都会の少年の眼をとおして描いたものだが、それが非写実的な作品ということは一応承知のうえで、なにを寓意し、あるいは象徴しようとしたのか、よくわからなかった、というしかない。／いつかこの作者の作品を、北原武夫が激賞したことがあって、しかし、私にはそれほどの作とは思えず、この作者はニガテだなと感じた記憶がある。作者は克明に描いていて、終始一貫、テをぬいていないのだが、なぜここで母親が涙ぐまねばならぬのか、どういうわけで少年の指が恋人の腿にふれたのか、という単純なディテールの段取りさえ、私にはよくわからなかった。もしこの作品に新しい美があるとしたら、もはや老齢の私には、その新しさがわからなくなっているのだろう」

さらに、読売新聞の文芸時評では山本健吉氏が次のように書いている。「坂上氏も同じく仕上げの丁寧な名文家である。だが氏は、イメージの部分的な緻密さに、あまりにも心を労しすぎて、読者の注意力を小説の全体にかかわらない些事に不必要にひきつける。それは氏の感受性の見せ場ではあるのだが、これくらいの長さの小説になると、それは読者を疲らせるだけである。私はこれを、氏の文体の病と見る」

北原武夫の深い解読

ところで、一月号から「文藝」にも二頁〜四頁程度の「文芸時評」欄を新設していたが、三月号では北原武夫氏に執筆を依頼していた。「朝の村」に北原氏がどのような評価を下されるか、読んでみたかったからかもしれない。北原氏は「この小説の、冷静な冷やかさで一貫した、或る奇妙な硬質性は、むろん、この作者独特の文体のせいもある。が、それは、もう一つには、この『村』の、東京にそんなに近いだけ、それだけ一層暗鬱で陰湿に見える、或る異様な空気や、二人の叔父の頑迷な気質や、その間に横たわる、或る救い難い反目や憎しみなどを、少しも分析しようとはせずに、ただひたすら即物的な眼で細叙し、不可解なものは不可解なままで放置している、その作者の、一種意識的な態度のせいでもある。この二つは、もともと、この作者生来のものだが、それがこの場合は、大変成功したとは言えないまでも、ともかく一応の成功は収めている。／それに、この作品を、独特の魅力あるものにしているのは、この少年の眼を借りた作者の心の優しさが、一見無機物と見えるほどに硬質な、この作品のあちこちに、ところどころ彫られた宝石のように、カチリと冷たく光っていることだ。例えば、次のように。／勘叔父は周囲が喋りたてている間、ときどき鼻息を、深い吐息のように音たて、じっと動かずにいた。それから誰も喋っていない合間に、自責にかられた精神の悲鳴のような独りごとをくりかえした。繁夫は、勘叔父の声が、雑木林の枝々がたてる狂躁に似ていると思った。そして、先程、叔父の草鞋に足がさわったときの感触を思いうかべた。どこからともなく、饐えた匂いのように、目の前にいる叔父を、丸い顔を陶器のようにひからせて煙草をうまそうに吸いこんでいる男を、自分ひとりで理解してやらなければならないという慄きが伝ってきた。／『極度に抑制された散文は、詩に変ずる』とは、或る有名な詩人の言葉だが、抑制された文体とともに、極度に抑制された、この作の作中人物の心の動きには、そのまま詩と変じた個所さえ少くはない。ただその硬質性が、あまりに一様で単調なために、全体にしゃちこ張った、或る力み過ぎが感じられ、それが読者に与える感動を、自ら制限してしまっているのが、この作品の瑕瑾だが、作者の水々しい精神が、全篇にわたって、一糸も乱れぬ緊張を見せているところは、近頃僕には大変快かった」

私は北原武夫氏に文芸時評を依頼していてよかったと思った。この月（一九六六年一月）は、藤枝静男「硝酸銀」（「群像」二月号）、三浦哲郎「野の声」（「文學界」二月号）が同時に発表され、単行本としても河出書房新社から、高橋和巳『憂鬱なる党派』（書き下ろし長篇小説叢書）、野間宏『青年の環』第一巻（五部作全四冊）が刊行され、批評家にとって多忙な時であった。「硝酸銀」は北原氏をふくめた全時評家が紙数を使って絶讃し、「野の声」も概ね好評であった。それにしても「朝の村」がこれだけの議論を集めたのは、私にとっては望外のことであった。殊に、江藤淳評が「非凡な感受性を示しながら情感が涸れている」としたり、平野謙評が「なにを寓意し、あるいは象徴しようとしたのか、よくわからない」としたり、山本健吉評が「読者の注意を小説の全体にかかわらない些事に不必要にひきつける」としたりしているのに対して、北原武夫評の「この少年の眼を借りた作者の心の優しさが、一見無機物と見えるほどに硬質な、この作品のあちこちに、ところどころ彫られた宝石のように、カチリと冷たく光っている」とし、「作者の水々しい精神が、全篇にわたって一糸も乱れぬ緊張を見せている」という評価につながっている深い解読を、私は喜んだ。

場慣れのした時評家が、或る予定調和をめざして述べられていく情感の組み立てを期待して文章のなかに入っていくのに対して、北原氏は、そのような組み立てを廃してむしろ反撥しあうような硬質感を保とうとしている文章を、不可解なものを不可解なまま放置している姿勢を評価しようとしている。このような論旨には同調することができた。

経営路線とのくいちがい

ただし、しばらくして、私の喜びようと裏腹に、前記三氏の解読に基くような考え方から私を弾劾しようとする動きが、経営主体の側近からももれ出ていることを、それとなく感じ始めていた。実は「文藝」一月号からのリニューアルの前後から、会議の席上や終了後の雑談のなかなどで、経営主体の考えとして「文藝」をアメリカの良質のエンターテイメント誌のような雑誌にしたらというような新たな提言が、少しずつ持ち上ってきていたのだ。それは形としても、大取次の或る部長のアメリカ視察の土産話として、「エスクワイア」誌や「プレイボーイ」誌には立派な文学作品の名品が掲載されているというような紹介がなされ、いつのまにか、私がその部長のもとへレクチャーを受けにいくという段取りにまで発展していた。そこで、私は二度ばかりその話を聞きにゆき、資料なども貰ってきていた。このような話は、事あるごとにアメリカ文学にくわしい宮本陽吉氏などからすでに教えられており、また、社内に新設された「人間の文学」の編集関係者からも聞いていることで、私にとっては別に耳新しいことではなかった。ただ、今は亡き先代社長河出孝雄の跡を襲った朋久氏の経営体制が固められつつあり、その余波が「文藝」にも及んできていたのである。

私が今強固な路線にしようとしつつある文芸誌のありようは、決して経営主体の考えに近づこうとはしていなかった。いずれ何かが起こるという予感のようなものが生まれつつあった。

26 安部公房 vs. 三島由紀夫の「二十世紀の文学」

一月号で好評だった江藤淳・吉本隆明対談につづく企画は、「二十世紀の文学」と題する安部公房・三島由紀夫対談である。これも両者から六五年半ば頃に諒解を取りつけ、比較的温める時間を長く持つことができた企画であった。対談開始後、当初は饒舌の三島氏に対して、黙りがちの安部氏の様子が懸念されたが、時間の経過とともに正確な物言いを心がけられる安部氏に同調して、三島氏の発言も慎重になってきたように思われた。

安部　いや、ヘンリー・ミラーとノーマン・メイラーとは違うよ。メイラーには、言語で埋めていくという作業、その作業に対する絶対的な信頼があるわけだ。

三島　『一分間に一万語』などというね、ああいうのがある。

安部　それは非常にきらいなんだよ。しかし、ヘンリー・ミラーについては、むしろその逆を感ずるのだ。

三島　そうか。

安部　清掃車に、こうプレスしてさ、ゴミを積んでいく車があるじゃない……あんな感じがする。するんだけれども、彼はその行為に対して、ほとんど信頼を寄せてない気がする。

三島　それはノーマン・メイラーとは格が違う。それは認めるよ。ヘンリー・ミラーは、格が違うよ。

安部　きみはダレルのほうが好きだろう。

三島　好きなんだ。

安部　僕も作家としては好きだよ。芸術家だと思うな。しかし書くことを信頼しているだろう。

三島　それはとてもあるね。

安部　その点で、僕はダレルとなら張り合える。しかし、ヘンリー・ミラーとは張り合う気がしないね。あんなふうには書けないよ。書く気がしないのだ。ただ、あの不信は、なにか象徴的なんだな。しかし、同じように詰め込んでいっても、ノーマン・メイラーはそれで満たされていっているような、錯覚というか盲信があるだろう。

三島　それで、見ていると、たまらん空虚だろう。

安部　アホらしいのだ。むしろ書くのをやめたほうがいい。

三島　僕がヘンリー・ミラーがきらいな動機は、とても簡単なんですよ。あれのランボオ論を読んだが、そうしたらおしゃべりなランボオ論でね、ランボオの回りをウワーッとしゃべりながら、駆けずり回っているのだよ。しかしランボオの沈黙というのは、逸しているのだよ。僕は、やはりランボオにとっていちばん重要なことは、沈黙、寡黙ということだと思うね。若くて、やめて、寡黙であったということだ。しかし、ランボオから寡黙を取ったら、なにが残るかと思うよ。だけれども、おしゃべりが寡黙を扱うことはできない。扱った対象を間違えただけのことかも知れないがね。

安部　ミラーのおしゃべりはそのランボオの寡黙というか、沈黙からむしろスタートしていると思うのだ。僕はそう思うよ。

三島　それはまた、あんなに情熱的にランボオ論を書いた理由かも知れないのだよ、あれがね。

そうかも知れないのだ。ただ、君だってそういう作家だけれども、君だって寡黙な作家だし、僕はおしゃべりだけれども、寡黙でありたいとね、少なくとも……（笑）

安部　ずるいね……

三島　望ましい人間像としては、寡黙でありたいと思いながら、しゃべっているのだ。（笑）

安部　おれたちはやはり、芸術家でありすぎるのだな。こんなことを言うと、あとでそうとう書かれそうだが。（笑）つまり、ヘンリー・ミラーは別格。ダレルは、われわれと同じ芸術家。ノーマン・メイラーはもはや論外。

三島　そうだね。

このような調子で両氏の対談は、「セックスの問題」から「言語の行動性」、「アンチ・テアトル」、「隣人と他者」、「メトーデの伝統」、「作者の中の読者」というようなテーマに沿って展開し、特に最後の、「たとえば小説にしても、よく普通、作者から作者へとこういうふうに系図を作るものだ、文学者、とくに学者はさ。しかしおれは、それは間違いではないかと思う。やはり読者から読者へと伝わっていくのが脈略ではないかと思う。おれだって、きみだって、書き出すまでは読者だろう。読者としてある脈略をつかんでいくわけだ。そこからある瞬間に作者に転化する。で、その作者は必ず内部で抽象的な読者と対話しているね。この読者の系譜、というものが、僕はやはり、文学史の系譜をたどる場合にも、それを考えなければいけないと思う」という安部氏の提言が、すこぶる新鮮な見解として、響いたのであった。

一九六六年後半

27 編集長を外れる

一九六六年（昭和四十一年）後半になると、さらに大きな転換が私の身上に訪れた。九月号から私は編集人名義を外れて発行名義人となり、編集名義人には新たに杉山正樹君が任命された。要するに、私は「文藝」編集長の任をはずされて、それまでの出版部を解体再組織して新たに設立された「日本文学編集部長」に転出した。発行人として残ったのはそれまでの仕事の仕掛かりがその年いっぱいぐらいの分量で残ったからで、秋頃までは「文藝」の仕事にも五〇パーセントぐらい従事しなければならなかった。というより、私自身、依頼中の原稿の仕上がりを見たくもあったし、活字になって残るまでの過程の作業に関して、自分なりの成算をもって準備に時間をかけてきたし、事に当たりたくもあった。

「日本文学編集部」は、すでに「現代の文学」全四十三巻の第三十九回配本に当たる「椎名麟三集」と、「豪華版日本文学全集」全二十九巻の第十四回配本「西鶴集」の刊行中であったが、近々、「世界文学全集部」に呼応して、もっとも巻数の多い高価な「カラー版」と、もっとも廉価な「グリーン版」の全集企画を出すことが暗黙の課題となっていた。私自身、全集の編集経験はないものの、すでに何人かの有力な書籍編集者が育ちつつあり、態勢が整いつつあった。ただ、当時はむしろ全集より単行本の方に編集と営業の労力がかけられていたかもしれない。

その頃ちょうど、野間宏氏が書き下ろしで進行してきた超大作『青年の環』全四巻五部作のうち、一、二巻を発売中で、なにしろ二十年をかけた長編小説ということで各紙が報道し、役員主導による別働隊が部のなかに設置されたような状態になっていた。それに偶々坂本一亀元編集長が進めていた「新しい日本の文学・書き下ろし長篇小説叢書」の第一回配本高橋和巳『憂鬱なる党派』、第二回配本真継伸彦『光る聲』の発売が重なって、やや重苦しい空気の、時ならぬ活況を呈していた。そういう時期に異動となる身にとっては、ようやく雑誌らしい体裁が整いつつある「文藝」を離れることの方に未練が残ったとしてもやむを得ないことだったろう。しかし、故意に明るくふるまうことで、新しい環境に身を投じていった。それに、当初、会社側が示した人事案には納得しかねる後継者名が挙げられていたので、確信をもって編集部全員が杉山新編集長を推すことになったし、新しい編集部はこれまでの路線をつつがなく引き継ぐことに成功しようとしていた。

『沈黙』の姉妹編「黄金の国」

第一次の編集長時代の最後は新企画に恵まれた年になった。まず小説欄としては、坂上弘「朝の村」(二月号)に続いて、河野多恵子「最後の時」(三月号)、真継伸彦「石こそ語れ」(四月号)、真鍋呉夫「飛ぶ男」、石原慎太郎「野生の庭」、椎名麟三「身振狂言」(五月号)、三島由紀夫「英霊の聲」、冨士本啓示「前歴者」(六月号)、中村真一郎「孤独」、井上光晴「眼の皮膚」(七月号)、小島信夫「郵便函《メイルボックス》」、いいだ・もも「朝日の昇る家」、坂上弘「愛するもの」、小佐井伸二「見えない雪」(八月号)があり、九月号からは編集名義人から発行名義人に変ったものの、部員と共に個別に進行していた企画として、近藤啓太郎「海」(十月号)、杉浦明平「雑草の中」(十一月号)、三輪秀彦「観葉植物」(十二月号)などがあった。それに加えて、この年から新たな選考委員(安部公房、江藤淳、小島信夫、武田泰淳、吉行淳之介の五氏)による「文藝賞」の当選作発表、金鶴泳「凍える口」と、これも新たな試みとして開始した「学生小説コンクール」(選考委員=石原慎太郎、井上光晴、安岡章太郎の三氏)の佳作(当選作なし)、三田誠広「Mの世界」、寺久保友哉「ジャンパー」の発表を、それぞれ十一月号と九月号でおこなった。

また、この年は話題となった戯曲三編も掲載した。まず、前月に新潮社から刊行された遠藤周作氏の書下ろし長編小説『沈黙』の姉妹編として執筆された戯曲百八十枚「黄金の国」(五月号)である。この作品は「文藝」発売後の一カ月後の五月十三日より、東京、京都、福岡、長崎など十一カ所の劇場で劇団「雲」の芥川比呂志氏の演出により上演が決まっている意欲作で、遠藤氏が書下ろしを執筆開始された頃より公演母体である「現代演劇協会」もまじえて掲載を約束していた。そのために編集部としても応援の気持が強かったものの、戯曲は歓迎しないという文芸時評のありようには抗すべくもないと、半ば諦めていたが、『沈黙』と抱き合わせの形で朝日新聞の江藤淳、毎日新聞の平野謙、読売新聞の山本健吉三氏が取り上げたのである。

江藤氏は、ころびバテレンとなる『沈黙』の主人公、ロドリゴを「日本的な感情の構造から一歩も出ないという点で、現代日本のインテリそっくりの人物である」と書いた後で、「同じ主題を扱った戯曲『黄金の国』のほうが破綻が少ないのは、小説では書きこまなければならない部分を戯曲では俳優に託すことができるからであろう。だが、遠藤氏は、世評の高かった旧作『海と毒薬』も含めて、今までこれほどよく自己を語った力作を書かなかった。たまたま類似の問題を扱ったロバート・ベラー氏の和辻哲郎論、『近代日本における世界認識』が『展望』に訳載されているが、私は『沈黙』がベラー氏のような西洋の日本学者にどう読まれるかを知りたいと思う。この力作はそれに価するからである」と書いた。

また平野謙氏は「たとえば遠藤周作の『沈黙』やおなじテーマを劇化した『黄金の国』を読んで、私などの気にかかる点は、作品が終ったあとのことである。ころびバテレンが日本名を名乗って、棄教後も数十年も生きのびたというその後半生のことがいちばん気になるのである。棄教がどんなに切実な心理的苦闘のすえに遂行され、それが信念更生とよばれるほどのものであったにしても、その後の生涯を新しい信念のもとに生きぬいたとは、やはり考えにくいのである。必ずやそれは醜怪な背教者となりさがったにちがいない気がする。背教か信念更生かがほんとに検証されるのは、その後半生以外にない。それを読みたいとするところに、私などの根ぶかいネガティブな心理的メンタリティが存するのである」と書いた。

さらに読売新聞の山本健吉氏は、『沈黙』は先月この欄で取り上げたから、『黄金の国』を評論するのは避ける」と書いた後で「ただ、フェレイラと井上筑後守との対決が、非常に劇的な高まりを見せていることだけを指摘しておこう。権力者と被圧迫者との対決以上に、二つの思想の対決の場をここに作り出しているのが、この戯曲の内面性を強めている。幕切れもよい」と評価している。

　ところで、この戯曲の劇団「雲」の公演は好評裡に終ったが、劇場で配布された公演パンフレットに、平野謙氏の提言に関連のある一文を、歴史学者の松田毅一氏が「史実のフェレイラ」と題して執筆しているので、念のため引用しておきたい。

「棄教して『仲庵』又は『忠庵』と名乗ったフェレイラが、三年後の一六三六（寛永十三）年にキリスト教を論駁する『顕偽録』を著したこと、彼が日本語に長じ、太平記を読みこなす学力を有し、多年幕府の役人としてキリスト教徒の弾圧に貢献したこと、フェレイラの汚名を濯ぐべくルビーノ等の決死隊が日本に潜入を敢行したことは諸書に詳しく割愛する。問題はその後である。司祭の彼がキリスト教を棄てて禅宗に改心したことが重大であるように、もし彼が又しても改心してもとのキリスト教信仰に戻ったのならば、之亦同様に、或いはそれ以上に重視せねばなるまい。人とその思想は生涯、殊に晩年に於いてこそ論じるに足りるであろう。その際吾人はフェレイラの死去について内外の史料が一致せぬことを残念に思う。（以下略）」

水上勉と加藤周一の戯曲

この年は「黄金の国」のほか、水上勉氏の初戯曲「山襞《やまひだ》（二幕十二場）」（三月号）と、加藤周一氏の「艶姿名残太刀《あですがたなごりのたち》風《かぜ》」（九月号）を掲載した。この二編については文芸時評での言及はなかったが、それぞれに実験的な意図が感じられた。先述したように九月号からは杉山君が編集人となり、同君によって加藤氏の戯曲は推進されたが、末尾に「おことわり」として、「この一幕は、Johann Nestroy の一幕物《Judith und Holofernes》に、私（加藤）が手を加えて、自由に翻案したものです。その妙はおそらく原作に由来し、その拙は私の加えた蛇足に基くのでしょうが、その功罪の面倒な詮議はしばらくおき、これをこのままたのしんでいただければ幸です」という文章が加えられた。この〈笑劇一幕〉という戯曲は、古代アッシリア帝国の支配者たる将軍がヘブライの若ものの女装に誑《たぶら》かされそうになるが、ふといたずら心を出して侍従を身がわりとすると、若ものは侍従の首を取る。将軍は生き残るのだが、すでにヘブライ軍はアッシリア軍をうち破ったという情報が行きわたってしまうというファルスで、当時めずらしく諷刺をきかせた作品であった。

　一方、水上勉氏の初戯曲は〈二幕十二場〉という百八十枚の大作で、これも「黄金の国」同様、杉村春子、北村和夫らが出演する三月からの「文学座」公演として決まっている作品であった。山峡にある集落の一家と、その背後に自治体の土木工事がからむ作品で、猿籠で谷を渡って往来するような村落の、方言が飛び交う集団劇であった。舞台稽古も観に行ったが、猿籠の乗り場のすぐ近くに主人公の母子の雑貨屋があるという設定で、大がかりな芝居であることがすぐわかった。

28 三島由紀夫「英霊の聲」の反響

この年の「文藝」に対しては、前年度とはまるで違って、各新聞の文芸時評欄が頻繁に対応した。戯曲「黄金の国」に対する反応は先述の通りだが、小説のほか対談への反応も見られた。やはり、判型を変え、文芸誌としての体裁を強固にしたことが幸いしたと思われた。

　小説は前号で紹介した坂上弘「朝の村」に続き、三月号の河野多恵子「最後の時」への批評が目についた。先ず朝日新聞の文芸時評で江藤淳氏は「河野多恵子氏『最後の時』は、不思議な哀切味のある短編である。交通事故で急死した友人の葬式に行く途中で、女が突然なにものかにあと二十六時間の生命しかないと告げられる。彼女は葬式をすっぽかして家に帰り、汚れものを処理したり、『牛乳は明日から一本にして下さい』と書いた紙を牛乳受けに入れたりする。彼女はまた自分の死後夫と暮すであろう女にあてた手紙を書いて、夫の衣類のあいだに隠したりもする。そして、女は自分の夫との生活が本当の夫婦生活ではなくて、単なる男女の生活にすぎなかった、そのことに自覚してもいないことがいけなかったのだと考える。そのうちに夫が帰って来て銭湯に行く。女はその夫の留守に、手紙を書いて郵便受けに入れ、『変った手紙がはいってますよ』といって入れかわりに銭湯に行く。……これはすべて女の幻想で、手紙には『もし自分が今急に死んだら』という仮定の上に立った夫への願いが書いてあったのである。妙に切迫したもののある小佳作で、作者の着実な進境を示している」と書き、毎日新聞で平野謙氏は次のように絶讃した。

「後者（『最後の時』）は、二十六時間後に死を予告されたひとりの細君という設定のもとに、いまさら日常的な時間の意味を問いなおさずにいられぬという、この作者のものとしては趣向の変った作品だが、夫婦生活という単位は一体なんだろう、という問いを、改めて読者の胸に投げかけずにおかぬところに、この作品の鮮かな効果がある。（略）今月随一の成功作といえるだろう」

さらに小説では、もっとも反響の多かった三島由紀夫「英霊の聲」をあげなければならない。

前年の「サド侯爵夫人」以降、私は三島氏の担当者になっていたが、その原稿受領の際にも、「次はどうしても小説をいただきたい」と何度目かになるお願いをし、氏を苦笑させた。というのは、「文藝」の復刊当時の坂本一亀元編集長は、かつて三島氏の出世作『假面の告白』の担当者でありながら、復刊後の二年間の在任中も、復刊号の「近代能楽集」シリーズのうちの「源氏供養」を掲載しただけであった。その後も「喜びの琴」や「サド侯爵夫人」などの戯曲は掲載したが、その年の一月号に「仲間」という掌編小説を寄稿してもらっただけで、小説らしい小説が掲載されたことはなかったのである。当時の認識では、やはり三島氏の小説作品を掲載することは「文藝」にとって重要事であった。

「英霊の聲」の原稿を受領する際に、三島氏は暗に「大丈夫だね」と念を押されたような記憶がうっすらとあるが、さだかではない。当時三島氏は『豊饒の海』を「新潮」に連載中で、その合間を縫っての執筆だったと思われるが、その年、自身が出演しての、陸軍士官が切腹する場面で話題になった「憂国」という映画が終った時期であった。「英霊の聲」の原稿は二綴りになっていて、一綴りの方はほとんど詩のようなものが書かれていた。後に天皇の人間宣言に対する英霊の抗議の詩であることがわかったが、全体の印象としては、観念的な作品である。しかし、当時は社会情勢での波及効果の激しさが何となく予想された。三島氏の念を押すような素振りもそのことから来ているように思われた。いずれにしても、熱っぽい力作感のある作品で、掲載するのに何のためらいもなかった。

「精神の露出癖」と「反時代を装った現代」

発表後はさまざまな反応が返ってきたが、まずは江藤淳氏の文芸時評を見てみよう。

「三島由紀夫氏の『英霊の声』は、この国民心理の空隙を機敏にとらえたセンセーショナルな問題小説である。氏の『憂国』という小説もやはりセンセーショナルであったが、そこではまだ文体の緊張がある美を凝固させていた。しかし『英霊の声』から感じられるのは露出された観念である。言葉をかえれば『憂国』が審美的なのに対して『英霊の声』はイデオロギー的である。さらにいえばエロスを主題にした『憂国』が意外に清潔だったのに対して、この『英霊の声』は妙に猥褻である。／これは、二・二六事件の青年将校の霊と、特攻隊の飛行士の霊が、霊媒にあらわれてそれぞれ『忠勤』を裏切られた恨みをのべるという話である。霊が立去ってみると、盲目の霊媒青年はこと切れており、その顔は何者とも知れぬ『あいまいな顔』に変容している。三島氏は、〝審神者〟の木村先生なる人物が吹きならす石笛《いわぶえ》とか、神をのせて来る潮をふくんだ疾風というような神秘的な道具立てによって、夢幻能を思わせる幽明あいまじわる世界を喚起しようとしているが、そこで氏が提出している問題は『などてすめろぎは人間《ひと》となりたまいし』という一句につきている。／作者によれば、二・二六の陸軍士官にとっても、特攻隊の隊員にとっても、ひとしく天皇は『神』であり、その『神』に合一することがそのまま栄光のうちなる死を約束するような存在であった。だからこの『神』をそのまま『死』だといってもよい。しかしこの『神』は、青年将校が栄光を信じてクーデタをおこしたとき、『死』ではなくて『生』であることを、つまり『人として暴を憎みたま』う存在であることを明らかにされ、彼らの『片恋』は報いられなかった。／同じことは敗戦後の『人間宣言』のときにもおこった。その結果、新しい歴史を告げる『曙光』たるべきはずだった特攻隊の行為は、クーデタ同様滅亡の『夕日の最後の残光』になってしまった。しかし、こうしてまず『軍隊の滅亡と軍人精神の死』が起り、ついで『日本の滅亡と日本の精神の死』が起ったのは、ほかならぬ彼らの『神』が『人間』になり、『死』ではなくて『生』に加担されたためである。『などてすめろぎは人間となりたまいし』……というのである」

と小説の内容を論述したあと、次のような感想を述べる。

「三島氏がこの問題小説で、一面からみれば西欧型の立憲君主であり、他面では閉鎖的・伝統的な忠誠心の対象だった旧憲法下の二重性を逆手にとって、氏一流のレトリックを駆使しているのは明らかである。さらにこの作品が、ある意味で今日の国民心理の盲点をついていることも事実である。しかし、それにもかかわらず私は、この問題がこういう鬼面《きめん》人をおどろかすようなかたちで提出されたことに、なにかいやなものを感じずにはいられない。／それはひとつには、作者が死者の口をかりて、イデオロギーを語らせているからかも知れない。（中略）生き残った人間には死者をどんなふうに利用する資格もない。それは第一に不遜であり、死者の沈黙の重みは決して観念の枠の中に要約できるはずがないからである」と江藤氏は書き、最後に「この作品は、三島氏の勇気からというより、むしろ氏の精神の露出癖から生れたもののように思われる」と断じた。

毎日新聞の平野謙氏は次のように書いた。「『英霊の声』は二・二六事件と神風特攻隊の死霊を現代によみがえらすことによって、戦後まもなく発せられた天皇の『人間宣言』の意味を全的に否定しようとした作品、という仕掛けになっている。私は神がかりを題材とした井上光晴の『死者の時』をいまでも傑作と思い、巫女を女主人公とした円地文子の『なまみこ物語』を秀作と思うものだが、この『英霊の声』には首をかしげざるを得なかった。それはこの作の反時代的な主題のゆえではない。どんなに反社会的なテーマであろうと、それが芸術的に円満具足していれば、それを認めるのに、私はやぶさかでないつもりだ。些細なことをいうようだが、私はこの作品が新カナづかいで書かれていることに、まず疑問を持った。『親疎の別なく父子の情をかけたもうおん方の前では、ここにいて想う怖れも杞憂にすぎまい』というようなカナづかいは、この作品の全体のリズムと全くそぐわないのである。『などてすめろぎは人間《ひと》となりたまいし』というリフレーンはやはり『なりたまひし』でなければピッタリしないのである。／（中略）この作者ほど鋭敏な美意識をほこる人が、こういう反時代的な作品を、なぜ新カナづかいで書いたか、私は了解に苦しむ。これは単なる足あげとりではない。一見、反時代的なこの作品が、実は反時代的な装いをこらした最も現代ふうな作品にすぎぬのではないか、と私はひそかに疑っているのである。（中略）／この作品のテーマをつきつめてゆけば、天皇は敗戦に際して『人間宣言』など発するべきではなく、アラヒトガミのまま即時退位すべきだった、ということになろう。そうなれば歴史の進行がどうなったかはわからぬにしても、現在のような中途半端な、むなしい戦後民主主義からのがれることだけはできたろう。つまり、無条件降伏とともに天皇は、自らの責任において、カリスマ的神権を葬るべきではなかったか、という論理的帰結を、この作品からひきだしてもおかしくはない、美意識はつねに政治的な意味をこばみきれない。／ここにこの作品の成功か失敗かをにわかに判じがたい理由がある。私ののぞみたいのは、この一見荘重な悲劇ふうの作品と対をなすものとして、たとえば栗原中尉らの占拠によって、総理大臣官邸に即死した陸軍予備大佐や巡査部長や巡査たちの死霊の声を、せめて喜劇ふうにでも、作品化してもらいたいことだ。おそらく彼らの霊もいまもなお中空にさまよっているにちがいない。イデオロギーの相対性を主張するこの才気カンパツの作者に、それくらいのことのできないはずもない」

宗教の問題か？

また読売新聞の山本健吉氏は次のように書いた。引用がつづくが、この三者の批評の特質のあらわれかたにも注目してほしい。

「今月読んだ小説で、一番印象の強かったのは、三島由紀夫氏の『英霊の聲』(これだけ声を聲と表記して原文通りの正字が使用されている)である。『私』が木村先生の帰神《かむがかり》の会に列席した実験談として語られている。魂をゆるがすような先生の石笛《いわぶえ》の音につれて、川崎という二十三歳の盲目の青年が、神がかり状態になって歌い出す。そのとき神下《かむくだ》りました霊は、二・二六事件で代々木に刑死した叛乱軍将校たち、つづいてその弟神である、比島の米軍機動部隊に突入して果てた特別攻撃隊の勇士たちである。／彼等は自分たちが裏切られた霊であるという。叛乱軍将校たちは、天皇のための誠忠の義兵が、彼らを逆に叛逆の罪におとしいれたことを恨み、自分たちの神への呼びかけはついに天聴に達することなく、『陛下は人として見捨てたまえり』と、切々として訴える。特攻隊士たちも、神のため死んだのにもかかわらず、天皇の人間宣言で、名を剝奪され、神界にありながら安らぎはない、という。『などてすめろぎは人間《ひと》となりたまいし』と、くりかえされる畳句の大合唱のうちに、神々の荒魂《あらたま》は神上り、川崎青年は息絶えていた。――／ここに呼び出された兄神、弟神たちは、現在それに相当する影向《ようごう》を受けておらず、修羅の苦患に怒りすさんでいる霊として描かれている。かつて天皇のために死んだ者たちが、天皇の人間宣言のため、その霊は宙に迷っている、というのである。／『サンデー毎日』でこの小説を取り上げ、作者自身の意見を聞いているが、氏はキリスト教の唯一者としての神の考えを、天皇に当てはめている。これは明治の憲法制定に当たって、伊藤博文がキリスト教の神に代わるべき国民の『機軸』として天皇を考えたのと似ている。そして天皇の神性喪失に、氏は今日、日本人の精神の灰色の沈滞と堕落をもたらした原因を帰しているもののようである。／あえて氏が、このような極端な発想の小説を書かねばならない理由は、わからないではない。戦後の民主主義がもたらしたあらゆるものが、氏には空虚な偽善と見え、厭うべき低俗と見えているのだ。だが、一たび神性を棄てられた天皇を、国民はもう一度神に復帰させることはできない。その不可能を作者は知りながら、あえて書いたとすれば、それは作者の考える今日の状況の絶望の度の大きさを物語るものだろう。その空虚を、民主主義という護符で埋められると思っている知識人たちののんきさが、氏にはいらだたしいのだろう。／だが若い英霊たちの復権を訴えようとする時事的な姿勢のせいか、これは三島氏の小説としては想が痩せている。私にはこれは、天皇制の問題でなく、宗教の問題だと思っている。天皇を神にしたのは、明治以降の非情の合理思想なのである。それは目的があって考案した巧妙な手段なのである」

精神の露出癖から生まれたとする江藤淳氏、反時代を装った現代的な作品という平野謙氏の所論にはうなずくところもあるが、過剰に三島氏に悪意を見てとるのは、まったくの錯誤であると思われた。山本健吉氏は想が痩せているという評はあるものの、もっとも作者に近づいた批評ではあるが、この主題を宗教の問題として片づけるのは如何かと思った。また、平野氏が指摘した、新カナづかい使用の件は、「文藝」が三十八年一月号より新カナづかいで統一してきて、やむなく諒解をとりつけたもので、三島氏の選択ではなかった。現にほかに旧仮名使用の別の著者が新カナで連載を執筆されているので、編集部として三島氏だけを特例とするわけにはいかなかった。この点、早くかなづかい自由の方針に訂正しなかったことは、私の至らなさというほかはない。

このほか「英霊の聲」にはさまざまな反響があった。なかには編集人である私宛に、掲載したことについて謝罪を求める内容証明付きの手紙が来たし、瀬戸内晴美氏からは発送直後に激励の電話があり、作品に讃辞を述べられた。また、三島氏本人からも手紙が来て、「あれを書いてしまつたら何やら淋しくなり、へんな空虚感があとに来ました。映画の雑務の繁忙が、一時的にこの空虚感を救つてくれましたが、それからあとは、どうにもなりません。短篇の制作でこんな気分になつたことはめづらしく、余程小生にとつて大切な主題だつたのでせう」（五月十四日付）とあった。

この年はほかにも数件、出版部異動の前に書くべきことがあるが、稿を改めることにしたい。

中村真一郎の長編「孤独」 ㉙

この年の下半期はしばらくの間、三島由紀夫「英霊の聲」の残響が耳に入ってきたが、「文藝」編集部としても幾編かの仕掛けた作品を準備していた。その第一号が中村真一郎氏の三百枚一挙掲載作品「孤独」（七月号）である。〝第一次戦後派〟といわれる作家たちが厳しい批評の眼にさらされていることは承知した上で、私はどちらかと言えば、たとえば反戦後派と見える自由な構想による小説を書いてほしいと思っていた。新人の部員と中村氏に会い、そのような趣旨を告げた。そして何よりもこれまでの作風から思い切って変ってほしい旨をお願いした。中村氏に限らず、それはほとんどの作家にその旨をお願いしたが、後発の文芸誌としてほかの雑誌より若い人間が担当しているのだ、ということを印象づけたい思いがあった。時代が変れば文学も変る。雑誌も変る、ということである。

この作品に対して、文芸時評家二氏は共に予想外の反応を示した。

平野謙氏は毎日新聞で、「中村真一郎の三百枚の力作『孤独』は失敗作というしかない。前半と後半とでテーマとスタイルが割れていることも失敗のひとつだが、根本的には、この作者にはへんに高級なものと通俗なものとが混在していて、それを作家として十分みきわめていないところに、この力作の成功しなかった所以があるように思った」と、一般的な中村批判でお茶を濁している。

江藤淳氏は朝日新聞で長い批評を書いている。「中村真一郎氏の『孤独』は、この点で（註・その前に徳田秋声に言及して、『血縁の感覚とは、かつてわれわれ日本人の核をなしていたものである』と書いている）示唆的な作品である。これは三百枚の長い小説で、ある点では神経症の記録のごとくに、またある点ではむしろ神経症患者の旅行記のごとくに読めるきわめて現代的かつ内的な独白体である。／『私』という主人公が、名前ははっきり示されていないがパリとしか思えない大都市にやってくる。彼はこれも明示されていないがソ連らしい国へ旅した帰りである。この旅行のあいだに彼は疲れ果て、『自分を取戻す』ためにこの大都市の未知のホテルで一カ月を過ごそうとしている。しかし、この『私』は明らかに神経症の患者であって、外界に関する興味が全く欠けており、はじめからしまいまで自分のことばかりをくどくどと語っている。たとえばこの『私』は、レニングラードらしい町のエルミタージュらしい宮殿の庭の立札のフランス語が間違ってつづられていると、文字通り『不幸』になるのである。（中略）要するに彼は病的に『孤独』であり、その『孤独』や『淋しさ』がいかに俗人のそれとちがうかと力説している点で、さらに病的である。／私は、こういう病的な神経の一々をきわめて細密に、しかもあまり魅力のない散文的な文章で分析している作者の手つきにひかれたわけではない。実際、日本とこの大都会の裸踊りの比較論とか、きわめて退廃的なクラブで知りあって一夜をともに過ごしたきわめて堅実かつ日常的な写真モデルの女との交渉とかをのぞけば、こういう主人公の行状に特に面白いものはなにもない。ただこの小説には中村氏の内的独白体の小説にはめずらしくある素直なものが流れている。その素直な態度が主人公の父を求める姿勢に重ねあわせられているところに、私は注目したのである。／こういう『孤独』な滞在者の生活を送っている『私』の荒廃した内面に、幼いときに失くした父の姿がぽかりと浮上がってくる。東京にいたときには、彼は父を思い出したり父との関係で自分を考えたりすることはなかった。しかし、距離的に遠い場所に旅したことがあたかも『私』の内面に深く遡行することであったかのように、彼はこの大都会で父のイメージに出あう。そうすると、彼と同じように孤児として育ち、『世間』の眼から見れば『千三つ屋』とでもいうような小事業家で、仲間に裏切られてばかりいた『道楽者』のこの父親が、彼自身の『孤独』と『不幸』をよく説明するもののように思われてくる。つまりこの『私』は、父のイメージに出あうことによって『自分』に出あい、そうすることによって『自分』と世界の関係、あるいは『自分』と他人との関係をつかむ糸口を得た。そういう父は、『私』にむかってくよくよするのは男らしくないぞ、うしろばかりふりむくな、と『男の友情』で忠告しているように見え、『私』はふたたびO空港を出発する。……／この小説の主人公が、このような父のイメージを発見することによって『孤独』と荒廃から出発するというのは、先程の血縁の感覚の問題からして私には興味深い。もっとも、この作品の弱点は主人公のみならず作者までが、父に対する『世間』の眼を自分の視点にとり入れることができず、結局父を鏡にしたナルシズムに回帰するところで終っているところにある。それは作者自身の幼児性と人格の核のもろさとでもいうべきもので、この作品にかぎらず中村氏の小説全体に通じる資質の問題であろう。が、それにもかかわらずこの『第一次戦後派』の代表選手のひとりが、『孤独』で父のイメージに回帰していることは、私には見のがせないことのように思われる」

　江藤氏が中村氏の作品に対してこれだけの行数を使って批評したのは、もしかすると初めてのことかもしれない。ひとえにここに描かれている〝父のイメージ〟にかかわる主題が、江藤氏にとって見のがせなかったのかもしれない、と思われるふしがあった。そのことは後《のち》にふれることになるが、大体この作品の要約そのものも、中村氏にとっては父のことより、母をふくめた女性一般に関する批評意識から生まれた小説のように、私などには読めた。

井上光晴、坂上弘、いいだ・ももの作品

　同じ号に掲載した井上光晴氏の「眼の皮膚」も、編集部としては意欲的な企画のつもりだった。その頃の井上氏が長編小説にばかり挑み、好評、不評の別はあるものの、おしなべてきちんと終っていない作品の印象が強く、私には井上氏の才能からいってすこぶる惜しむべきことのように思われた。それで、完璧な短編小説を執筆されるように奨め、仕上がった作品だった。井上氏は「大体小説に終りがあるのがおかしい」と持論を繰り返し、井上流の小説論を展開された。晩年に「文学伝習所」を地方に創設し、小説論の講義に熱中したことの熱源がすでにこの頃から兆していたように思われる。同人雑誌評を依頼していた桂芳久氏はかつて井上氏とともに「現代批評」の同人でもあったが、井上氏の代表作『虚構のクレーン』（「現代批評」連載）を戦後文学の傑作と何度も力説されていたことを思い出す。

　ところで、文芸時評は、「眼の皮膚」に対しては江藤淳は取り上げず、平野謙（毎日新聞）、山本健吉（読売新聞）の両氏が取り上げた。

　平野氏は、「長谷川四郎の『駐屯軍演芸大海』（「展望」）、永井龍男の『紅い紐』（「群像」）も、それぞれ作者らしい持ち味を生かした短篇だが、井上光晴の『眼の皮膚』（「文藝」）がいちばん印象に残っている。若い主婦の朝から夜までの家常茶飯事を題材としたにすぎないが、やや病的な感覚の鋭さという点で、なかなか見事な出来ばえをみせている。この女主人公が妊娠している、というようなオチがついていたら、ぶちこわしだな、とひそかに心配したが、それは私の杞憂にすぎなかった。作者の進境を示すにたるものだが、この作者がウマイ作家になっても困りものだ、という気もした」と書き、山本氏は、「井上光晴の『眼の皮膚』は、団地の主婦の早朝から夜中までを、ぎっしり

書きこんでいる。良人と娘とをかかえて、一刻の休みもなしに忙しく動きまわっているその動きを、一つも見落とすまいとするかのように追っているのである。政治的なものから、日常的なものの追求へ、作風を転換させたこの作家の、試みの、見本品のような作品である。／だが作者はこれが団地マダム一般だと言うつもりで、抗議または諷刺の意図を持っているのだろうか。この過剰な日常性の積み上げは、私にはあまりにも腹にもたれる感じのものであった」と書いた。これを読んで私はがっかりした。何という図式的な受けとり方であろうか。世界の文学の動向にも敏感な井上氏の文学の方法を、それまでどのように山本氏はとらえていたのか、それが逆にふしぎであった。

　そのほか、この年後半の小説の幾編かを時評家が取り上げたが、それも紹介しておきたい。

　坂上弘「愛するもの」（八月号）について江藤淳氏（朝日新聞）は「しばらくわかりにくい世界に低迷していたこの資質抜群の作家が、ようやく自分の核を素手につかんだという感をあたえる佳作である。／『肉親嫌いとはどういうことだろう。人間嫌いという言葉をおきかえてみるが、それとはちがう。他人より肉親に対しての方が残酷になれる。親よりも兄弟に、兄弟よりも友人に、友人よりも知人に、知人よりもただの初対面の人に、初対面の人よりおそらくは世間一般の人々に気を遣わなくて済むのだ』と作者は書いている。『愛するもの』は、そう思いくらして来た作者が、自分と母親との奇妙に粘着した関係の底にあるものをはじめて勇気を持って見定めようとした作品である。今まで坂上氏は美しい文章で、氏の肉親に対する嫌悪感をさまざまに定着しようとして来た。それはひとつの叙情であり、氏はいわばまだ肉親に憑かれていた。しかし『愛するもの』の氏は、美文を書いてもいなければ叙情に頼ってもいない。ひとりよがりな点もないではないが、肉感的な文章が今までになく自由な屈折を見せているところにひかれた」と書き、平野謙氏（毎日新聞）は、幾つかの作品名を列挙したうえで「なかでは母と子の愛憎を中心とした『愛するもの』がいちばん書きにくい題材を微妙に描きあげている、と思った」と評価している。

　さらに坂上作品と並べて掲載したいいだ・もも氏の「朝日の昇る家」についても、江藤氏（朝日新聞）は、次のように書いた。

「いいだ・もも氏『朝日の昇る家』は、奇才縦横というべき饒舌無比の作品である。内容は信州の中学校を出て東京の醤油屋に勤めている定時制高校生と、故郷の恩師との往復書簡であるが、そのなかで死病にかかっている北海道の少女と文通する予備校生の友人の動静が語られる。少女は死に、予備校生は自殺するが、そういう筋よりも、／『それにしても、先生のレターはいいなあ。なんというか、型っていうものがありますネ、拝答、とただ書いて、マルも、テンも、うたない。そしてヌッと行をかえちまって、御健在の趣、ここはテンうって、御健在の趣、何よりマル。この調子、声に出すとグッときちゃいますよネ。ハイトウッ……剣道か柔道みたい。型があるんだな、ちゃんと。これが時代のちがいというものなんでしょうネ、きっと』というような、破格かつ俗語調の文体がこの小説の魅力である。しかし私には、この奇才の背後にあるものが、案外常識的な精神であるように思えてならなかった」

　これは私には意想外の批評であったが、当っているとも思われた。

近藤啓太郎「海」の評価

　また近藤啓太郎「海」（十月号）については、編集部としては〝第三の新人〟といわれる作家たちのなかで、近藤氏が代表作となるような作品を書かれていないことが気になっていた。そのことも率直に言って、三百枚を依頼したが、二百十枚で完結してしまったのである。それでもなかなかの意欲作であった。江藤氏（朝日新聞）と平野氏（毎日新聞）が取りあげたので、当方の意図は達成されたと思った。

　江藤氏は、「近藤啓太郎氏の『海』は、（中略）単純な作品だが、なかなかの力作で好感をもって読んだ。これは母一人子一人の貧しい暮しをしている若い画家が、千葉県の漁村に都落ちして生活するうちに、金に困ってふとしたきっかけから漁師の手つだいをするようになる話である。／しかし、この小説の魅力はそういう人事にはない。好きな娘と別れさせられて、戦死した兄の嫁と結婚させられたために鬱々としている若い漁師の挿話も語られるが、それも筋を通す配慮というほどのもので、格別の印象にはのこらない。なんといっても迫力のある部分は、海そのものについての叙述、ことに漁の興奮が描かれている部分である。／『え！「鯨だえ！」／幸二の指差す方を、私たちは一斉にふり向いた。思ったよりも、ずっと近かった。音を立て、波しぶきを上げながら、波を割って鯨の黒い巨大な背が現われた。海水が鯨の背を滝のように流れ落ちた。と同時に、鯨は息吹きを響かせ、背から空中に向ってしぶきを吹上げながら、ゆっくりと泳ぎつづけた。鯨の背の周囲には、白波が立ちつづけ、渦が巻きつづけた』／そこにはまた誤って海に落ちた漁夫に吸いついて、その身体を食いつくしてしまうタコの群もいる。あるいは『青黒い海流』から、『黄緑色の海面』に向って、無数に『湧いて』来るイカがいる。海にはまだ太古から少しも変らない自然があるなあ、ということを、ある感動をもって伝えている快作である。あるいは作者がこれまでに書いた最良の作品のひとつかも知れない」と書いた。

　また平野氏は「近藤啓太郎の『海』も（中略）、反時代的、反人工的なものをめざした小説といってよかろう。これは海原という自然とたたかう男の話であって、最後までイヤ味なく読むことができた。話のタテ糸として、兄が死んで、兄嫁を妻にしなければならぬ若い漁夫の苦しみが設定されてあるが、その主眼は漁夫を中心とする自然描写にある。たしかに（中略）『海』のような作品をときたま読むことは、読者としても精神衛生学上わるくはない。しかし、こういう作品ばかりを読まされても、時評子としては手もちぶさたにならざるを得ないのである」と少し意地悪く書いたが、評価にはゆるぎがなかった。

わが編集者生活の二つの収穫 30

この年から次年にかけての、いや、私の全編集者生活の上位を占めると自ら思う収穫は、長編評論の二作、すなわち江藤淳「成熟と喪失―〝母〟の崩壊について―」と、吉本隆明「共同幻想論」の連載が始まったことである。江藤・吉本両氏に対しては、新年号で「文学と思想」という長い対談を実現した前後から、両氏の長編評論を「文藝」の柱に据えられないか、という思いがあって、しばしば両氏に企画の案を持ち出して話題にしつづけてきた。これは既述したように、新人編集者の頃に北原武夫氏に植えつけられた、文芸誌編集の秘訣第一条にあたるべき企画案であって、それが二人一緒に実現するかしないかという好機が巡ってきている感があった。

　江藤氏に対しては、江藤氏のこれまでの仕事は『夏目漱石論』をはじめ作家論的なものが多いので、できれば、日本文学原論のようなものを書いていただけないかという依頼であり、吉本氏に対しては、少し前に完結した『言語にとって美とはなにか』に関連し、やはり文学原論的なものか、対象を大きくとらえる国家論的なものをとお願いした。特に私は『言語にとって美とはなにか』の中の、「表現転移論」にある文体論に深い興味をかきたてられたので、それを現代作家にあてはめた細論をもお願いしてみたのである。

　ところが、上半期の終りに前述したように私の人事異動の発令があり、両氏の担当も、次の編集長杉山正樹君に引き継いでもらうようになった。「成熟と喪失」は杉山君の努力もあって、編集名義人が私の最後の八月号から連載開始されたが、「〝母〟の崩壊について」という副題がつけられたことで、先般の文芸時評で論じられた中村真一郎「孤独」のなかの〝父〟のイメージとの出あいを重視した論調と重なるものがあり、江藤氏の内部に兆しつつあるものが何となく類推されたのである。この連載は翌年の三月号で完結し、昭和四十二年（一九六七）六月に単行本として刊行されたが、「あとがき」で江藤氏は次のように書いている。

「（前略）そういう私が、『〝母〟の崩壊』という主題をさぐりあてたのは、『朝日新聞』の『文芸時評』担当者として、小島信夫氏の『抱擁家族』、庄野潤三氏の『夕べの雲』以下の一連の現代小説に触れる機会を得たためである。これらの作品から受けた新鮮な衝撃を反芻するうちに、私は在米中に読んだエリック・H・エリクソンの著作、特に『幼年期と社会』をしばしば思いおこした。私がエリクソンを知ったのは、ハワード・ヒベット教授との会話からである。そのうちエリクソンがもうひとりの友人ロバート・リットン教授の師であることを知って、私はこの精神病理学者を単なる抽象的な名前と思うことができなくなりはじめていた」

「共同幻想論」の経緯

吉本隆明氏の「共同幻想論」の連載は、この年の十一月号から四十二年の四月まで掲載し、その後は書き下ろしとして書きすすめられ、昭和四十三年（一九六八年）十二月に単行本として発刊した。書き下ろし部分は、すでに異動で出版部に在籍した私が担当することとなったが、実は後《のち》に述べることになる重大事、版元の河出書房の倒産という事件が発生し一時茫然自失の状態に陥ったが、四十三年六月に会社更生法が適用された後は、むしろ『共同幻想論』の刊行は再建途上の社にとってはすこぶる重要な企画の一つとなって、慎重に緊張してしばしば書き下ろしの原稿をいただきに吉本氏を訪ねたのであった。

それはひとつには、連載開始直前にも吉本氏に対して当方が不祥事を引き起こし、謝罪に伺うということがあり、そのうえに倒産という不測の事態に立ち至り、すこぶる恐縮してしまったからであった。不祥事というのは、七月号に掲載した「匿名時評」が、吉本氏の文体模写をしつつ吉本氏の思想批判を企図したものでありながら、核心部分に事実無根の表記があることに編集部が気がついた時は、もう七月号が刷了になり、見本誌を発送した後のことだった。謝罪に出向こうとしていた時に、吉本氏から電話がかかってきたので、私はすぐに吉本家に駆けつけ、事情を説明して謝罪した。そして、八月号の同欄の隅に、「先月号の本欄の文章につき、誤解を生ずる恐れがあると判断されるので、一言申し添えます。あの文章は「日本」四、五月号の吉本隆明氏「時評」の文体模写を意図したものですが、たんなる換骨のため盗作に類するような文章となり、また修辞上、事実無根の部分が入りまじりました。念のため、付記します。文藝編集部」という告知文を掲載した。この時、吉本氏は寛大にも当方の言い分を諒解され、連載開始も十一月号からと約束してもらった。

倒産後の当方のごたごたした事情にも吉本氏は耳を傾け、遅滞なく後半の原稿も受領することができたのである。私は深甚なる感謝の念を捧げつつ、単行本製作に邁進した。

石原慎太郎 vs. 山崎正和の「劇」論

この年の後半の対談では、八月号の石原慎太郎・山崎正和両氏の「現代における〝劇〟とはなにか」について、山本健吉（読売新聞）、江藤淳（朝日新聞）の両氏が文芸時評に次のような感想を述べているのが目についた。

山本氏は「ここには明らかに、私たちとは違った発想に立つ新しい世代の出現を、認めることができる。（中略）山崎氏の日ごろの持論を軸にして論は展開しているが、その場合、石原氏の作家としてのあり方は、山崎氏の論旨に恰好の裏づけを提供している。／吉本隆明氏や江藤淳氏にしてもそうであるが、山崎氏においても反『戦後派』的な文学発想が随所に見られるのである。氏は本当の組織でも孤独でもない、自分たちの世代の仲間を『われわれ』と呼んでいるグループを「中間組織」にすぎぬと言っている。戦争直後の世代意識がそうだったとすれば、今日の微温湯のような無気力な中間的状況を生んだ元凶は戦後の世代論のなかにあったのである。一人一人が真に孤独に住するとき、この孤独を飛び越すには、肉体的にも精神的にも非常に力のある対話が始まらなければならない。それが現代の『劇』の意味であり、歴史のなかで真の行動を持つための条件である、と氏は言っているようである。／氏の論拠はきわめて文明史的に巨視的であり、ここで簡単にパラフレーズして示すことはできないが、それは単に社会学者や文化人類学者の分析にとどまらないで、創造する者の立場からの考察に終始しているのが私には興味深い。風俗としての歴史参与、社会参与を、氏は認めない。／政治的であることが文学的だという図式は、なまぬるいと言う。石原氏が、樺美智子の死を、だれが踏んづけたかわからないが、結局はあれは彼女自身が自分を踏んづけて死んだのだと、無慈悲に言い切ったとき、山崎氏はそれをうべない、そういう認識を皆が分け持っていたら、それが悲劇の出発点になるのだという。死は歴史の上に現われる運命のようなものだ、という考えがそこにある。あらゆる行為、情熱、そして破滅すらも、自分の責任において引き受け、天をも神をも社会をも怨まないのが、自分の運命に直面する劇的な人間、したがって真に歴史に参与している人間のあり方なのである」と書き、江藤氏は、「私はことにこの対談での石原氏の自己の語り方に打たれた。氏の肉体が氏を裏切り出したことを感じはじめた昨今、氏はようやく自分の肉体が、つまり石原氏の『存在』が見えだしたという。石原よ、お前も壮年になったかと私は妙にしみじみとしたものを感じ、氏の最近のエッセイ集『孤独なる戴冠』の行間にほの見える肉体の欠落感を思った」と書いている。

山本氏の興奮気味の文章も、江藤氏の石原氏に対する過剰な同化ぶりも、両氏とも同世代の私にさえわかりにくかった。ただ、戦後の喪失感に対抗しようとする情熱のようなものが、両氏をとらえたのか。

昭和四十三年の倒産の後、河出書房は再建のために希望退職者を募った。「文藝」編集長はそのとき佐佐木幸綱君になっていたが、彼も退職し、結局、編集長の椅子は再び私に廻ってきた。四十三年の十月号からまた再び私はその椅子に坐ることになる。

一九六八年

「文藝」編集長に復帰する

31

昭和四十三年（一九六八年）十月号から再び私は「文藝」編集長に復帰することになった。まず手始めにやるべきことは、前任者の仕掛かりの仕事を引き継ぐことだったが、それはほとんどなく、残留部員が担当としてかかえている連載物や進行中の仕事が二、三あるだけであった。締切までにもう幾日も日数がなく、すぐに吉本隆明・竹内好両氏の対談「思想と状況」を企画して実施した。

七〇年を前にして、六〇年安保後にもっとも良心的な知識人としての発言と行動をとられた両氏に、総括をしてもらおうという趣旨の企画だった。終りにいつも差し上げることになっている謝礼の封筒をさし出すと、お二人とも一瞬躊躇され、「いただいてもいいの」と聞かれた。発行元である河出書房の倒産直後のことだったので、懸念されての反応だった。私は会社更生法が適用されたことを説明し、「昔通りのふつうの支払いになるのです」といった。

会社更生法は、裁判所の管理のもと、倒産時の負債を一時棚上げし、債権者委員会より裁判所に任命された管財人の運営によって予め生産計画表を提出し、一定の売上金をプールして順次債権者に支払いをしていくという、いわば倒産企業の救済措置である。

次に考えたことは、例によって北原武夫氏直伝の文芸評論の企画で、これは丸谷才一氏にお願いし、「歴史といふ悪魔」というエッセイに仕上った。

さらに新鋭作家二人、中村昌義、小佐井伸二両氏の小説原稿が、以前から在籍中の部員によって進行中とのことで、早目に原稿を受領するよう依頼したが、それだけでは埒が明かないので、考えあぐねた末に、金子光晴氏宅に出かけていった。六二年の後半に金子氏から「姫鬼」という中編小説をいただいた時は、「もう一篇『樹獺（なまけもの）』というのはすぐ書けるよ」と伺っていたのを思い出したからである。それに杉山正樹君の編集長時代に現代詩特集の企画があり（六七年六月号）、田村隆一氏司会による西脇順三郎、金子光晴、吉田一穂三氏の座談会「詩の歓び」が滅法読みごたえがあって、三長老共に七十歳を越えているにもかかわらず、特に金子氏の記憶力の確かさが、頭から離れなかった。その原稿は予想通りに締切日には仕上った。

そのほか、出版部に在籍中の二年近くの間に開始された新連載を確認した。即ち、小説は井上光晴「長く歩いた後」、評論は、寺田透「法楽帖」、島尾敏雄「東欧への旅」、磯田光一「戦後批評家論」の三本である。どの企画も連載開始時点で担当者の報告を聞いており、出版企画としても成立していた。

その時点では「法楽帖」は七回掲載されており、後に『藝術の理路』と改題して単行本となり、「戦後批評家論」は、花田清輝論、埴谷雄高論、中村光夫論、伊藤整論がすでに掲載され、当面は吉本隆明論が準備中とのことであった。また「東欧への旅」は、島尾氏が長期にわたりポーランドに滞在され、周辺国をも取材してみたいという申し出があり、紀行及び滞在記として一冊の本にしようというものであった。

「文藝」編集部に復帰した手始めの雑誌としてはいささか地味な目次面で、新鮮な魅力に欠けていると思われたが、倒産後、六、七、九月号を休刊した果ての十月号として、形だけは整ったような気がした。しかし、すぐその後に連なる十一、十二月号、六九年新年号の目次をどうつくるかという難問が控えていた。十月号の編集作業と同時に日夜執筆者訪問を繰り返し、固めるべき企画から順次手をつけ始めたが、一度倒産した企業の更正の厳しさをむしろその頃から感じ始めた。

まず少しずつ執筆者の対応に変化が出始めた。それを最初に面《おもて》を冒して直言したのは高橋和巳氏である。ある時突然にやって来て、少し時間を下さいというので、社の近所のうなぎ屋で食事をしながら話をした。倒産後の河出書房との関係は今まで通りにはいかない、どうしても変らざるを得ないので、予め承知しておいてほしい、ということだった。特に坂本一亀元編集長との関係を挙げ、この関係だけは永続すると思うが、ほかの人とは一般的な関係と同等になるだろう、といい難そうにとつとつと語った。情理を尽したその態度表明に私はむしろ好感を抱いた。高橋さんの律気さと気弱さを正直に露呈したもの言いで、納得できた。

と同時に、今後は執筆者陣を新しく構築する必要があることを痛切に感じた。これまでも自分なりに頭の隅でエコールに準じるような執筆者陣を空想したことはあったが、実際行動に出たことはなかったし、第一、まだ当方のキャリアも見識も不足していることがはっきりしていた。しかし今後はもう少し意識的にそのことを考えて行動しなければならないと思った。

山田稔の芥川賞候補作

十一月号、十二月号も結局、部員があたためている企画を中心に目次をつくった。小説欄は倉橋由美子「向日葵の家」（十一月号）、野口武彦「愛玩動物」（同上）、日野啓三「地下へ」（十二月号）、山田稔「犬のように」（同上）などで、日野氏と山田氏には気に染まぬことを無理にお願いすることになった。日野氏の場合はまだ題材が熟していないにもかかわらず、替りの原稿がないからといって、強引にすすめてもらった。山田氏の作品は二、三カ月後に出版部がすすめている『幸福へのパスポート』という表題の作品集のなかの一編だったが、これが何と芥川賞候補になったのだ。

この作品について、つい昨年上梓された山田氏の回想録『富士さんとわたし――手紙を読む』（編集工房ノア）のなかに、私がはっきりとは認識していない事柄が書かれていて、さもありなんと納得したばかりだった。その部分を引用すると、「そのころ、『VIKING』に連載した『フランス・メモ』の単行本化が河出書房で準備中だった。これは連載中に埴谷雄高の目にとまり、その推輓で河出の坂本一亀に話が行ったのだった。ところが河出書房が倒産したため、文藝春秋社から出ることに決まりかけていたのを、再建された河出書房新社の最初の出版企画に入れるからぜひわが社から、と坂本に頼まれ、そのようになったといういきさつがあった」とある。富士正晴はこの読後感として「近頃のもんいうたら、向うでもてたいうのん書いとるやろ。そやのに、こんなん読んだらスーッとする。（略）何でもない小説やけど、これ、きようびは意義あるで」と述べ、埴谷雄高は「特質的な透明な素朴性を失わぬように」と忠告されたという。フランス滞在記というような大仰に構えたところがまったくなく、日本人の気質そのままで、パリの街角や犬や人間を素朴にとらえたところに何ともいえないユーモアがあり、実は私も山田稔氏に新しい作家の誕生を見ていた。それからずっと、山田さんの大学の先生としての学業を邪魔するように、何編も小説を書いてもらうようになった。

川端康成のノーベル賞受賞

そのほか評論では、山崎正和「『参加』と『所属』――われわれにとってリアリティーとは何か」（十一月号）、川村二郎「虚構のリアリズム――浄瑠璃文学の可能性」（同上）、小佐井伸二「川端康成頌」（十二月号）を掲載している。磯田光一「戦後批評家論」は「江藤淳論」で連載最終回となった。

特集でもないのにここで突然「川端康成頌」が出てくるのは奇異に感じられるが、実はこの時川端康成氏がノーベル賞を受賞されたのである。日頃から川端論を口にしていた小佐井氏にお願いしたところ、たちまち出色の原稿が届けられた。その末尾にフランス文学者らしい同氏の結語がある。「ぼくが『雪國』の一節にマラルメの象徴主義を見るように思い、『みづうみ』にジョルジュ・バタイユのエロティスムを想定しうるように思い、さらには『眠れる美女』に一種のプラトニスムを感じさえしたというのは、われわれの王朝の美学が、その質において、フランス象徴主義のそれと通じるということかもしれない。そして、その質とは、あえていえば、文明そのものが等しく内在しているデカダンスであって、それの根底に彼岸への憧憬がある。すなわち『頽廃は神に通じる逆道のやうであるけれども、実はむしろ早道である』（『末期の眼』）」とあり、明晰な読解力を感じた。

ほかにこの年には戯曲を二編、翻訳小説を一編掲載した。田中澄江「萩の乱れ」（十一月号）、栗田勇「詩人トロツキー」（十二月号）、ムニャチコ「権力の味」（栗栖継訳）（十一月号）である。これは例によって出版部とのタイアップ企画で、全体の約四分の一を掲載した。チェコのノヴォトニー体制を告発した長編で、本国では未刊だが、世界各国で刊行された話題作である。このなかで私が担当したのは「詩人トロツキー」だけで、これは日本青年館ホールで上演され観劇したが、終幕、ピッケルでトロツキーが殺される場面が影絵のように映り、なかなか効果的であった。

対談・座談会は、小島信夫、平野謙、安岡章太郎三氏による「文学における『私』とはなにか」（十一月号）、江藤淳・武田泰淳両氏による「政治と宗教」（十二月号）、篠田一士氏司会により、岩崎力、小笠原豊樹、川村二郎、野崎孝の外国文学者四人に語ってもらった「翻訳は創造か？」（十二月号）を掲載した。翻訳者の企画はかねがねあたため、篠田氏に相談して出席者を決めた。最後に小笠原豊樹氏がいった「ぼくは翻訳職人だから、そういう苦心はなるべく人に言わないで、秘密にしておくということです（笑）。芸談は容易に漏らさない……」という言葉が印象に残っている。

文学全集の時代

一方、私は「日本文学編集部長」としてやり残した仕事を少しはかかえていた。倒産さえしなければ、担当の部員がそれぞれスケジュール表を片手に早目に進行していたので、何の問題もなかったが、印税支払いが裁判所管轄になってみると、挨拶状だけでは済まなかった。著者または著作権継承者のところへ謝りに出かけなければならなかった。それもほとんどは担当者の代行で済んだものの、一つの全集だけはどうしても当方の責任でやらなければならなかった。

前述したように、当時は全集の時代で、日本文学関係だけで四種類の日本文学全集を刊行していた。これらはすべて新社への有力な継続企画として続行しなければならない。カラー版、豪華版、グリーン版というそれぞれが、さし絵、解説、注釈、月報など編集者が付加価値をつけて刊行する。発行部数も配本順に少しずつ低下するものの、それぞれが十万部以上を維持していたと思う。

私の責任で著者の諒解を直接求める必要があったのは「カラー版国民の文学全二十六巻」の企画であった。企画の当初から参加していたので、監修者をお願いにいったり、著者交渉は手分けして実施したりしたものの、当面の印税支払いが不可能の著作権者二名にはどうしても私が行かなければならなかった。監修者は大佛次郎、川口松太郎、海音寺潮五郎、村上元三、松本清張の五氏で、清張さんを除けば未知の大衆文学界の長老たちではあったが、倒産の事情や継続企画の必要性などは快く諒解していただけた。配本月が倒産の前月と当月に当っていたのは、林不忘と柴田錬三郎両氏のご遺族で、平謝りに謝ることしかできなかった。林不忘未亡人は編集委員の尾崎秀樹氏とも親密で、鎌倉のお宅へ『丹下左膳』と『魔像』の収録をお願いに伺った時、改築の予定があるといって大層喜んでいただいただけに、言い難かった。「柱は立ってるけど屋根がかからないじゃないの」と冗談をいわれたので、ほっとしたものだった。

そのほか、江藤淳氏の推薦で「河上徹太郎選集全七巻」を立案進行中に、倒産の告知が入った時はあわててしまった。第一回配本のゲラが出校中だったが、すぐに江藤氏に電話をすると、心あたりの出版社があるので、そこへこの企画をまるごと譲渡することにしたら、と提言された。監修者を石川淳、小林秀雄、青山二郎の三氏に委嘱し、編集企画案を出して三氏が打合せ会をしたばかりだったので残念であったが、個人全集が営業上成り立たないことはわかりきっており、継続企画としては無理があるので、江藤氏の進言にしたがうほかはなかった。

そのほか吉本隆明『共同幻想論』は装丁、オビも校了にし、十一月上旬の刊行を待つばかりになっていた。

文芸時評執筆者の交替

「文藝」は六九年新年号の原稿回収の時期が近づいていた。小説の依頼には予想通り確答を得た人は少なかった。

私が復帰した十月号以降の「文藝」は何も話題になることもなく、ただ川端氏のノーベル賞関連の話と、上半期に登場した新人作家として、大庭みな子氏と阿部昭氏の活躍ぶりを傍観するのみで、いささか気落ちしていた。

その上、文芸時評の執筆陣も交替の時期が近づいていたのか、この時期は江藤淳氏が朝日新聞から離れ、山本健吉氏も読売新聞から離れている。平野謙氏だけが毎日新聞で持続していたが、その平野氏も、十二月号の文芸時評欄の冒頭で、「最初にわたくしごとを書きつらねて恐縮だが、今月かぎり私はこの時評欄を辞退することになった。顧みれば、私がこの時評欄を担当したのは昭和三十年九月のことだから、満十三年と四カ月のながきにわたって、本紙の文芸時評を執筆してきたことになる。(略)ただ辞退する理由を一口いわせてもらうなら、老来その任にたえずというに尽きる。(略)視力が弱まってきたという生理的要因に基づくけれど、根本は年少気鋭の作家の作品がよくわからなくなってきたからである」と書いている。

これらは時代の変遷を感じさせ当然の現象ともいえるが、私にはひそかに文学の退潮を憂える声と重なって聞こえていた。

十月号以降で平野謙氏の文芸時評に書かれた「文藝」の諸作にふれておくと、次のようになる。

金子光晴「樹獺」(十月号)＝「金子光晴の作が私にはいちばん気持よかった。戦後五年たったアナーキーな作品である。ちなみに題名は動物の『なまけもの』を意味するらしい」

野口武彦「愛玩動物」(十一月号)＝「『愛玩動物』は作者のこれでもかこれでもかという勢いっぱいの筆力がなかばうとましく感ぜられながらも、べったりねばりつく作品の印象に忘れがたいところがある。ある大学の左翼的な演劇クラブから脱落した男女二人の二年後のアパート暮らしを描きながら、仔猫を産んだ野良猫をすてにゆく男女の異和感と、その拠ってきたる被害者意識をさぐろうとしたものだが、この作者の粘着力のある筆づかいはそれなりに注目してもいいように思った」

倉橋由美子「向日葵の家」（十一月号）＝「百十枚を発表していて、期待して読んだが、私の期待は報いられなかった。さきごろこの作者は、やはりひさしぶりの短篇集『蠍たち』のあとがきに、みずからの作家的偏向について書きしるしていて、そのなかにLとかKとかの記号を持つ二卵性双生児の姉弟のことを書いていた。今度の作品もまさにそういう作家的偏向の延長線上にあって、姉弟の近親相姦的シチュエーションに母親殺しをプラスしたものだが、私はその詩的効果において、かつての『宇宙人』にとおく及ばないと思う」

日野啓三「地下へ」（十二月号）＝「『地下へ』は一種のスリラー仕立ての物語で、日本の新聞記者がサイゴンあたりで『教授』というあだ名の地下活動家の手びきによって、反政府運動の最高指揮者に会う手はずをととのえた直後に『教授』は死んでしまって、主人公はその埋葬に立ち会うというのがその発端である。ところが死んだはずの『教授』の指令がつぎつぎと実行され、主人公はその試練にひとつひとつたえることによって、最高指導者に面接するコースを踏みしめてゆくことになっているらしい。なんとなく私は芥川龍之介のメルヘン『杜子春』のことを思いだしたが、この作品には『杜子春』のようなハッキリした結びはなくて、尻きれとんぼのままである」

ところで、平野謙氏の文芸時評が十三年間も続いたあげく、このように急に終ってしまうのはあっけなく、懸命にあれこれと小説の主題や構造や技法、細部のありかたに至るまで時評家の小説論と対立・抵抗したり、同調したりしてきた編集者としては、まことに物足りない思いに駆られた。次回からは実作者が担当することになりそうだという情報が入ってきてはいたが、平野謙氏の文芸時評には、私などには時には反撥の念をふくめて、特別の思い入れがあったのである。現在は休養中の江藤淳氏の文芸時評現場への復帰が待たれることのしきりであった。

批評が権力だった時代

ところが、翌六九年夏、この「文芸時評」は河出書房新社から上下二巻で単行本となった。少し驚いたが、坂本一亀との親密な関係を考えれば、当然のことだった。平野氏の懇篤な「あとがき」がつけられていたので、その一部を引用しておきたい。

「無論、百六十回担当したなかには休載したいと思ったことも一度や二度ではない。野間宏の『さいころの空』が完結したとき、おそらく躰の調子が悪くて、どうしても通読できず、すっかり厭世的になって、ほかの小説も読む気がしなくなったことがあった。たしか佐多稲子の『歯車』の印象を書いて、辛うじて責をふさいだ記憶がある。そのときは二回分書く材料がなくて、一回だけでカンベンしてもらった。（筆者注・当時の新聞の文芸時評は二日間にわたるものが多かった）ところが苦しまぎれに書いたその『歯車』評によって、人づてながら丸山真男からゲキレイの言葉をもらい、悲観していたときだけにうれしかったのをおぼえている。また、糖尿病で一カ月ほど入院しているとき、高見順とのあいだにいわゆる純文学論争なるものが勃発し、神経がたかぶって、冷静に雑誌小説を読む気がなくなって閉口したこともある。また、本多秋五と一緒にソビエト・ロシアからヨーロッパを四十日ほど回った途中で、パリのホテルで徹夜して二回分の時評を書きあげたときも、ほんとにツラかった。なんのために花のパリに来ているのか、と時評家稼業を呪いたくなったものである。そのとき批評した有吉佐和子の『華岡青洲の妻』があんなベストセラーになろうとは、思いもよらぬことだった。しかし、曲がりなりに百六十回を大過なく（?）担当することができて、ここらで老兵は消えゆくシオドキだと思ったのは事実だとしても、私一個の感慨ということになれば、やはりそれだけではつくせぬものがある。本紙の発行部数が何百万あって、そのなかで文芸時評を読む読者が何十万あるいは何万あるのか、ついにわからずじまいだったが、すくなくとも大新聞の文芸時評を十年以上担当して、私が多大の虚名を博したことは事実である。（中略）正宗白鳥が一編集者に平野謙という批評家はながなかイバってるそうだね、ともらしたのを聞いたこともある。たしかに私は実力に数倍する虚名を博したにちがいない。そのことは、作家に対して生殺与奪の権をもっているかに自己錯覚することとほとんどイクォールである。私がそんな権利をにぎっている道理はないのだが、大新聞という舞台のために、しらずしらずにそういう自己錯覚に陥りやすいのである。私はその点をひそかに自戒したつもりだったが、やはり永年文芸時評を担当してきた正宗白鳥のような大先輩にいわせると、まだまだ至らぬ点があったにちがいない」

その年も文芸誌にとって重要な作家が、下半期に亡くなった。十月号で「木山捷平、丸岡明氏を悼む」を山本健吉氏に、十一月号では広津和郎追悼とくくって、「知識人の死」を大江健三郎氏、「広津氏と『松川裁判』」を松本清張氏にそれぞれ執筆していただいた。

解説

長谷川郁夫

＊「文芸誌編集覚え書き」は「季刊文科」第三十一号（平成十七年）から連載がはじまり、途中二回の休載をはさんで、第四十四号（平成二十一年四月）までの十三回で中断された。未完に終わったのは、平成二十二年三月五日に著者・寺田博が結腸癌のため逝去したからである。抗癌剤の副作用に苦しみながら、遺書のようなつもりで本篇を書き継ぐ意志があったことは、平成二十一年年末にも「季刊文科」の編集委員からの電話に「書くよ、書いて置きたいから」と応えた、という話から察せられる（松本徹「寺田博さんを悼む」）。

寺田博は昭和八年七月十一日京都府に生まれ、長崎県島原市で育った。早稲田大学教育学部国語国文学科卒業後、宇野千代・北原武夫のスタイル社に入社、のち学燈社「若人」に勤めた後、三十六年に河出書房に入社して「文藝」編集部の一員となったことは本文中に明らかである。

入社時の創刊編集長・坂本一亀が野間宏、中村真一郎ら、戦後派文学の擁護者であり、その文学精神を継ぐ小田実、高橋和巳、真継伸彦らを見出したのに対して、寺田「文藝」は小川国夫、黒井千次、後藤明生、坂上弘、古井由吉ら「内向の世代」と称される同世代の作家たちの可能性を導き出し、若き中上健次や津島佑子らに活躍の場を与えた。批評においては、吉本隆明、江藤淳、秋山駿の連載があり、柄谷行人の初期の仕事もそこを中心とするものであった。

昭和五十四年、作品社を創立して、五十五年に「作品」を創刊するが、七号で終刊、五十六年、福武書店に入社して「海燕」創刊編集長となる。取締役出版部長に就任。平成八年、「海燕」休刊。

「海燕」からは島田雅彦、吉本ばなな（現・よしもとばなな）、小川洋子、角田光代ら新時代の才能が登場して、寺田博は名伯楽と謳われた。著書に「ちゃんばら回想」（朝日新聞社）、「昼間の酒宴」（小沢書店）、「時代小説の勘どころ」（河出書房新社）など。

＊本篇を「エディターシップ」創刊号に再掲載するのは、本学会例会において、寺田さんを招いて、お話をお聞きする計画があったからである。再掲載に際して、ご遺族と、「季刊文科」編集部に御礼申しあげます。

＊掲載にあたっては、雑誌連載時の章をブロック囲み数字で示し、新たに適宜見出しを付した。

（編集部）

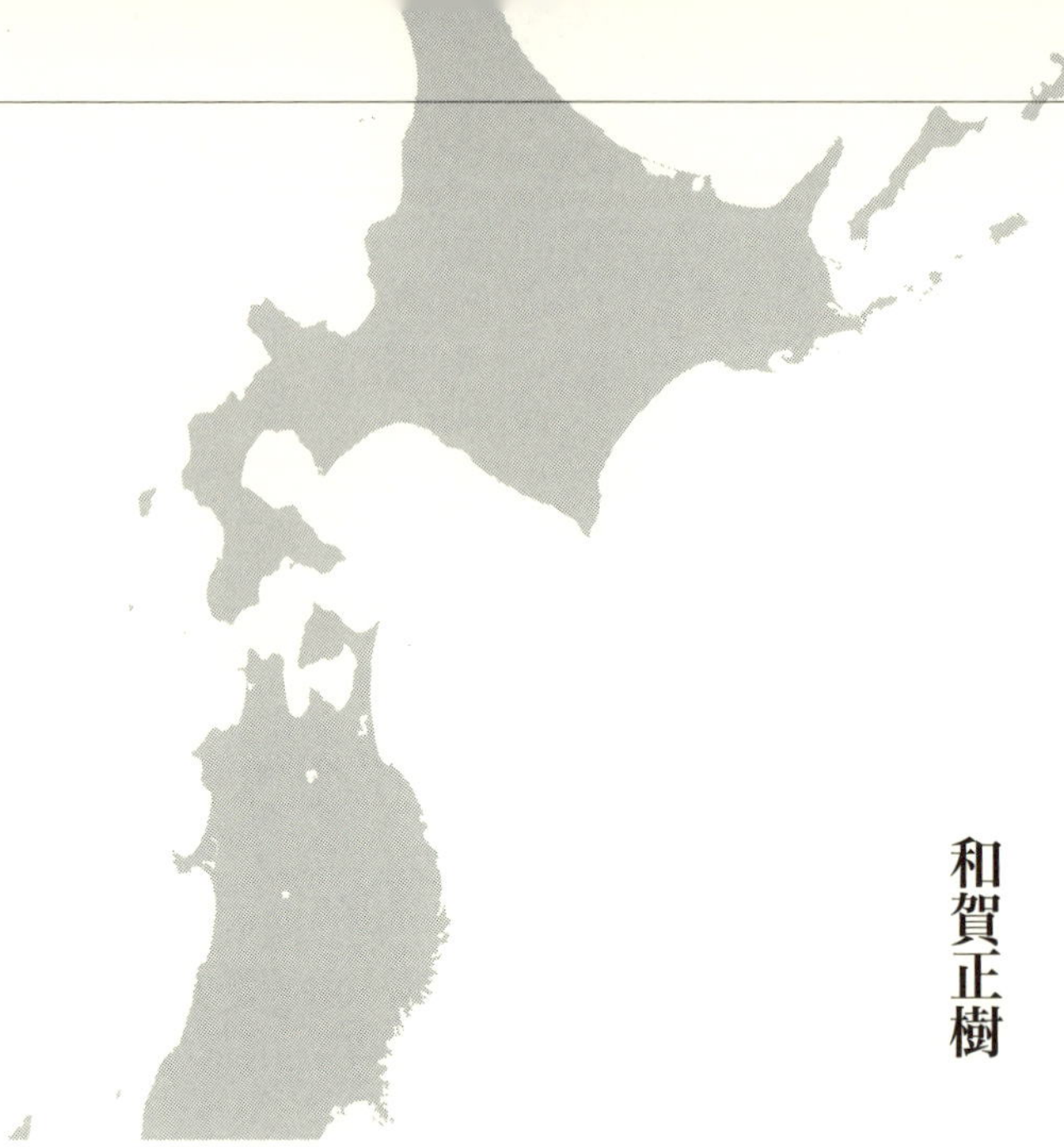

地方小出版の力❷

寿郎社（札幌市）
土肥寿郎

和賀正樹

社名に込めた決意

北海道の出版界には、土肥寿郎《どいじゅろう》が「三種の神器」と呼ぶジャンルがある。温泉、ラーメン、ネイチャー（釣りや登山、動物写真などの自然モノ）だ。刊行すれば、ある一定の部数がはける。東京や関西の書店にも置いてもらいやすい。ここに特化すると経営は安定する。

しかし、土肥は神器を尊重しつつも固執することを是としない。

「観光、食べ物、アウトドアの本ばかりじゃ、つまらないじゃないですか。出したいのは、やはり読み物としてのノンフィクションです。読んだ人がそれまでの常識を覆されるような」

２０００年に創業。社名は、札幌在住のミステリー作家・東直己と知恵をしぼった。東の案を紹介しよう。フランス語の〝空〟から「書肆シエル」。勢いと格好よさから「書肆切り込み隊長」。間隙を縫う点から「感激社」。土肥の容貌から「ピーナッツ書林」「書肆アーモンド」。一度聞いたら忘れられない「活発出版」。以下、「浩然社」「龍文堂」「紙魚処書房」「メリット書店」……。どんぴしゃで「呑肥社」を推す友人も。

土肥の対案は、チリアクタ（芥＝ゴミ）の意の「芥書房」。

しかし、熟慮の末、自分の名をとり「寿郎社《じゅろうしゃ》」を社名にした。

「社名を考える際、一応、自分なりのこだわりがあったんですよ。まず『北海道○○出版』とか『札幌書房』的ないかにも〝地方で頑張っていますよ〟という名はつけない。必ずしも地方らしさを出す出版にこだわっていないから。それから岩波書店や角川書店のような創業者の苗字もだめ。お家騒動が起こるから（笑）」

これだけは避けたいと思っている社名があった。

「たとえば、『愛と民主主義出版』とか、『人類の希望社』とか『正義書房』のような崇高な社名（笑）。晩聲社《ばんせいしゃ》時代に、神田村や本郷村のいわゆる良心的といわれる小出版社とずいぶん付き合ってきたけど、崇高な社名であればあるほど、その内実はひどい。むかし、組合の闘士だったとか、なんでも多数決で決めようという社長がいたとして、その社名に『民』とか『愛』とか『志』の文字があったとしたら、私としては、その会社に足を踏み入れたくない（笑）。そこにいる経理のきれいなおばさんはかなりの確率で社長の愛人だし、社員は丁稚のようにこき使うし、セクハラ・パワハラ当たり前のロクなもんじゃないから。いや、ほんと。どことは言わないけど。

で、先ほど創業者の苗字はだめと言ったけど、下の名前ならいいかなと思って『寿郎社』にしました。この会社は〝土肥寿郎一代限りの出版社である〟という意味を込めて。それから、この会社には『愛』も『民主主義』もない、すべては寿郎の

寿郎社（札幌市）　土肥寿郎

土肥寿郎さん、いわく「独裁」だから喫煙可。

『独裁』で決まると。そのほうがすっきりしていい。幸か不幸か、私の名前、なんかおめでたいし、漢字三文字の収まり具合もいいので。考えてみたら、あんまり下の名前ってないんじゃないかな。私の知る限り、『ハルキ文庫』の『㈱角川春樹事務所』か。フルネームだから向こうのほうがカッコイイけど（笑）」

晩聲社に入社

代表の土肥は１９６４年、札幌市の生まれ。市立日章中学、道立札幌東高校とバスケット部に所属。高校三年生のとき、父親の会社が経営難で、家計は困窮。卒業後、ほとんど家出同然で上京。新小岩の兄のアパートに転がり込む。六畳一間。押入れに足を突っ込んで寝る日々。

アルバイト生活を一年ほどしてから、高田馬場の日本ジャーナリスト専門学校（現在は休止）総合科に入学。在学中は、影絵劇団、スナック、測量、地下鉄の工事現場、ゲームセンターなどでさまざまなアルバイトをした。しかし、結局、学費が払えず同校を除籍に。

広告写真のスタジオマンなどを経て、友人の紹介で小さな編集プロダクションに入る。85年から87年まで、日本スポーツ企画出版社の『スマッシュ』『サッカーダイジェスト』の別冊や福武書店（現・ベネッセ）の『進研スコープ』などの取材・執筆・編集・デザイン全般を言われるがまま無我夢中でやった。仕事がおもしろく、ただひたすらに働いた。23歳の時、そこで知り合ったフリー編集者に誘われて、講談社の子会社のビジネス書の編集チームにフリーで参加。当時のギャラが月22万円。「晩聲社時代を含めて約25年の編集者生活のなかで、そのときが一番よかった」と土肥は笑いながら述懐する。

ビジネス書の編集をしていたある日、朝日新聞の求人広告が目にとまった。晩聲社の社員募集だった。

「巷間、よく3行広告というけど、本当に3行でした」

晩聲社はサイマル出版会、現代史出版会出身の和多田進《わただすすむ》（１９４５年生まれ）が１９７８年に創業した。現在は、尹隆道《ユンユンド》が経営。韓流スターの本などを多数刊行しているが、当時は硬派のルポルタージュ専門。野村進の『フィリピン新人民軍従軍記』や本多勝一の『文筆生活の方法』など、話題の本を続々と世に問う小出版社ながら気鋭の出版社だった。

骨のある単行本を手がけたい。土肥は履歴書とは別に「私と晩聲社」というテーマで、自主的に４００字５枚の作文を同封して応募する。企画力と読解力を問う一次試験、二次の面接を経て、一名の採用枠を突破。１９８８年、同社に入社。給料の遅配、欠配もときにあったが、やはり猛烈に働いた。

「当時は社員5名ほど。朝9時半に出社。わたしはペーペーなので夕方6時ごろまで営業で都内の書店を回ります。帰社して、近所のスーパーで晩ご飯の買い出し。かまぼこやら納豆やら、簡単なおかずを用意して、カーペットの敷かれた6畳間の炊飯器でご飯を炊く。そこに来客があると、そのまま宴会になることも多かったが、普段はみんなで食事をすまし、だいたい7時から深夜0時までが、ようやくゲラに向かう編集者としての時間でした。毎日、終電。酒を飲めば3日に1日は社に泊まり(笑)」

そんな生活を5年続けた。担当したのは本多勝一、筑紫哲也、原寿雄などのジャーナリスト、岸田國士戯曲賞を受ける直前の平田オリザなどだ。晩聲社の仕事と同時に、子会社の鐵五郎企画のディレクターとしても働く。鐵五郎企画は、晩聲社の別働部隊の編プロ。土肥が以前勤めていた編プロの『進研スコープ』の仕事、廣済堂出版のノベルズや文庫の企画・編集・校正などを請け負った。

鴨志田穣との出会い

この時期、担当した女性著者と入籍。二年間の結婚生活。作家・戦場カメラマンの鴨志田穣《かもしだゆたか》(1964〜2007)が、寿郎社の「創業記念一発雑誌」と銘打った『JUっ!』(500円)に寄せた一文を紹介する。これは鴨志田が半分以上、面白おかしく創作したものだという。

「それは献身的に、慈愛に満ちた心で、彼女を見守ってあげた。彼女のほつれた糸を一本一本やさしくほどいていくようだった。(中略)それは傍から見ていると痛いくらいだった。(中略)すると、彼女はみるみるうちに病から立ち治っていった。完全に治った時、彼女はドイを捨てた」

鴨志田は自他ともに認める親友。16歳、高校生の時に知り合った。

「別々の高校でしたが、共通の友人がいて仲良くなりました。放課後に落ち合い、ジャズ喫茶で酒を飲む、煙草を吸う。映画館に通う。ストリップ劇場をのぞく。一緒に背伸びした仲です」

高校卒業後、土肥が上京した一年後に、鴨志田も東京に出て新宿の焼き鳥屋で働いた。土肥は客として、そこに通う。やがて鴨志田は人気漫画家の西原理恵子と結婚し、土肥が札幌に帰郷したあとも付き合いはつづく。寿郎社立ち上げの上京時には三日、四日と鴨志田・西原邸に連泊した。

2003年刊行の『カモちゃんの今日も煮え煮え』(文・鴨志田穣　画・西原理恵子)は1万部を売り切り、現在、講談社文庫に。解説を土肥が書いている。

アルコール依存症に苦しんだ鴨志田は2007年に腎臓ガンで死去。一周忌に講談社から出た『遺稿集』の続篇的な写真集『ラブ&ピース——鴨志田穣が見たアジア』(1500円+税)を2010年に刊行した。

「墓参りで上京したとき、鴨志田のお母さんと西原さんの了解を得て、西原さんちに残された3000枚のポジなどから選んだ写真と、『遺稿集』の刊行後に見つかったわずかな原稿類をすべて入れて刊行しました。鴨志田穣初の写真集。

『カモちゃんの今日も煮え煮え』(定価1365円、2003年)と『ラブ&ピース　鴨志田穣が見たアジア』(定価1575円、2010年)。『ラブ&ピース』のカバーには色校正の時にはちゃんと副題と著者名が入っていた。しかし本番では印刷現場のミスでなぜかそれらがすべて消えてしまった。土肥はそのままいくことにし、急いで西原理恵子の家に行って「いい本です」「買って下さい」「印刷ミスで親友ドイくん泣いてます」などの字をもらい、講談社文庫と共に『ラブ&ピース』を持った西原の写真を撮らせてもらった。土肥はその日のうちに講談社へ行って「鴨志田穣フェア」(講談社文庫&寿郎社新刊)というポップを講談社の予算で作ってもらい書店に配布した。

……もっと早く出してやりたかったなあ」

晩聲社時代、土肥は、社長の和多田進が90年ごろから経営を引き継いだすずさわ書店の編集にも携わった。老舗のすずさわ書店が経営危機の際、同社から数多くの著作を出している本多勝一が和多田に経営を頼ったのだ。和多田は93年から95年にかけて『週刊金曜日』の初代編集長兼社長も務めた。そのため、留守居役として土肥は晩聲社とすずさわ書店双方の編集長となった。29歳だった。

すずさわ書店で、土肥は大西赤人の映画評論『悪意の不在』や『時代の罠』などを担当することになる。

大西巨人・赤人父子の話になると、途端に土肥の口調が熱を帯びる。大西巨人は晩聲社から2冊の随想集を出していた。

愛読書は大西巨人の『神聖喜劇』全5巻（光文社文庫）。戦争文学に区分される長編小説だ。

「人は閉ざされた世界の中にあっても、どのように生き、どう〝正義〟を貫くべきなのか。この普遍的なテーマに読者一人ひとりが答えを出さなくてはならない。僕にとっては非常にしんどい小説であると同時に、吹き出しちゃうようなシーンのある、想像を絶する面白さがある本です。まさに〝神聖なる喜劇〟（笑）。無人島に持っていくならこれ。それから柳田邦夫の『ジャーナリスト精神』（旧題『書き言葉のシェルパ』）。編集者としてこの本にも感銘を受け、何度も読み返しました」

97年、編集長の土肥は晩聲社を退社してフリーになる。

「寝食を忘れて突っ走ってきて10年、ちょっと疲れちゃったんですよね。それで少し休みたいと。和多田さんとの考えの差もひろがって……。タイトルの付け方ひとつでも、ずいぶんと食い違ってきたんですね」

15年後の帰郷

フリーになった矢先、札幌の両親が交通事故で重傷を負う。長期の入院。看護の必要もあり、翌

応接室兼在庫置き場、奥が編集室だ。

年、15年間の東京生活にけりをつけ、不況真っ只中の札幌に帰郷。コンビニの就職情報誌で見つけた広告制作会社に入社。コピーライター、広告プランナーとして働き出した。

「広告の世界もまあいいんですけど、やっぱり気持ちの上では、ずっと編集者だったんです。出版がやりたいなあ、でも北海道には入りたい出版社はないなあ。ならば、自分でやろうと」

貯金と借金で５００万円を掻き集め、帰郷してから2年後の２０００年4月、寿郎社を立ち上げた。36歳の時だった。仕事場は支援してくれる不動産管理会社の厚意で、格安で借りることができた。当初の事務所は時計台の裏。3年後に引越し、現在は北区北七条、札幌駅北口から徒歩1分にある山京ビルに。手前に応接室と在庫置き場。奥に編集室。約22坪。

創業第一作は『在宅介護時代の家づくり・部屋づくり』（米木英雄　２００１年）。

「著者は障がいを負った息子のためにバリアフリーを20年以上、たった一人で研究してきた札幌在住の建築家。新4畳半、新6畳といった独自の広い間取りを提唱してきた米木さんと広告制作会社時代に出会って、その考え方に強く心を動かされました。処女出版ならこれだと、急いで出版社をつくったようなもんです。初版３０００部でスタートし、2刷り１０００部の増刷も嬉しかったが、もっと良かったのは、道庁が米木さんの考え方を

受け入れてくれたこと。道営住宅の部屋がずいぶんと広くなりました」

　以来、最新刊『まつろはぬもの――松岡洋右の密偵となったあるアイヌの半生』(シクルシイ著)まで、この10年で50冊を刊行してきた。

気骨あふれる出版活動

　地方にあって、中央を凌駕するノンフィクションを刊行する。圧巻は、『ノグンリ虐殺事件――君よ、我らの痛みが分かるか』(鄭殷溶《チョンウニョン》著　伊藤政彦訳)だろう。1950年7月、朝鮮戦争勃発直後、韓国中部のノグンリ村で起こった米軍による避難民の皆殺し事件。米韓が隠蔽してきた史実を告発・検証するノンフィクションだ。家族が犠牲となった著者が自力で日本語訳を完成させ、それを本書の解説を引き受けた慶応大学名誉教授の松村高夫が日本で売り込みに歩いた。しかし大手出版社のどこも手をあげない。左翼系の中小の出版社も不況を理由に出さない。これでいいのか。土肥は、日本の出版界が試されていると思った。

　定価3000円。1500部を刷った。印税はなし。現物を100部、韓国の著者に送った。

「ソンミ村の虐殺と同じ。米軍による隣国で起こった正視し難い戦争犯罪です。近年、韓国とアメリカでは知られるようになりましたが、日本ではほとんど誰も知らない事件です。その原稿をいま、俺が断ったら日本人はずっと知らないままになる。そう考えたら、なんだか恐くなってきた。これを本にしたときの気持ちは、正直それだけ。儲けは完全に度外視。実際、大赤字。印刷代も家賃も払えなくなった(笑)。でも、そんな酔狂な編集者が日本に一人くらいいても、いいじゃないですか」

　土肥がもてる力を振り絞って世に問うた本は『ノグンリ』だけではない。『風間健介写真集　夕張』もそうだ。

　創業した年の夏。見知らぬ男が社を訪ねてきた。寿郎社はプロ・アマを問わず、ノンフィクション原稿の持ち込みにも対応している。生活の厳しさが風体ににじみ出た中年の男は、三重県出身の写真家風間健介。空知《そらち》の風土に魅せられ夕張に移住し、そこで撮った炭鉱の施設、町並み、発電所などの写真を見てくれという。土肥はさしたる期待をもたず、そのモノクロ写真を手にとった。構図もピントも完璧だった。神が宿ったように美しかった。

寿郎社の刊行物、装丁にも力が入っている。

「見事な作品ぞろいでした。見た瞬間、すぐにでも出したいと思いましたよ。でも、写真集の制作にはお金がかかる。当座の金がない。しかし、これは写真集にまとめ世に出すべきだ。悩んだ末、知人のいる北海道新聞の出版局を紹介しました。でもそこでも企画は通りませんでした。これが〝三種の神器〟のどれかだったら話が早いのに」

　その後も風間は生活をやりくりしつつ、ゲリラ的に道内で写真展をつづける。土肥は、儲かるまで待ってくれと、ことあるたびに懇願した。

　しかし、儲けるどころではない。毎年、赤字が増大していく。

　4年がたった。風間からメールが届いた。

「体調も悪くてバイトできなくなり、とても食っていけない。夕張に15年いたが、今年中に引き上げます。最後の写真展を我が家で行うのでぜひ来てほしい。そんな内容でした」

　写真展が終わったら、東京で仕事を探すという。土肥は夕張に向かう車中でまとめた考えを、家で待っていた風間に告げた。

「風間さんの写真集を出すことに決めました。だから、まだ北海道にいてほしい」

その後、土肥は上京し、造本を晩聲社時代から付き合いのあった鈴木一誌に依頼。風間の写真を見た鈴木は、多忙な日程を縫って夕張にやってきた。廃校を転用した宿で、三人で写真を選んだ。

Ａ４判上製、定価４８００円＋税、２００ページの写真集が完成した。複数の著名な写真家などに書いてもらった解説の全文に、対訳の英語をつけた。「高価な写真集は、いまの日本ではまず売れない。ヨーロッパやアメリカなら逆にこの価値が分かってもらえるかもしれない。海外でも売れるようにしよう」という考えからだった。

密かに狙っていた土門拳賞、木村伊兵衛賞こそ逃した。しかし、日本写真協会新人賞、写真の会賞、地方出版文化功労賞の三賞を受賞した。アメリカの写真集専門のネット書店からも注文が来た。

「最近はどんどん出版社がなくなり、志があった出版社もかなり変わりました。昔は少しでも儲けたら、儲からない良書を出したと思うんです。儲けるのは良書を出すための手段。でも、今は手段が最終目的になってしまっていて、儲からない本は絶対に出さないという社が圧倒的。その結果、本屋には同じような企画の本、どうでもいい内容の本があふれている。出版社全体として日本の〝知力〟の底上げを担う出版界が、特に新書のジャンルではこぞって日本人の〝知力〟の引き下げを競い合っている。私には、そんなふうに見えて、なんかとても恐ろしいです。少しでも利益が出たら、次は儲からないかもしれないけど、己が心からいいと思える、世の中の役に立つであろう本を出すのが編集者の良心じゃないかなあ」

夕張は道産子の意地

経営は楽ではない。かつては社員が3名から5名。いまは、アルバイトで入った髙橋真奈美さんと2人で切り盛り。いつでも人手は欲しい。でも叶わない。給料が払えないからだ。

ベストセラーで儲かったら、やりたいことは山ほどある。どこまでいっても、本から離れられない。

たとえば、自前の印刷所と製本所をつくる。特に製本所は本気で考えている。

「製本の需要が少ない北海道は、製本代が東京の3倍から5倍かかる。上製本などは社史や年鑑などの需要しかないから特に高くなる。ソフトカバーは道内の印刷・製本でもなんとかまかなえますが、上製本は東京で印刷・製本することが多い。トラックで輸送してもらっても、そのほうが安いから。でもこれは本当はくやしいんですよ。全部北海道でやりたい」

また、これはすでに刊行が始まっているが、『朝日新聞の夕張報道全記録』のシリーズを出し続けること。政府は18年間で、破綻した夕張市の財政を再建させる計画だ。しかし夕張は、破綻した年は全国的にも話題となったが、今や道内でも忘れられた町となっている。そして、町の苦しさは今なお続いている。その日々の苦しさや喜びを朝日新聞の記事に託して18年間、記録していきたい。そういうシリーズだ。２００７年と２００８年度版は出せたが、２００９年度版がまだ出せていない。

朝日は夕張報道のために、現地に支局を開設している。本来なら、朝日新聞が刊行すべき本だが、売れないと分かっているそんな本を出すはずがない。地元の北海道新聞でも無理だ。だから、地元

寿郎社の縁の下の力もち、髙橋真奈美さん。

の出版社として記録していきたい。

普通、新聞社では記事の転載に際して、一件いくらかの著作権使用料を求めるが、朝日新聞東京本社と交渉して、土肥はこの企画の意義を訴え、使用料を特別扱いにしてもらい、それが18年間継続される契約を交わした。もし、夕張の返済計画が延びて20年かかるなら20冊、30年かかるなら30冊出そうと思っている。町の破綻という前代未聞の事態の顛末を誰もが読める形にしておけば、やがて多くの町が、人が同じような事態に陥った時、きっと役に立つにちがいない。それを土肥は信じている。

刊行した2冊は、書店のない夕張市では3軒の雑貨店に置いてもらっている。店の取り分は通常の書店の2倍にした。

第1冊はA5判、2段組、448ページの大著『朝日新聞の夕張報道全記録1　2007年　崩落。それでも生きてゆく』(朝日新聞北海道支社報道センター=編　3200円+税)。3000部発行して約700部が売れた。翌年、第2冊『再建二年目の危機』は1500部に絞ったが、これも約500部の売り上げ。1回刊行するたびに、100万円から150万円の赤字が確実に生じる。

破綻直後に読売新聞北海道支社が記事をベースに編集した『夕張破綻』(梧桐書院)はよく売れたが、土肥から見れば、「1冊売って食い逃げ」に映る。

「多くの夕張市民は逃げられない。だから逃げない。こっちも夕張市民と同じスタンスです。でも、朝日でも記事の量は減少の一途。寿郎社の本もどんどん薄くなっていく。しかし、これを最後まで出し終えたら、死んでもいいかもしれないなあ。だって、そんな長期にわたるドキュメントなんてないでしょ、これまで」

あと30年はやってやる

寿郎社を立ち上げて10年目の2010年夏、酒の飲み過ぎとストレスで持病の膵炎が悪化。3カ月近く入院し、8時間に及ぶ大きな手術をした。

「あのときは死も覚悟しました」

精神的にもまいった。しかし、それをなんとか乗り切れたのは晩聲社時代の後輩、米《よね》田《だ》綱路《こうじ》のおかげだ。米田は晩聲社をやめたあと、図書新聞の編集長をつとめたのちフリーとなり、昨年、『モスクワの孤独』(現代書館)と『ジャーナリズム考』(凱風社)という2冊の大著をものにした。米田から寄贈された2冊を土肥はベッドで読み、「この疲弊し切った世の中で、まだ、これほど信念をもって仕事をしているやつがいる。負けられない」と自分自身を奮い立たせた。土肥の退院後、米田の『モスクワの孤独』は、その年のサントリー学芸賞を受けた。

2011年1月には季刊『メタポゾン』(責任編集・大西赤人　発行・㈱メタポゾン)の発売元を引き受けた。電子書籍化の進むなか、あえて紙のメディアの存在意義を問う雑誌だ。特集は「神聖喜劇のいま」。5月には第2号が出る。

退院後は禁酒。以前は毎日、飲んでいた。ビールを手始めに日本酒、焼酎、ウイスキー……。

現在のストレス解消法は、日帰り温泉巡り。

「当別町の『ふくろふ乃湯』や豊平峡温泉などに車でよく行きます」

東京にいた時分の楽しみは寄席通い。新宿の末広亭によく足を運んだ。

「東京、大阪にあって、地方にないもの。私なら、まず寄席をあげますね。今のひいきは札幌在住の上方落語家、桂枝光さん。五代目円楽門下の三遊亭竜楽さんも実に上手いですよ」

枝光さんとは共著で『ちりとてちんの味わい方　桂枝光の落語案内1』(1000円+税)、『愛宕山の登り方　桂枝光の落語案内2』(1500円+税)を刊行している。

落語でおなじみ、長屋の主人公のように飄々と暮らし、浮世を笑い飛ばせないものだろうかとも思うが、まだまだ無理そうだ。

土肥は、有島武郎の小説の一節を咀嚼することがある。大西巨人が教えてくれた。短編『小さき者へ』の結びの一節で、『JUっ!』の巻末にも掲げている。

前途は遠い。
而《そ》して暗い。
然《しか》し恐れてはならぬ。
恐れない者の前に道は開ける。
行け。
勇んで。
小さき者よ。

出版不況は相変わらずだ。永久凍土のように溶ける兆しはない。郷土史で評価の高かったみやま書房がなくなり、近年では月刊『北海道生活』のアイリー出版などが姿を消した。しかし、あと30年は頑張りたい。

「生きている限り企画に困ることはありません。問題は、いつまで生きてられるか、ですね」

今年47歳になった土肥は、はにかんだような笑みを浮かべた。

（敬称・略）

編集者学会・札幌シンポジウム

書物の現在そして未来

石塚純一（司会）
大槻慎二
川上隆志
小池三子男
佐藤美奈子
堀山和子
和賀正樹

二〇一〇年九月二十五日に、札幌大学文化学部「北方文化フォーラム」の講演、長谷川郁夫「堀口大學論」と連動して開かれた。

司会（石塚）　みなさんこんにちは。『書物の現在そして未来』と題してシンポジウムを開きます。この会の趣旨をお手元のチラシに一言書きました。ちょっとごらんください。

今年は「電子書籍元年」などと言われています。日本ではまだコンテンツが揃わなかったり、文字の縦組み・横組みの問題などが解決されないために本格的には始まっていませんが、アイパッド（ｉＰａｄ）が発売され、ソニーなどの機種も間もなく、またアメリカのアマゾンドットコムが売り出したキンドル（Ｋｉｎｄｌｅ）の上陸が間近です。ケータイ小説も話題になるし、パソコンを使ったネット情報の検索は完全に日常化してきました。この十五年のインターネットの普及は社会や文化を大きく変えつつあります。労働の現場で起こっているさまざまな変化や労働市場（就職活動）で見られる現象は、人間関係のありようそれ自体の変化を示して、驚くべきものがあります。

本づくりの現場である出版社にあってはどうなのでしょう。一体何が起こっているのか。また本や雑誌が極端に売れないという事態（読者の意識と行動）も、ＩＴの発達と無関係ではない。紙の本はこのまま衰退するのか、もしもそうならば、これまでの書物の文化とは何だったのか？　日々、本造りと向き合っている個性的な編集者の意見を聞き、会場の皆さんとともに考えたいと思います。

本の中身を電子機器を使って読む時代をむかえて、これからどうなるのかということよりも、本の文化は何を生んできて、これからどのようにあるべきなのかが重要かと思い、意見交換を行いたいと思います。今日の出席者をご紹介します。向かって左から大槻慎二さん、堀山和子さん、和賀正樹さん、佐藤美奈子さん、小池三子男さん、川上隆志さんです。この順番でお話をうかがいます。

東京でもこのように編集者が集まって公開で話をする機会は、そうないのではないかと思います。珍しい会が実現しました。私も北海道新聞に電子書籍と紙の本についてコメントを出しましたが、言い足りないことが多く未消化な気がしております。今まで本などというものは日

常的に私たちの傍に常に在る物で、空気のような存在と思っていたわけですけれども、にわかに本とは一体何か？　というテーマが浮かび上がってきました。これが現在の状況だと思います。

　最初は大槻慎二さんです。現在朝日新聞社のCSR推進部所属でいらっしゃいます。朝日新聞社の前に、福武書店（現・ベネッセコーポレーション）で『海燕』という文芸雑誌の編集をされていました。宜しくお願いします。

大槻　はじめまして。なぜ最初に僕のところにお鉢が回ってきたかというと、iPadを持っているのがこの中では僕だけという、ただそれだけの理由なんです。買ったことは後悔してないですが、言わなきゃよかったなと、それだけはちょっと悔やんでいます。

　皆さんの中でもiPadをお持ちの方はいらっしゃるでしょうが、僕のは3G回線とWiFi回線が両方使えるタイプなんです。だからソフトバンクの電波が入る所ではどこでもネットが使える。今一番使っているのはパソコンとしての機能……主にメールとネットなんですが、これがもう非常に早い。パソコンに比べると立ち上がりが格段に早いんですね。ほとんど瞬時に立ち上がる。ですから朝起きてすぐにメールが見たいときなんかはとても便利です。

　一方、電子書籍を読むということに関しては、iPadやiPhone用に〈iBooks〉というアプリもあるのですが、まだ日本語書籍に対応していないので、今のところiPadで電子書籍を読むということはそれほどありません。

　会場にお回ししますので、実際に触ってみてください。あ、メールだけは開かないように（笑）。

　僕の場合、このiPadを買って電子書籍の時代がいよいよ始まるな、という実感を抱いています。それに加えて今ご紹介いただきましたように、僕は今年の四月から出版部門を離れて朝日新聞本体の部署に異動になりました。それまでは二十六年間ずっと文芸系の編集者をやっていたのですが、今回初めてそこから離れて出版の世界をちょっと客観的に見られるようになったんです。もし今この瞬間も来月出す本の事を考えていなければならないのなら、今日のこの問題（電子か紙か）というのは頭の隅にはあるにせよそう深刻には思わないでしょう。逆に離れてみると、けっこう出版社はヤバイんじゃないかな、と感じます。

　電子書籍を黒船に喩える人がいるくらいなんですが、この大きな変化というのはおそらく出版の構造のなかで中間にある人や仕事に大きな影響を与えるんだと思います。発する側と受け手、端と端にいる作家と読者には本質的にそんなに変化はないと思うのですが、その中間にある出版社や書店、あるいは取次などは圧倒的な変化を迫られる。朝日新聞社の出版部門に通算十四年在籍していましたが、それくらいやっていると大体管理職になります。編集の現場から離れてそれを管理する方にまわると、出版社の経営に関する数字はよく見えるんですが、おそらく出版社や書店、取次は漏れなくここ数年でガタガタっとくるんじゃないかと思います。

今日は「書物の現在と未来」というテーマですが、出版社の経営ということで言うと、主に大手はどの社も雑誌が最も根幹にある。けれども紙媒体としての雑誌はｉｐａｄとかｋｉｎｄｌｅとかの登場で確実に変わっていってしまうだろうと思います。それに雑誌に広告が本当に入らなくなっている。雑誌を開くとお分かりかと思いますが、女性誌の一部を除いて以前入っていたような大きな広告……車や家電といった……は落ちていて、逆にツアーや通販などの単価の低い細かい広告が増えている。おそらく広告収入は年を追うごとに激減しているんじゃないでしょうか。それが雑誌の経営を苦しくしている。

そこで出版社としては経営の構造を変えなくちゃいけないんですが、実際出版社のトップにいる人たちというのは意外と保守的で動きが鈍いんですね。変化をいち早く捉えて対応しないといけない情報産業なのに、それに矛盾して経営者層は変化に弱い。それだけ安定した経営環境が長い間続いてきたということもあるんですが、おそらく電子書籍元年と言われる今年から四、五年の間に、皆さんが耳を疑うほど大きな会社が倒産するという事だってありうると思います。

ただ先ほど言いましたように、これは書き手と読者にはそんなに影響はないと思うんですね。圧倒的に変わらざるを得ないのは中間層です。その中でも僕は取次が一番ヤバイんじゃないかと思う。これは出版業界だけでなく他の業界でも中間的な層、たとえば広告代理店などのような中間マージンを取ることで成り立っているような商売は、かなり危ないのではないか。

作り手と受け手には関係ないと言いましたが、表面的な変化は少ないにせよ、じわじわと変質が始まるんだろうとは思います。それはひと言で言うと「拡散と純化」と言いますか。「拡散」というのはｉｐａｄなどの新しいデバイスの出現によってある種の情報が広がる範囲とスピードは、紙の媒体を遥かに凌ぐだろうと思います。と同時に「純化」というのは、誰でも手に入るような情報に対して、逆に簡単に手が届かない情報、自ら努力して意味内容を摂取しなければならないテキストなどは、どんどん純粋化していくような気がします。

では編集者はどうか。編集者の仕事の中には一方では書き手に近い存在としてのクリエイティブな仕事があり、もう一方では経営を考えるプロデューサーとしての仕事があるのですが、これは今後完全に二極分化されるだろうと思います。作り手に近い存在としての編集者はだんだんとエージェント化していく。一方の経営者としてのプロデューサー的役割を担う編集者は、もう今までの編集者とは違う存在……言うなれば商社に勤めているような商売人になっていく。すなわちコストと効果を計算して最もふさわしいプロデュースの形を考えられるような資質が、求められていくというように感じています。

だからこれから先は「編集者」とひと言で括れなくなってくる。編集者ＡとＢがいたら、その二人は全く別な存在という事がありうるのではないかと思います。

司会　取り合えず一通りご意見をうかがいましょう。大槻さんと同じ問題について語っていただかなくてもいいわけです。次は堀山和子さんです。講談社に長くお勤めで美術書とか現代新書、文芸文庫とかそういうお仕事をされて、現在は「短歌研究」という、昭和の初期から続く古い短歌雑誌の編集長をつとめています。今は講談社グループに属しています。

堀山　「短歌研究」は昭和七年に創刊、文学全集が大成功した改造社が、多くの歌人の要請をうけて創刊したと聞いています。再来年、二〇一二年が創刊八十周年になりますが、北海道でのご縁でもうしますと、『乳房喪失』の中城ふみ子、そして北海学園の菱川善夫さん、田中綾さん、そして昨年、歌と評論で注目をあびた山田航さんがいて、とても短歌のさかんなところです。

短歌の電子化についてお話しますと、電子図書というところまでは行っていません。高齢の方から小中学生まで幅広い年齢層の短歌を詠む人たちがいまして、今までは短歌は手書き、エッセイはパソコンでメール、と分けていたのが、このところ添付ファイルでメールします、という例が増えてきています。それも若い人ばかりでなく、六十代はもとより七十代の高齢者に増えている、そういう時代になっています。

短歌では、歌会といって無記名で何首か提出し互いに選んで批評しあったりします。近年、若い人たちの間ではメールでのネット歌会もさかんです。本来は座の文芸ですから、一つの会場で行うのですが、ネットなら日本中、あるいは世界から歌会に参加出来るわけですが、やはり、それだけでは物足りなくて、いろいろ実験的なことが行われたようですが、実際に相手の顔を見て歌を作る、批評するというかたちに落ち着いているようです。

いま、注目されているものに、ご存知のかたもいるかもしれませんが、佐々木あららさんの作った「星野しずる」という短歌を作るソフトがあるんですね。短歌の基本は三十一音で、五句、五七五七七でできています。最初にたとえば「ひさかたの」と入力するとこれは「光」の枕詞なので、次の七音、「ひかり……」という言葉が出てくる。それを選んでまた自動的にそれにつづくことばを機械が選んでいくと歌ができるらしい。わたくしは残念ながら機械音痴なので実践したことがないのですが、いちおう歌らしきものは作れても、やはり、そこにあらわれる人間の気持ちは組み込めない。たとえば北海道にきてうれしいとか、今日ここで話していてドキドキしている、とかそういう気持ちですね。でも千三百年の歴史のある短歌の世界でも先端は、ここまで進んでいるわけです。

石塚さんから設問をいただいて、短歌を作る、発表する場は電子化に対応していると思いましたが、歌集というまとまりとしてみますと、まだそれには至っていないと思います。歌集はもともと少部数、たとえば五百部とか千部という単位で、贅沢な本作りが可能だし求められる世界です。ページを開いたときの行の空間、また紙の手触りなど、電子化と逆の方向も可能な世界ではないでしょうか。

短歌は小さな世界だと思うのですが、総合誌と称するものが五誌もあって、日本人のこころに寄り添っているものではないかと思っているところです。

司会　堀山さんありがとうございました。次は和賀正樹さんです。和賀さんは文藝春秋社の編集者です。キャリアは私自身よく存じ上げませんが、たくさん著書がありまして、ごく最近『熊野・被差別ブルース』という凄い本が現代書館から出版されました、読んでちょっと圧倒されたんですが、内容についてはここで紹介するには時間が足りなさ過ぎるし、一言ではご紹介できません。でも素晴らしい本です。和賀さんの現在の書物に対する考えをお話いただきましょう。

和賀　文藝春秋の和賀正樹です。立ってお話させていただきます。小学生のときから、立たされることには慣れております。高校の修学旅行では、悪友の誘い、甘言に乗り、女子生徒の部屋に忍び込んで、旅館の廊下に立たされ、引率の教師から平手打ちを食らったこともあります。甘い囁き……。どこの世界にも、長谷川郁夫さんのような人はいるものですね。

現在は、編集委員室におります。東映京都撮影所で言えば、二階の大部屋。元編集長がごろごろいるところ。雑魚の魚《とと》まじりです。わたくしの机は本当に窓際に並んでいます。糸満の海人みたい。直射日光を浴びて真っ黒。おかげで、渋谷の日焼けサロンに通うこともなくなりました。

社歴を簡単に申し上げます。入社後四年間は『週刊文春』。編集志望の新入社員はほぼ全員、週刊誌編集部にぶち込まれ、揉まれに揉まれる。これが文春の新兵教育のひとつの特徴です。つぎに月刊『文藝春秋』。つづいて文芸畑に放り込まれ、『文學界』、『オール讀物』。そして単行本や新書の編集。どこでも鳴かず飛ばず。ベストセラーはもちろん、ヒットにも縁がない。この編集者学会は、実は二層構造。わたくしなどは、B級編集者の代表として参加しております。文春ビルの地下一階、B1が社員食堂。昼、夜とそこで定食を食べているので、ついた名が、ビーワン編集者。敏腕編集者ではありません(笑)。

文春は大正十二年(一九二三)に、菊地寛がつくった会社です。菊地寛の遺訓で、すばらしいものがひとつあります。「文春社員たる者、午前中には出社すべし」。夜明け前まで、取材対象者と飲んでいても、翌日、本当は当日ですが、昼前の11時台に出社すれば、お咎めはない。以前、社の同僚に、この遺訓の出典を聞かれました。即答できず。どこかの記事で読んだのですが……。ご存知の方がいらっしゃれば、ご教示ください。ひょっとすると、わたくしの妄想・幻覚かもしれない(笑)。

かつて、新宿や新橋に、文春社員のたまり場の酒場がありました。そこでなにをやっているか。夜毎に社員同士、ウイスキー片手に、漢字の書き取りをしている。「陰嚢と書いてみろ」。書けない場合、希望する酒を一杯、おごらないといけない。えらい会社に入ってもたぞ。爪を噛みました。殲滅、牆壁、薔薇、御璽、維納《ウィーン》……。いろいろな字を無駄に覚えました。

北海道とのご縁を申し上げます。初めて単行本を担当させていただいたのが綱淵謙錠さん。おそらく、日本で一番画数が多い作家(笑)。会津八一、谷崎潤一郎、川端康成の信厚く、中央公論社の名編集者でした。『婦人公論』の編集長などを歴任し、『斬』で直木賞を受賞。大通り公園の西詰めにある札幌市史料館。ここの写真パネルを見て驚きました。樺太の旧制中学の学徒行進、先頭で抜刀して閲兵を受けているのは、偉丈夫の綱淵さん。展示にその説明はありませんが、まぎれもなくそうです。

佐々木譲さん、藤堂志津子さん、高橋揆一郎さんの担当もさせていただきました。北大名誉教授の中野美代子さんとは、北大近くの塩野屋でよく呑みました。孫悟空の全訳で知られる中国文学の泰斗、中野先生は女傑です。気持ちよく酔ったとき、強くお願いすると『函館の女』を歌ってくださる。♪はるばる来たぜへその下　逆巻くお毛毛かき分けてー　かき分けてー♪　最後のフレーズは居合わせた客が全員で合唱する。♪とーても気持ちがあ　よかったあぜー♪

いけません。ここ札幌大学は、神聖な学問の府です。石塚先生、申し訳ございません。軌道を修正いたします。

佐藤泰志さんをご存知でしょうか。芥川賞候補作にのぼること五回。函館西高出身。昭和二十三年生まれ。生きていらっしゃれば村上春樹さんと同い年。一浪して国学院の哲学科に入学。学生結婚し一男二女を得て、国分寺で借家住まい。梱包会社の作業員、一橋大学生協の調理員などされながら、コツコツと小説を書いてはりました。『きみの鳥はうたえる』、『そこのみにて光輝く』、『海炭市叙景』……。硬質でリリシズム溢れる作品ぞろい。

忘れもしない。一九九〇年の十月四日に『虹』の原稿を渡してくださいました。原稿の束を両手にして「有り難うございます。きっと良いかたちになるでしょう」とわたくし。この場合、「いいかたち」とは、芥川賞受賞の暗喩。いやらしい言い回しですね。

佐藤さんは、十月八日に自宅から一本のロープを持って外出。翌日、近くの植木畑で首を吊っている姿で発見されました。以前から自殺願望があり、精神安定剤を服用されていたと、あとで知りました。

　なぜ、芥川賞目前で、死を選んだのだろう。受賞したら、生活も楽になり、お子さんの給食費も払える。佐藤さん、こう言うてはったじゃないですか。「給食費が払えない子供には先生は、そっと督促の紙を渡すんだ。でもね、級友はその紙がどういう内容であるのか、みんな知っているんだ」と。

　もう少し、あのとき、まともな感想を伝えていれば自死されなかったかもしれない。凡夫中の凡夫であるわたくしのなかでまだ、受容ができていない部分があります。

「文化」とは、精神やモノが文に化けることです。その化けるお手伝いをするのが編集者、文にすることが文化だと思っています。佐藤泰志さんのアシストをできなかったわたくしは、B級以下。C級編集者だなあ。

　皆さん、ご存じでしょう、札幌の出版社・寿郎社を。寿郎社一社あることで、北海道の民度、知性が保証されると言ってもいい。土肥寿郎さんがひとりで設立した。詳細は、本誌の「地方出版の力」をご覧ください。

　かつて、福岡市の葦書房が「九州の講談社」と呼ばれていました。なら、寿郎社は「北海道の筑摩書房」かなあ。いや、硬派のノンフィクションが特徴だから「日本のコルシア書店」かもしれない。札幌駅西口に本拠地を構えつつ、郷土出版に安住せず、全国を目指してやってはる。

　今日、ここに『ノグンリ虐殺事件—君よ、我らの痛みがわかるか—』（鄭殷溶・著）を持参しました。朝鮮戦争の際、米軍が韓国内で避難民を大量虐殺したんですね。ベトナムのソンミ事件は有名ですけど、ノグンリ事件は日本国内ではほとんど知られていません。韓国人の作家が調査・発掘して、自費で日本語の原稿をつくり、日本の出版社をあたった。どこも出せなかった。左翼系の出版社も、資本主義のなかで生きている。赤字は避けたいのは当然です。

　このままでは、日本では永久に日の目は見ない。土肥さんが「じゃあ、うちでやりましょう」と手を挙げた。日本語で出す価値がある、二十年、いや百年の命があると判断されたんですね。

　出版業とは妙な商売です。確実に赤字になることに一生懸命に取り組む（笑）。メーカー、商社、銀行は、そんなアホなこと、ようしまへん。〈出版とは志の業である〉。この言葉がまだ死語ではない。ひとは負けると分かっていても、闘わないとアカンときがあるんや。札幌で土肥寿郎さんにお目にかかり、こういう事実を再確認させていただきました。

司会　ありがとうございました。

　それでは次は佐藤美奈子さんに、お話をしていただきます。佐藤さんはこのメンバーの中では一番お若いのですが書評誌『図書新聞』の記者を長いことやっておられて、一昨年フリーとなって講談社や光文社で、今仕事をしておられます。書評誌の仕事から見えてくる事もあるのではないかと思い、お話をしていただきます。

佐藤　こんにちは。フリー編集者の佐藤美奈子と申します。謙遜ではなく、私は面白い話が本当にできないので、急に面白くなくなると思いますが、お許しください。本について、プロフィールに書かせていただいた内容は、ある意味で当然といえるような事柄だと思っています。ですから、なるべく短くお話をしてまいります。

　和賀さんのお話の結論と重なるかもしれませんが、編集者になりたいとか、編集の仕事に関わろうとする人間は、やっぱり日々、良い仕事をしようという思いでやっていくしかない、と思っています。

　たとえば音楽業界では、出版界に先んじて電子化が進み、CDの売り上げが大幅に落ち、業界全体が激変したといわれます。出版界もそれに似た変化があるのでは？　ともいわれていて、もちろん気になります。確かに書籍を通さずとも、ブログやHPなどを通して、プロからアマチュアまで多様な人々の文章を、パソコンでも携帯でも手軽に読めます。しかし良い悪いではなく、「読むこと」は、たとえば「聞くこと」と比べて、より大きな能動性が働かないと、成立しない行為だと思います。

何の気なしに自然と耳に入ってくるメロディを通しても、作品との衝撃的な出会いが可能な音楽とは違い、「読むこと」を通した出会いは、こちらから何かをつかもうとする能動的な姿勢がなければ、実現しません。先ほどの長谷川さんのお話（前段の講演「堀口大學論」）にもつながりますが、正字や旧仮名を使った非常に読みづらい作品でも、その作家や内容への興味が勝れば、手軽さやわかりやすさにかかわらず、そこに向かいます。

読む人にそうした強い興味を駆りたてるための作業と、編集という仕事は、不可分だと思います。コアとなるのは、もちろん言葉そのもの、作家その人の力です。しかし、もし編集作業がなければ、せっかくのダイヤモンドの原石も輝くことができないのと同じ事態が、あるように思います。

現実問題として、業界の仕組みや、これまでの会社の形態はどんどん変わっていくと思います。私もこれから、フリーとしてどれだけ仕事が続けられるかわかりません。それでもやはり編集という仕事には、いま申し上げたような性質があると思っています。以上です。

司会　ありがとうございました。続けて小池三子男さんです。さきほど長谷川郁夫さんの紹介をした時に、ちょっと触れましたが、河出書房で長い編集経験を積まれました。書籍の編集、文芸関係の編集をされて、編集部長を務めて、昨年退職されました。

小池　まだしぶとく勤めております（笑）。小池三子男といいます。三子男という名は祖父・父・私と三代子年《ねどし》が続いた男の子という意味らしくてですね、元々の出身は大槻慎二さんと同じく信州です。信州からは割合と出版人が多く出て、新潟県や石川県に並ぶと言われますが、別に私自身は編集者の血をひいているという訳ではありません。何故だか分かりませんが、高校生の頃からこの仕事に就きたいという気持ちはずっと持ってきました。

自己紹介に付したコメントの中で一番言いたかった点は、ハードウェアとしての書籍というか、物としての本というのは非常に優秀な器である、ということです。確かにｉＰａｄなども便利で有力なメディアだとは思いますけれど、本というのはまず手元に置ける、所有できる。それから、表紙・目次・索引・参考文献なども総動員して、読みたい対象へのアクセスが非常に早い。皆さんが漠然と考えるよりもはるかに優秀なものだと思います。なにしろ人類が数百年以上かけて進化させて来た物ですから、そんなに簡単には無くならないぞ、という実感があります。

ちょっと思い出す事があります。河出書房に入る前に、朝日出版社という所におりました。八〇年代の前半ですから今から三十年前ほど前のことです。そのころはまだ活字が主力で、ファックスもコピーもワープロもまだ自由に使えるという時代ではありませんでした。その直後に急激なコンピュータの進化と大衆化がありまして、その後インターネットなどが出てきて、現在の環境の端緒がようやく少し見えてきた頃のことです。ちょうど司会の石塚さんが勤めておられた平凡社で、新しい百科事典の編集と組版が、コンピュータを利用した形で進められていました。その頃はいわゆる「ニューアカデミズム」が流行の時代で、テクノロジーとメディアの進化が文明論に激しく影響して、その可能性が高々と顕揚されていました。そして思想と資本は必ず新しいテクノロジーの夢を追い始めます。それから三十年、更なるテクノロジーと電子メディアのグローバル化が今に至るまで押し進められて、一種のハイパー・メディアのバブルが極まってきているんじゃないか、という気がしてなりません。

朝日出版社では、もう亡くなった中野幹隆という名物編集長の下で仕事をしておりました。中野さんは非常識にも、一方では「エピステーメー」という豪華本のように丁寧な分厚い雑誌を作りながら、片方では「週刊本」という読み捨ての本のシリーズを構想していました。その「週刊本」のコンセプトをよく思い出すんですが、それはこういう夢のような未来図が背後にありました。

すなわち、各家庭に端末が配られている時代が来る。さらに印刷・製本に直接結びついたセンター・システムが作られていて、各端末はそのセンターに網の目のように結びついている。そしてそこに、例えば長谷川郁夫という書き手のこういう内容の本を読みたいというリクエストが全国から集まってくる。同一のテーマがある程度のロット（部数）になって、経済的にも本になり得る閾値を越えたということになれば、その本があっという間に作られて各端末におくられる。そういう夢というか、ポストモダンな妄想から構想されたのが「週刊本」でした。

実際に半年後には、山口昌男さんの民俗学ですとか、磯崎新さんの建築論ですとか、四方田犬彦さんの映像論ですとか、今で言うと「ワンテーマブック」みたいなものに少し学問的な装いを施した一連の本が、当時割と売れっ子だった作家や批評家、思想家を著者にして出版されました。著者まかせではなく、なるべく編集サイドの要求するそのままの内容を実現するという、出版社の夢をダイレクトに実現するような装置を考えたんだと思います。

ところが当時は、なにしろ三十年前ですから当然ですけれど、その時の手法としてはまったくのアナログでして、企画はやはり〈端末〉にいるはずの読者の意思を想定しての急場しのぎですし、作り方は殆どがテープ起こしでした。まず、その著者の過去の本を徹底的に読んで、そのテーマに沿った詳細目次を作る。それに沿って、数時間の話をテープに収録する。そしてそれをあっという間に文字に起こして、ラフ原稿を作る。そこから本になるまでには、原稿整理があり、校正・校閲があり、著者校正があり、所定の分量に合わせた削除・追加があり、図版の手配がありということで、実際には依頼原稿や書き下ろし原稿よりもはるかに大変な編集作業が要求されました。ようするに、本というレベルにまで原稿を持っていかなければならないわけですから当然のことです。それが週に一冊、月に四、五冊ですから徹夜の連続で、結局は、編集という手仕事のアナログ的な大変さを、嫌になるほど味わう結果になりました。

ただ、その体験があったものですから、どんなにメディアが進歩しても、編集が不在なら本は、言葉の著作物はできないぞという確信は確かなものになったと思います。よく出版社を飛び越えて、読者とダイレクトに繋がる方が合理的だということを言う作家がいますが、それはまず無理な話で、編集者という存在と編集という行程、校閲・校正というプロセスが無かったら、絶対に本は生まれません。むしろ逆に、今のようなハイパー・メディアの時代にこそ、編集という行為、編集者という存在が非常に重大なキーを握っていると思っています。ただ、やっぱり今までの方がおっしゃったように、今後は従来の出版界の組織形態は変わらざるを得ないでしょうし、例えば既存の出版社の社内編集者の立場などもかなり変質せざるを得ないでしょう。それから取次や委託配本制などの旧来のシステムも大幅に変わるだろうとは思います。

ただ、むしろ数年前から危機的だと思っているのは、いわゆる年間ベストセラーの本のほとんどが新書や実用書で占められている、ということに象徴されることです。そのことと現在の書物が抱えている問題というのは、かなり関連していると思います。簡便で安直な、しかもトピカルで短命なテーマの本が、二番煎じも含めて、これでもかこれでもかと刊行される。深みがあり永続するしっかりとした企画を構想していく、という出版社本来の体力と自覚と技能がかなり低下しているなと感じます。

さてそこからどうするか、ということは今は結論が出ないので、これからまあ、ここにおられる仲間たちとゆっくり考えていきたいと思っています。

司会　ありがとうございました。それでは最後に川上隆志さんにお話しいただこうと思います。

川上さんは、岩波書店で編集者をしておられました。新書もやったし『へるめす』という雑誌の編集長も担当されました。岩波書店の中で新しい試みをやってこられた方です。現在は専修大学の文学部で先生をしておられます。元編集者という立場で、いま現役の方々のお話を聞かれて、どういう感想を抱かれたかも含めてお話いただけたらと思います。

川上　川上です、皆さんこんにちは。石塚さんから、皆さんの話を受けて、元編集者としてコメントをせよと言われたので、そのことについてコメントします。僕は四年半前に岩波書店を辞めて大学に移りましたが、今日の皆さんの話を聞いて思ったのは、いい時に辞めたなと(笑)。電子書籍化による深刻な出版危機が来る直前に敵前逃亡したような立場ですので、あんまり偉そうなことは言えないのですが、それでも二、三思ったことをお話ししようと思います。

ちょうど今日が最終回でしたNHKの朝ドラの「ゲゲゲの女房」、皆さんご覧になっていますか？　実はですね、僕は岩波新書の編集部にいた時に、水木しげるさんの『妖怪画談』という新書本を編集したことがありました。オールカラーの本です。その『妖怪画談』というのは、ある意味で当時の岩波新書、いや岩波に限らずあらゆる新書の中で、ちょっと画期的だったんです。何故かというと、まず一つは新書でオールカラー版でした。水木さんの妖怪の絵を初めてオールカラーで出したのです。これは水木さんにとっても初めてのことだったんですね。漫画の世界ではモノクロが中心で、一部だけならカラーを使ったこともあったんですが、オールカラーというのは水木さんも初めてだった。と同時に岩波新書に限らずあらゆる新書媒体において、オールカラーで出したっていうのが初めてだったんです。それに加えて岩波書店が漫画家の本を出したという意味でも非常に注目をされました。あの本を出した一九九二年というのは、今年のように異常に暑い夏だったんです。その八月に出したのですが、まさにそういう状況もあって、非常によく売れました。確か、発売たちまち十刷ぐらいいきまして、一気に二十万部くらい売れちゃった本なんです。

今回のドラマを見ても、水木さんが売れなかった頃、何人かの編集者が水木さんの仕事を非常に買って、それを支え続けて来たというシーンがあったと思うんですが、売れないにも関わらず、言ってみれば志の編集者として、彼らは水木さんと仕事をしていました。その志という点ではですね、漫画の編集者であっても、書籍出版の活字を支える精神に相通ずるものがあります。やはり志を持って著者を支える、作家を支える、それが何十年後かに花開くという、まさにそういう編集者精神に満ち溢れているドラマだったんです。僕は水木さんとは長いおつきあいになり、最終的には十冊ぐらい本をご一緒し、現役編集者をやめた後からも、この春には画業60年のお祝いの会にも呼ばれました。僕が水木さんとお仕事をしていた時期は、NHKドラマの中で言うと、一度売れた水木さんが一時スランプになる、ちょうどその頃でした。漫画の連載などもやや行き詰まったりしていて、水木さん自身何か新しい事をやろうと考えているさなかに、オールカラーの本を岩波新書で出したという事もありました。

僕自身も子どもの時から水木さんの漫画がとても好きで、「悪魔くん」とか鬼太郎シリーズなんかは夢中になって読んでいました。ですから、出版社に入社した時に、一度は水木さんの本を出したいなという思いを持っていたのです。そして岩波新書編集部に移る前、『へるめす』という雑誌を立ち上げる時に、水木さんに小さなコラムの原稿を貰いにいったことがあります。

それがお付き合いの始まりで、のちに岩波新書編集部に異動したとき、思い切って新書をお願いし、当時の岩波新書の常識を壊してしまったというわけですね。社内ではずいぶん波風もありました。岩波書店というのは保守的な会社です。ある傾向の本はとことん嫌う。そういう意味で、漫画の本を出すなんてとんでもないという風潮があったんですね。でも逆に言うと、岩波書店という会社であっても、現実に本を企画し、出版しているのは個々の編集者です。ですから目に見えないあるプレッシャーはあるんですけど、個々の編集者が本気で、いわば腹をくくってある企画を出そうと思った時には、かなりの程度で自由に出してます。

　ただ最近の傾向で言うと、そういうふうに腹をくくる編集者が少ないというのが現実です。自分の出したい本よりは、何となく会社の雰囲気で出しやすい本を出してしまいますね。出したい本より出しやすい本を出すようになってしまう。むしろそういうことのほうが出版の危機になっているんじゃないかなと思います。僕は大学の授業で、学生に聞くんです。色んな本を企画するのは、誰だ？　著者なのか読者なのかと。正解は編集者なんです。編集者が企画をしない限り、絶対に本は出ません。まあ個人の自費出版で本を出すということであれば別ですが、少なくとも商業出版においては編集者がいなければ本は出ないんです。逆に言えば編集者の企画というのはそれだけ重みがあるんですね。その重みをどれだけ自覚しているか、そのことが恐らく今後の書物の未来と言うことに関わってくるんじゃないかというふうに思います。

司会　ありがとうございました。そうですね、いろいろな角度から話が展開して、まとめるのはなかなか難しいですが、今日お集まりいただいた方々は、およそ日本を代表する出版社の編集者ですね。去年似たようなシンポジウムをやりましたが、その時のテーマは「小出版・リトルプレス」でした。つまりもっとマイナーな出版の意味というものを採り上げてみたわけです。ですから出版と一言で言っても、じつに様々で、どこから見るかによって、まったく違った風景が見えてくるわけです。

　小池さんが物としての本ということを仰ったのですが、決定的にｉＰａｄと違うのは、ｉＰａｄは機器という物体と、テキストいわゆる内容が分離できる。中身は入れ代えたりできる。大量に入れることができる。しかし、本は機器ではなくて、テキストつまり著者の思想とか物語が紙の束として一体化している「物」だから、切り離せない。切り離そうとしてもできない。電子ブックと決定的に違う点です。したがって、あれを本と呼んでいいのか？　私はちょっと留保したいと思うわけなんですが、テキストを浮遊させている。

　もう一つのポイントは、先ほどから皆さんの話に何度も出てきている、本を生み出す編集者の役割。読者と著者とがダイレクトに結びつくっていうことは、そんなに簡単なことではないということ。一人の著者、作家を支える存在としての編集者、つまり出版社。まさに和賀さんが紹介して下さった寿郎社の話、すぐれた原稿だけれど、どこも出版してくれない、それを私のところでやらなければならないんだ、という志。いま危機的なのは中間にあって媒介的な仕事であると大槻さんが言われましたが、編集者はまさに媒介者です。長谷川さん、ちょっと一休みされたと思うので、今まで皆さんの話を聞いて、コメントして頂けないでしょうか。

長谷川　向こうで聞いて、おもしろかった。いつも皆んなの話を聞いているつもりだったけど、含蓄ある内容であらためて感服しました。

　電子書籍などというけれど、究極のアナログ人間である私には、ｉＰａｄが書籍とも本とも思えない。テキストだけを読む、本とはまったく別のツールだというべきだ、と思う。

　一冊の本を読むためには、どれだけの精神のエネルギーの集注が要求されるものか。私に電子機器を操る能力があるとしても、それでアラビアン・ナイトや「失われた時を求めて」を読むことはできない。
本が本になるためには、あるいは、作品が作品となるためには、編集というはたらきが要る。装幀の仕事がある。印刷、製本の人々がかかわる。多勢の人の協力があって、作品は著者ものでありながら、同時に著者から無限に遠く離れてもいくのです。本というのは、自分が書いたものでも、本になった瞬間、独立した歩みを始めるのです。こうしたことを、私はｉＰａｄに求めることはできない。

司会　長谷川さんがいわれた問題についてはきっと、異論もあると思うんですよ。結局「読む」ということは何なのか、ということにもつながってくる。

長谷川　もう一つ付け加えさせて下さい。本というのは、その一冊ごとに奥附をもつものなんです。著作者、発行者、印刷所、製本所が明記されていて、だれがその本に対して責任をもつかが判る訳です。発行年月日も記されている。そういうものに保証された世界なんです。私には、ｉＰａｄの画面に何の保証もない、架空の世界であるような気がします。

堀山　今、一番神経をとがらせているのが講談社だと思うんですが、総合出版社としてさまざまな媒体をもっています。ハードカバーと申しまして表紙が厚い文芸書や学芸書、さっき大槻さんのお話にありました男性誌、女性誌、幼児誌、そしてマンガ誌などがあります。和賀さんも良心的な本を作るとおっしゃったんですが、講談社とか小学館、集英社というような大手総合出版社からも、意外な渋い本を出していたりする。それは、さきほどのジャンルのひとつ、たとえば大変売れているマンガ誌があって、その利潤を良心的な出版に回すことでうまくなりたっているところもあると思います。それで、日本の出版界を牽引していた。そういう出版社と岩波書店や河出書房新社のような出版社があり、朝日新聞社などとうまく棲み分ける、そして出版界が成り立っていたんだと思うんです。
キンドルが出る以前、一番危惧されていたのは本を読むという行為自体が、もう低迷しているのではないか、ということ。だからマガジンであるとかペーパーであるとか、そういうかたちに読者が見向きもしない時代が来てしまうのではないか、そして読みたいと思っても本という旧来の形のものが消滅する時期が目前という気がしています。

質問者　ちょっと質問をしたいのですが、色々本がたくさん出る、それはエコに対して反逆じゃないのか。相当木材をつかっている。そういう面から見てどうなのかというのが一つ。それから本っていうのは読者、他者に依存しているわけです。さきほど講義の話もありましたけど、専門書の場合と、一般の大衆に向けてはどうなのか、というのが一つ。これが二つ目の質問。それから三つ目はですね、さきほどからいろいろ聞いているんですけど、同じ著者の本を複合してそれぞれ出版している。例えば、夏目漱石の同じ内容のものを二社も出してる。こういう不経済な編集の仕方、出版の仕方は本当に生き残れるのか、という感じがしますがどうですか。

司会　ただまあ本に、紙にする木の伐採と、これから家の建築などのための木材の使い方と比べた時どっちが多いかと言えば、それはもう本は遥かに小さいでしょうね。パソコンと本とどちらが人間と自然の環境に合致しているかという議論は、原子力発電と従来型発電の比較の問題に通じるでしょう。

大槻　これもちょっと論点が違って回答にはならないかもしれませんが、物質としての本ということを考えてみたいんです。極論すると僕は漫画の雑誌や単行本というもの、あるいは情報系の雑誌や単行本というのは、電子書籍であったほうがずっといいと思うんです。というのも本というのは物理的に場所をとる。そのため読んだらすぐにブックオフに売ってしまいたいような本、どんどんと消費される本は電子の上にあったほうが便利だし紙もムダにしなくて済む。しかしそれと正反対のもの、たとえば絵本などはどうでしょう。ちなみにｉｂｏｏｋというアプリの中にはデモ版としてピーター・ラビットの絵本が入っているんです。紙をめくる感じなんかリアルにシミュレートされていて感心はするんですが、じゃあこれを絵本の代わりとして幼児に与えたいかというと、否でしょう。絵本というのは本の中でも格段に物体としての側面が強くて、幼児はそれを触ったり齧ったり舐めたり、五感すべてを使って愛していくものだと思います。けれどもｉｐａｄでいくらピーター・ラビットを読んだところで、そのｉｐａｄに愛着を持つか？「愛機」という言葉があります。あるいは「愛車」。写真機とか自動車は長く大切に使うことで愛着を持つこともあり得ますが、電子機器は基本的に新しいものがいいんです。パソコンもですが、最長五年くらいでどんどん買い替えていく方がいい。だからｉｐａｄを絵本のように愛することはできないんです。

　それからたとえば「無人島に隔離されるとして、そこに一冊の本を持っていくとしたら？」という設問はよくされると思いますが、そこでｉｐａｄを持っていくという人はおそらくいないでしょう。そのときにはやはり詩集であったり聖書であったり、リアルな物体としての本を選ぶと思います。

　ついでですが「本におけるエコ」ということについてひとつ言うと、出版とか新聞についてよく紙の無駄遣いということは言われます。それで業界も再生紙を使ったりします。けれどもこの再生紙というのは矛盾するようですが環境に悪い面もある。というのは再生紙を作るにはさまざまな薬品が大量にいる。それだけコストもかかります。気をつけて見ないと「エコ」ということの中にはそういう目に見えない反転がずいぶんあるように思うのです。

　最後にこれもご質問の回答とは大きくかけ離れてしまうのですが、電子書籍の出現で間違いなく書籍のアイテムは無限大に増えるでしょう。今まではごく限られた資金を準備できる人の牙城だった「自費出版」というのも、極めて少コストでできる。けれども電子書籍を一冊作るには紙以外にも様々なコストがかかってくる。洪水のような本は無限に資源の無駄遣いをする可能性がある。その洪水のようなアイテムの中身はもちろん玉石混交、いや、むしろ「玉」を探すほうが難しくなってくると思います。

　実は僕はｉｐｈｏｎｅのアプリでソフトバンクの社長・孫正義さんの自伝（『志高く』）という電子書籍を読んだんです。結構売れていて百万ヒットとかしている。けれどもこれ、ひどいんです、文章が。構成にしても繰り返しやダブりがずいぶんあるし。もしこのライターの文章をまともな編集者がチェックしたら、おそらく二、三回の書き直しじゃきかないと思いますよ。孫さんご自身はひどくご満悦なようなので、そこに水を差すわけではないけれど、こういうことが今後頻繁に起こってくることは避けられないと思うんです。そこで、「ジャッジをする」立場としての編集者という問題が出てくる。紙の本というのは実に手間もかかるし資源も使う。だから厳選して出さねば、という意識が育んできたジャッジメントをするという編集者の仕事があったと思うんです。なにを本にすべきか、そしてなにを本として認めるか。その判断における信頼性。今後はそれが最も大事なことになるような気がします。

司会　ジャッジメントの話が出ましたが、佐藤さんのコメントの中で、書物に関与してきた複数の人の眼を「批評の眼」として、電子の利便性がかえってそれを損なうんじゃないか、と言っているんですね。この批評性っていうのは、出来た本を批評するってことだけじゃなくて、校正者などを含む複数の眼っていうことではないかと思いますが、そのへんをもう少し話してもらえませんか？

佐藤　これは必ずしも、その人が編集の仕事に携わっているかどうかに関わらないかもしれませんが、自分がどのような本を読みたい、買いたいと思うかに関係してくると思います。

「読みたい」「買いたい」は何となく感じるものだ、と答えれば元も子もありませんが、人は何を読むか、買うか選ぶとき、「Aは信頼できる本だ」「BはAよりも信頼できないが、Cよりは信じられる」といった感覚を、自然と働かせていると思います。

それは好き嫌い、嗜好を超えたところでの感覚です。書店の店頭でも、アマゾンのサイトでクリックする場合にも、そういう感覚が働いていると思います。そのとき「これは信頼できる」と思える感覚には、その本ができあがるまでの過程で、その本作りに携わった人々が、公の目にさらされることをどのように意識したか、が大きく関わっているように思うのです。本作りに関わった、校正者などを含む複数の人たちの眼があるかないかによって、その本が与える信頼感は左右されるのではないでしょうか？

もちろんそのときだけ必要な情報として一回読み、すぐ古本屋に売るんだろうなと思いながら買う本もあります。そういうときは、本そのものへの信頼感とは別の価値観によって買うのかもしれません。しかし自分にとって大事な作品を選ぶときに基準にするのは、やはり、いま申し上げた信頼感だと思います。

司会　インターネットの中の情報や、買わされているものには、それが薄いっていうことなんでしょうか。いかに多くの人が関わっていようとも、っていうそういう意味ですか？

佐藤　はい。ですから評論家のように、内容についての手厳しいジャッジができなくても、よく読んでいけば、孫さんの作品を大槻さんがそのようにお感じになったのと似たようなジャッジを、読む人はどこかでするのではないでしょうか。ただ危惧されるのは、そういった信頼感に関わりなく、何となく「買わされる」ことは大いにあるだろう、ということでしょうか。

司会　そろそろ時間がまいりました。さらにご質問があればお受けしますがいかがでしょうか。司会もあまり上手じゃなくて話がまとまらなかったけれども、問題の所在といいますか、どういうところで今何が問題になっているかっていうことはおわかりいただけたんじゃないかと思います。パネラーの方々も時間が短くて、おっしゃりたいことを十分に展開していただけなかったかもしれません。これからさらに、大槻さんが仰ったようにこの十年で書物と電子機器の流れは変わるでしょうね。そうなった時に皆さんは、ここで語られたことがひしひしと実感として思い起こされるんじゃないかと思うんですが。またできれば次回、少しテーマを変えて、角度を変えて議論を続けていくことができればと思っております。本日は皆さん、札幌まで来ていただいて、本当にありがとうございました。

パネラー紹介

大槻慎二（おおつき・しんじ）

❶一九六一年、長野県生まれ。名古屋大学文学部卒。八三年、福武書店（現ベネッセコーポレーション）入社。「海燕」編集部で雑誌・書籍の編集に携わる。九六年、朝日新聞社に入社。読書誌「一冊の本」の創刊に参加したのち、同誌および季刊文芸誌「小説トリッパー」編集長、朝日文庫編集長を務める。朝日新聞ＣＳＲ推進部・読書推進室を経て二〇一一年退社。

❷「電子書籍元年」とも言われる今年、出版界は未曾有の混乱と激変の渦中にある。グーテンベルグ以降、最大の変革期と位置付ける説まで出ている現在、活字・本、そして出版社、編集者の変化の底流に見える「本質」を考えてみたい。

堀山和子（ほりやま・かずこ）

❶一九五二年、熊本生まれ、ほとんど東京育ち。一九七四年、講談社入社。美術書の「アートジャパネスク」シリーズや「棟方志功全集」、ＰＲ誌「本」、「ＩＮ☆ＰＯＣＫＥＴ」、現代新書、講談社文庫、文芸文庫などの編集を経て、二〇〇七年より、「短歌研究」編集長。

❷電子書籍の時代に、布装・箔押し・函入りなどというようなハードカバーは、博物館行きかもしれません。アイテムだけは量産しているのが、短歌、俳句の世界。内容はともかく、部数も少ないので手造りの範囲でかんがえられます。つまり、短詩形はネットでも短歌会ができるけれど、器としては従来、あるいは従来以上に造本にこった世界をつくりそうにおもえるのですが。

　千三百年以上、生き延びている短歌の収容形態状況を見ますと、マスとしての本は最近のこと、オンデマンドも一般化すれば、１アイテム、１冊という時代もそうとおくない気がします。

和賀正樹（わが・まさき）

❶文藝春秋・編集委員室編集委員。明治大学・基層文化研究所客員研究員。１９５８年、熊野国新宮うまれ。文春で売れる人文書を出すべく雌伏中。著書に『ダムで沈む村を歩く――中国山地の民俗誌』（はる書房）、『大道商人のアジア』（小学館）、『熊野・被差別ブルース――田畑稔と中上健次のいた路地よ』（現代書館）など。

❷理想を言えば、編集者は文化の配電係、世界モデル誕生の助産師、思想の水番でありたい。しかし、実際の日常は、苦情の応対から受注の処理・発送まで、雑務の束。その間を縫って、酒場・悪所にも出向く（行かなくてもいいけど）。この世は面白い。生きるに値する。そう思える一冊を目指して。価値体系を紊乱させてくれるものを信じて。思えば失策の連続だ。「逃したベストセラーたち」にも触れたい。

佐藤美奈子（さとう・みなこ）

❶一九七二年生まれ。書評紙「図書新聞」で記者・編集者を務めた後、二〇〇八年よりフリーランス。現在、講談社などで書籍の編集（『藩史物語1〜2』など）、ライター業を行い、光文社古典新訳文庫スタッフ（『歎異抄』『嵐が丘』上下など）を務める。編集担当の近刊予定に『江戸の崖東京の崖』（講談社）がある。

❷文芸書であれ学術書であれ実用書であれ、読者として本を買うとき無意識のうちに「書物」に求めているものは、「信頼感」である。その「信頼感」を支えるのは、書物となるまでに経た著者以外の「他者による複数の目」だと思う。編集者、デザイナー、印刷所の人々……、流通以前に触れるこの「複数の目」が、本の作品としての批評性と自立性を（内容的にも美的にも）おのずと大きくしているのだと思う。

媒体としての電子がこれまで以上に優勢になったとしても、立ち返る原点としての「信頼感」を感じさせる作品が生き残り、価値を生むはずである。ただ現時点でとても危惧し、話し合ってみたいのは、一、批評の目として働いていた複数性を、電子の利便性がかえって損なうこと（編集者がその動きに巻き込まれずにいることは可能か?）。二、書店という空間が激減すること（現に起きている）などについて、である。

小池三子男（こいけ・みねお）

❶一九四八（昭和二十三）年、横浜市生まれ。「翻訳の世界」編集部、朝日出版社編集部を経て、一九八六年に河出書房新社に入社。二〇〇三年 編集部長。二〇〇八年還暦停年。現在は同編集部嘱託として引き続き書籍編集に従事。法政大学文学部兼任講師。訳書として、ジャン・ガッテーニョ「ルイス・キャロル」、ジョルジュ・シムノン「離愁」などがある。

❷現在の出版の現場ではテクノロジーとメディアの劇的な変化が取りざたされ、本に未来はあるかといった議論が盛んですが、グーテンベルグ以降の歴史で、写真、映画、テレビの登場を考えれば問題は相対化されると思います。むしろ、そうした環境の影響もあるのでしょうが、出版企画（コンテンツ）そのものの退嬰、劣化の方が問題で、造本形態の画一化、書籍企画内容の実用書化、編集者の意欲の後退、といった編集の世界の内部で起こっている問題、また、そうした事態の影響を受けて、物としての本を支えていた資材や、製版・製本・校閲等の技術の欠落の方が大きい問題かと考えます。なぜなら、内容は形式と不可分だからで、どんなに装置・器としてのメディアが変化しても、美味で、新奇で、知的で、人々の心を惹き付ける内容がなければどうしようもなく、その意味では物としての本は不可欠ですし、器としてもメディアとしても、電子メディアと比較してはるかに優れた物だと思うからです。

川上隆志（かわかみ・たかし）

❶一九六〇年生まれ。岩波書店で総合文化雑誌『へるめす』創刊にかかわる。岩波新書編集部、『へるめす』編集長、単行本普及書編集長などを経て、現在、専修大学教授。著書に『編集者』、『渡来の民と日本文化』、『渡来の原郷』。

❷編集者の仕事は、一義的には書籍や雑誌の編集であるが、究極の仕事の意味は、新たな価値の創造とその継承にある。書店や図書館にある無数の書物、それらは編集者の文化に対する意識の集積である。その観点から編集者の仕事を捉えなおしたとき、媒体が紙であろうと電子であろうと、編集者の仕事の本質は変わらない。編集者とは文化の創造者のことなのである。

日本編集者学会
〒585 - 8555
大阪府南河内郡河南町東山469
大阪芸術大学文芸学科合同研究室気付
FAX 0721-93-7491

東京事務局
〒101 - 0051
東京都千代田区神田神保町2 - 12 - 14　三宅ビル4階
FAX 03 - 3221 - 8004

【投稿規定】

- 投稿者の資格は日本編集者学会会員であることを要する。
- 一回の投稿枚数は四百字詰め原稿用紙換算で三十枚程度とする。
- 投稿原稿は未発表のものに限る。
- 採否は「エディターシップ」編集委員会の審査により決定する。採否に拘らず投稿原稿は返却しないので、手許に控えを残しておくこと。
- 投稿の締め切りは、毎年四月三十日および十月三十一日とする。
- 投稿先は日本編集者学会東京事務局宛とする。

EDITORSHIP

エディターシップ　Vol.1　時代を画した編集者
2011年11月5日発行
編集・発行　© 日本編集者学会　www.editorship.org
エディトリアル・デザイン／本文組版　長谷川周平
発売　トランスビュー　www.transview.co.jp
〒103-0007　東京都中央区日本橋浜町2-10-1
Tel. 03-3664-7334　Fax. 03-3664-7335
印刷・製本　中央精版印刷
ISBN 978-4-7987-0118-9　C1000